· 光明文丛系列 ·
Guangming Wencong series

面向乡村振兴的社会公共资源新型网络化城乡共享机制研究

李盛竹 ◎著

光明日报出版社

图书在版编目（CIP）数据

面向乡村振兴的社会公共资源新型网络化城乡共享机制研究 / 李盛竹著 . -- 北京：光明日报出版社，2023.8

ISBN 978-7-5194-7221-4

Ⅰ . ①面… Ⅱ . ①李… Ⅲ . ①农村 – 信息化 – 公共服务 – 资源共享 – 研究 – 中国 Ⅳ . ① F320.1

中国国家版本馆 CIP 数据核字 (2023) 第 153907 号

面向乡村振兴的社会公共资源新型网络化城乡共享机制研究

MIANXIANG XIANGCUN ZHENXING DE SHEHUI GONGGONG ZIYUAN
XINXING WANGLUOHUA CHENGXIANG GONGXIANG JIZHI YANJIU

著　者：李盛竹	
责任编辑：许黛如　周　桐	封面设计：李　阳
责任校对：曲建文	责任印制：曹　净

出版发行：光明日报出版社

地　　址：北京市西城区永安路 106 号，100050

电　　话：010–63169890（咨询），010–63131930（邮购）

传　　真：010–63131930

网　　址：http://book.gmw.cn

E – mail：gmrbcbs@gmw.cn

法律顾问：北京市兰台律师事务所龚柳方律师

印　　刷：北京圣美印刷有限责任公司

装　　订：北京圣美印刷有限责任公司

本书如有破损、缺页、装订错误，请与本社联系调换，电话：010–63131930

开　　本：170mm×240mm			
字　　数：249 千字		印　　张：19.25	
版　　次：2023 年 8 月第 1 版		印　　次：2023 年 8 月第 1 次印刷	
书　　号：ISBN 978-7-5194-7221-4			
定　　价：68.00 元			

前　言

　　本书是教育部人文社科基金项目"面向乡村振兴的社会公共资源新型网络化城乡共享机制研究（批准号：18XJA630003）"的成果集成。项目的开展，是积极响应新时代农业农村现代化建设的现实需求，是以资源共享驱动乡村振兴发展、加速转变城乡融合发展关系、整合社会各方面的公共资源、提升国家协调发展动力的具体实践。遵照党中央加快推进中国式农业农村现代化的顶层设计和战略目标，我国将分三步实现乡村振兴：2020 年取得乡村振兴重要进展，基本形成制度框架与政策体系；2035 年取得决定性进展，基本实现农业农村现代化；2050 年实现乡村全面振兴，全面实现农业强、农村美、农民富。针对我国社会主要矛盾中不平衡不充分的发展问题，我们面临着如何围绕其主要表现——城乡之间发展不平衡、不充分情况，从根本上突破城乡二元结构，实现建设并健全城乡融合发展关系的问题。

　　在党的十八届五中全会中，习近平总书记系统地论述了创新、协调、绿色、开放、共享"五大发展理念"，并强调共享是中国特色社会主义的本质要求，必须坚持朝着共同富裕的方向稳步前进；党的十九届五中全会内容中明确提出优先发展农业农村，全面推进乡村振兴，坚持把解决好"三农"问题作为全党工作重中之重，走中国特色社会主义乡村振兴道路，全面实施乡村振兴战略，强化以工补农、以城带乡，推动形成工农互促、城乡互补、协调发展、共同繁荣的新型工农城乡关系，加快农业农村现代化。党的二十大报告强调，要统筹乡村基础设施和公共服务布局，健全基本公共服务体系，提高公共服务水平，增强均衡性和可及性，建设宜居宜业和美丽乡村。"乡村要振兴，就得跟党走"，必须紧紧依靠党的领导，坚定不移地贯彻落实党中央对农村工作的决策部署，习近平新时代中国特色社会主义思想，为本项目的开展提供了极为丰富的理论指南，并赋予本项目坚实的现实意义；国家和社会的迫切需求，更加坚定了我们开展本项目研究的信心与决心。

目前，经过贯彻始终的农村农业供给侧结构性持续改革，在推动社会公共资源共享、促进城乡融合协调发展领域，我国已经取得了历史性进展。截至 2022 年，我国城镇化率达到 65.22%，城乡差距显著缩小；全国农村居民人均可支配收入达到 20133 元，城乡收入比近 10 年来实现平稳下降，城乡居民可支配收入比由 2007 年达到峰值的 3.14∶1 下降到 2022 年的 2.45∶1，逐步实现高水平融合；城乡面貌和综合服务功能显著提升，市政基础设施建设逐步延伸，农村道路实现村村通，全国接近九成的村通宽带互联网，超过 1/4 的村有电子商务配送站点。城乡基本公共服务均等化也取得重大突破，全国农村低保年平均标准从 2012 年的 2068 元/人上升到 2022 年的 6540 元/人，新型农村合作医疗基本实现全覆盖。自全面实施乡村振兴战略以来，我国已经进入重构新型城乡关系的新阶段，形成了城乡一体化共享的发展格局。

但是，在社会公共资源城乡共享发展道路上，仍存在着明显的发展"瓶颈"。首先，我国城乡资源共享均等化发展依旧与发达国家存在一定差距。我国最大的发展潜力和后劲在乡村，但农村人口存量巨大、人均资源紧张和农业产业结构失衡等问题，限制了我国完成城乡关系的持续快速转型升级与城乡资源均等化。其次，虽然我国近年来制定了较为全面的乡村振兴和城乡融合政策制度体系，取得了举世瞩目的成就，但由于融合发展中各利益方角色和关注点的不同，不同地区、不同领域、不同类别社会公共资源实现城乡共享的状态阈值和激发条件也不同，急需差异化、高效化的共享突破精准路径、模式与制度安排，以此为城乡融合发展增添源头活水。由此，充分利用新型网络化手段，加快城乡融合发展，精准识别制约社会公共资源城乡共享有效突破的主客观因素，建立新型城乡共享机制，激发乡村振兴的内生动力迫在眉睫。

在上述时代背景下，探讨如何利用现代信息网络技术与各类智能交互设施，便捷有效地促进城乡均等的公共社会资源优化配置与深度共享，以及这种共享对网络化城乡共享外部环境有什么要求，对网络化城乡共享内部协调机制有什么要求，如何在内外要求都满足的情况下进行供给机制的统筹，统筹之后如何选择合理的实施路线，让社会公共资源网络化城乡共享实现可持续发展，就成了当前国家乡村振兴体系建设当中的一项较为迫切的战略课题。

目　录

第一章　绪　论

第一节　问题的缘起

一、乡村振兴战略的图景与城乡一体化

（一）乡村振兴战略

党的十八大以来，我国农业农村发展取得历史性成就、发生历史性变革，农业供给侧结构性改革取得新进展，农村改革取得新突破，城乡发展一体化迈出新步伐，脱贫攻坚开创新局面，为党和国家事业全面开创新局面提供了有力支撑。同时，应清醒看到，当前我国农业农村基础差、底子薄、发展滞后的状况尚未根本改变，经济社会发展中最明显的短板仍然在"三农"，现代化建设中最薄弱的环节仍然是农业农村。主要表现在：农产品阶段性供过于求和供给不足并存，农村一、二、三产业融合发展深度不够，农业供给质量和效益亟待提高；农民适应生产力发展和市场竞争的能力不足，农村人才匮乏；农村基础设施建设仍然滞后，农村环境和生态问题比较突出，乡村发展整体水平亟待提升；农村民生领域欠账较多，城乡基本公共服务和收入水平差距仍然较大，脱贫

攻坚任务依然艰巨；国家支农体系相对薄弱，农村金融改革任务繁重，城乡之间要素合理流动机制亟待健全；农村基层基础工作存在薄弱环节，乡村治理体系和治理能力亟待强化。

对此，2018年中央一号文件专门提出了"乡村振兴战略"，为切实解决农业农村发展存在的重大问题，为全面建成小康社会，协调城乡均衡发展，实现农业农村现代化。通过实现乡村产业、人才、文化、生态和组织五方面的振兴，进而实现乡村全面振兴，补齐我国现代化建设中的一大短板。2020年党的十九届五中全会明确提出优先发展农业农村，全面推进乡村振兴。坚持把解决好"三农"问题作为全党工作重中之重，走中国特色社会主义乡村振兴道路，全面实施乡村振兴战略，强化以工补农、以城带乡，推动形成工农互促、城乡互补、协调发展、共同繁荣的新型工农城乡关系，加快农业农村现代化。党的二十大报告强调，要统筹乡村基础设施和公共服务布局，健全基本公共服务体系，提高公共服务水平，建设宜居宜业和美乡村，增强公共服务均衡性和可及性，扎实推进共同富裕。

乡村振兴是新时代党中央、国务院针对农业农村发展到新阶段做出的重大决策部署，其优先任务和战略基础是打赢脱贫攻坚战，总目标是农业农村现代化，根本目标是农业强、农村美和农民富，总方针是坚持农业农村优先发展，总要求是产业兴旺、生态宜居、乡风文明、治理有效、生活富裕，其制度保障是城乡融合发展体制机制和政策体系。

根据《中共中央国务院关于实施乡村振兴战略的意见》，乡村振兴大致分为三步走：

1. 到2020年，乡村振兴取得重要进展，制度框架和政策体系基本形成。农业综合生产能力稳步提升，农业供给体系质量明显提高，农村一、二、三产业融合发展水平进一步提升；农民增收渠道进一步拓宽，城乡居民生活水平差距持续缩小；现行标准下农村贫困人口实现脱贫，贫困县全部摘帽，解决区域性整体贫困；农村基础设施建设深入推进，农村人居环境明显改善，美丽宜居乡村建设扎实推进；城乡基本公共服务均等化水平进一步提高，城乡融合发展体制机制初步建立；农村对人才吸引力逐步增强；农村生态环境明显好转，农业生态服务能力进一步提高；以党组织为核心的农村基层组织建设进一步加强，乡村治理体系进一步完善；党的农村工作领导体制机制进一步健全；各地区各部门推进乡村振兴的思路举措得以确立。

2. 到 2035 年，乡村振兴取得决定性进展，农业农村现代化基本实现。农业结构得到根本性改善，农民就业质量显著提高，相对贫困进一步缓解，共同富裕迈出坚实步伐；城乡基本公共服务均等化基本实现，城乡融合发展体制机制更加完善；乡风文明达到新高度，乡村治理体系更加完善；农村生态环境根本好转，美丽宜居乡村基本实现。

3. 到 2050 年，乡村全面振兴，农业强、农村美、农民富全面实现。在乡村文化得以特色鲜明地充分发展基础上，乡村的生态环境和社会治理得到极大的优化和完善，在乡村中形成人、自然、社会的良性互动与循环体系，最终使中国乡村实现从物质到精神的全面振兴。

（二）城乡一体化

城乡一体化是人类社会发展到一定阶段的产物，其本质就是要把工业与农业、城市与乡村、城镇居民与农村村民作为一个整体，统筹规划好城乡在经济、社会、文化、生态等方面的一体化，改变长期形成的城乡二元经济结构，使整个城乡经济社会全面、协调、可持续发展。

城乡一体化理论从渊源上看包括两个方面：一是马克思主义经典作家关于城乡关系的论述，比如城乡融合、消灭三大差别等思想。二是西方城市学家的思想。例如，1898 年英国城市学家霍华德提出"田园城市"，倡导用城乡一体的新的社会结构去替代城乡对立的传统社会结构。日本学者岸根卓郎提出发展"农工一体复合社会系统"，进行"自然—空间—人类系统"的立体规划，从而实现城乡融合的"城乡融合设计"概念。美国城市研究专家弗里德曼认为，城市是核心地区处于支配地位，而小城镇和乡村等则处于边缘地位，并依附于核心区。但是，当工业化发展到一定阶段的时候，城市的核心带动作用逐步向边缘地带扩散，从而逐步达到城乡平衡发展，实现区域经济的一体化，这就是"中心—边缘理论"。

我国的城乡一体化目前主要面临着三个问题。第一是城乡居民基本权益不均等。城乡居民基本权益均等化是实现城乡一体化发展的前提，而当前，城乡居民权益不平等集中体现在两个方面：一是社会保障权的不平等。我国城乡居民社会保障双轨运行、差距较大，城乡接轨和跨区域转移接续任务十分艰巨。二是在户籍制度上的不平等。一些地方虽然取消了农业户口和非农业户口的划分，但不同性质户口上原有的权益并未统一，仍须加以标识区分，城乡户籍一元化改革有名无实。第二是城乡基本公共服务配置不均衡。城乡基本公共服务的差距是城乡差距的重要体现。近年来，随着新农村建设和城乡一体化的快速推进，各级财政加大了农村公用设施和公共服务投入，农村公共投资的增速明显高于城市公共投资。然而，从人均占有资源看，由于原有基数较低，目前农村地区人均公共投资包括养老、教育、医疗、交通、供水、供电、环境等仍然低于城市，有的甚至相差很大。第三是城乡要素配置不合理。实现城乡要素配置的合理化，关键是要建立城乡一体化的要素市场，发挥市场对资源配置的决定性作用。要消除人为设置的各种障碍，促进各类生产要素在城乡之间双向自由流动。

当前，中国已经进入全面推进城乡一体化的新阶段。在新常态下，全面推进城乡一体化需要整体谋划，采取系统集成的一套方案，而不能采取零敲碎打的办法。为此，必须全面深化城乡综合配套改革，建立并完善城乡统一的户籍登记制度、土地管理制度、就业管理制度、社会保障制度以及公共服务体系和社会治理体系，促进城乡要素自由流动、平等交换和公共资源均衡配置，实现城乡居民生活质量的等值化，使城乡居民能够享受等值的生活水准和生活品质。

（三）乡村振兴背景下的城乡一体化

乡村振兴战略是党的十九大基于对国情、农情和城乡关系演变规律的深刻把握，立足"两个一百年"奋斗目标而制定的重大战略。城乡一体化发展是推进乡村全面振兴，实现"产业兴旺、生态宜居、乡风文明、治理有效、生活富裕"的首要路径。长期以来，乡村发展遇到的很多问题其实都与城乡开放和融合不足够、不充分有关。如农村人口可以迁移到城市，但城市人口不能迁移乡村，乡村的消费市场培育不起来。这是造成乡村凋敝的重要因素，必须通过城乡人口的相互对流和融合，才能集聚乡村的人气。在工业化、城镇化过程中，不少乡村要素大量流失，乡村空心化、老龄化状况突出、人才极度缺乏、传统文化消失、面源污染严重、生态环境退化，这决定了依靠乡村自身的资源、要素和组织力量很难实现振兴。

乡村必须开放，通过城乡融合一体化吸引城市外部资源要素进入，才能为乡村振兴提供新动能，激活乡村的内在活力。乡村具有丰富的资源、自然景观、经济文化历史生态等多重价值，但如果在政策上因担忧城市要素流入乡村占有资源、分得利益就排斥外部先进要素流入，仅在乡村内部实现资源和要素的整合和提升，显然推进乡村振兴的进程非常缓慢。乡村振兴的关键是盘活"人、地、钱"，让城市的人才、资金、技术流向乡村，改变乡村长期处于"失血""贫血"状态，因而必须破除城乡二元结构化格局，建立健全城乡一体化体制机制和政策体系，以平等交换的制度环境促使要素自由流向农村，打通城市要素流入乡村的通道，激励各类人才返乡下乡创新创业，激励城市科技、信息、资金等资源优势反哺农村，形成城市要素源源不断地向农村流动的格局，唤醒农村巨量的"沉睡资本",形成乡村振兴的内在持续动能。

坚持城乡融合一体化发展是实施乡村振兴战略的一项原则。城乡一体化是城镇化战略和乡村振兴战略的有机契合。当前,我国最大的发展不平衡,是城乡发展不平衡;最大的发展不充分,是农村发展不充分。立足新时代,面对农村发展短板,国家实施乡村振兴战略,建立健全城乡融合一体化体制机制和政策体系,加快推进农业农村现代化和城乡融合一体化发展。城镇化是现代化的必由之路。经过长时间新型城镇化战略的大力推进,我国城镇规划、建设、管理取得长足进展,形成了举世瞩目的城市文明。同时,城镇化在解决农村剩余劳动力转移、对农业产品和资源形成巨大需求、支撑乡村发展方面发挥了重要作用。乡村振兴战略就是要推动资金、技术、人才等现代生产要素由城镇向农业农村领域延伸,实现对乡村价值的再发现和再利用。城镇化战略立足城市,联系着乡村,乡村振兴战略立足乡村、依靠着城市,城乡融合发展正是这两大战略的契合点,也是实现城乡互利共荣的有效路径。

二、城乡融合发展与社会公共资源共享

(一) 城乡融合发展

长期以来,在城乡二元体制格局下,我国城乡之间在人才、资源和社会保障等方面存在着配置不均衡的问题,进而导致城乡发展严重失衡。目前城乡之间仍然存在着人才流动机制不健全、金融资源配置失衡、产业融合不充分等问题。21世纪以来,我国开始解决城乡发展均衡性问题,城乡发展政策经历城乡统筹—城乡一体化—城乡融合的演进过程。2003年10月,党的十六届三中全会明确提出统筹城乡发展,位于5个统筹的首位,核心是要解决城乡收入差距加大、城乡之间发展不平衡、城乡居民享受公共服务不均等问题。政策更侧重于政府行为,由政府指导资源配置。2012年11月,党的十八大报告明确提出"推动城

乡发展一体化"，形成以城带乡、城乡一体的新型城乡关系，政策重心依然侧重于城市，以城市带动乡村的发展。党的十九大报告指出，推动实施乡村振兴战略，坚持农业农村优先发展，按照"产业兴旺、生态宜居、乡风文明、治理有效、生活富裕"的总要求，建立健全城乡融合发展体制机制和政策体系，加快推进农业农村现代化。把乡村作为与城市具有同等地位的有机整体，实现经济社会文化共存共荣，表明我国城乡关系发生了历史性变革，城乡发展进入了新的发展阶段。从"统筹城乡发展"到"城乡发展一体化"，再演进到了"城乡融合发展"。党的二十大报告强调，全面建设社会主义现代化国家，最艰巨、最繁重的任务仍然在农村。要坚持农业农村优先发展，坚持城乡融合发展，畅通城乡要素流动。加快建设农业强国，扎实推动乡村产业、人才、文化、生态、组织振兴。

城乡融合发展战略是党中央、国务院遵循城镇化发展规律，针对城镇化进程推进到新阶段而作出的重大决策部署，其以人为本、以推进"人的城镇化"为核心，以高质量发展为主线，以有序实现市民化为首要任务，以城市群为主体形态，以改革创新为动力，与工业化、信息化、农业现代化同步推进，并注重生态文明和历史文化传承。

城乡融合发展主要具有两个较为显著的特征。一是人口在城乡间自由流动加快。户籍制度松动以来，农业转移人口市民化加快推进，越来越多的农村人口进入城市，城镇化率显著提升。2015年后国务院先后印发《关于支持农民工等人员返乡创业的意见》《关于支持返乡下乡人员创业创新促进农村一二三产业融合发展的意见》，大量农民工人员返乡创业，对带动农村产业发展、增加就业发挥了积极作用。二是城乡资金流动密切。改革开放以来，我国城乡资金流动密切，特别是农村资金在较长时间内源源不断地流入城市，对城市经济的发展做出突出贡献。总体而言，主要途径是价格渠道、财税渠道和金融渠道。从价格渠道看，"剪刀差"将资本从农业转移到工业，推动了工业化的迅速发展。从财税渠道看，国家一直加大财政对农业的投入，支农资金不断增加，同时，农业各税和乡镇企业税是国家财政从农村地区的主要收入来源，是农村资金通过财政渠道流出的主要方式。从金融渠道看，城乡资金流动主要以吸收农村存款和向农村发放贷款方式实现。总体而言，金融渠道像是市场机制的"抽水机"，将农村资金源源不断地抽向城市。农村信贷资金净流出呈现不断加剧的趋势，从农村存款余额占社会存款余额的比重始终高于农村贷款余额占社会贷款余额的比重可以看出，城乡资本通过信贷渠道的主要特征是农村资本持续流向城镇部门。2014年后农村贷款余额占各项贷款余额比重开始上升，中央更加重视农村金融发展，农村存贷款余额占比之差由负转正。

坚持城乡一体化融合发展应该坚决破除体制机制弊端，使市场在资源配置中起决定性作用，更好发挥政府作用，推动城乡要素自由流动、平等交换，推动新型工业化、信息化、城镇化、农业现代化同步发展，加快形成工农互促、城乡互补、全面融合、共同繁荣的新型工农城乡关系。

（二）社会公共资源

1. 社会公共资源的内涵

社会公共资源属于公共资源的一种，而公共资源除了社会公共资源还包括自然公共资源。公共资源的含义一般是建立在对"公共"和"资源"含义的理解之上。"公共"从字义上指公有的、公用的、社会的意思。现代意义上的公共是指可以同时供许多人使用，无法阻止某个人使用，具有非排他性。从基本性质上看，"公共"与"私人"相对应。资源是指生产资料或生活资料的基本来源，可以说，人类社会的生存和发展都是建立在对一定资源使用的基础之上。资源有广义和狭义之分，广义的资源是指具有使用价值的，能够为人类生产和生活提供帮助和服务的一切事物，狭义的资源是指生产和生活资料的自然资源。

本研究认为社会公共资源是指具有一定价值，被人类开发利用，为社会创造财富、提供公共产品和公共服务，提升社会福利的客观存在形态，主要包括教育资源、文化资源、医疗资源、科技资源、社会服务资源等。具有所有权或监督权方面的"公共性"、受益权方面的"共用性"和"非排他性"、特定程度的"稀缺性"和影响的"全面性"等特征。

2. 社会公共资源的特征

社会公共资源属于准公共物品，其特征与公共物品有很大的相似性，但公共资源更强调消费的竞争性和使用的非排他性。公共资源的特征具体表现为以下几方面。

（1）公共性。社会公共资源属非专有资源，所有权归全体社会成员共同享有，社会资源的使用权属于公众，必须服务于社会公众的整体利益。任何个人或组织都不得垄断或独占社会公共资源。社会公共资源的公共性在客观上要求占人口绝大多数的人们对其拥有收益权，并且要强化社会公共资源在分配过程中的监督权。

（2）非排他性。非排他性是指在一定区域和一定时间内，对所有成员来说社会公共资源都可以共同使用，每个人对其都有使用权，不能因为某些人使用而排除其他人使用。社会公众是社会公共资源使用的主要受益者，因此，社会公众的受益程度是评价社会公共资源配置安排的重要标准。

（3）稀缺性。社会公共资源的供给相对人们的需求而言是有限的，因而社会公共资源是一种稀缺资源。社会公共资源的这种稀缺性决定了政府或社会公众必须对其加以有效利用，在社会公共资源的配置中，要保证社会公共资源配置的公平、合理。

（4）社会性。社会公共资源的效益是社会、经济、生态三者效益的综合体。在追求社会公共资源的经济价值时，更重要的是要注重其社会价值，社会公共资源的最大社会价值，就是维护公共利益，增进社会福利，城乡居民不受地位、身份、富裕程度等的限制，均可平等享用社会公共资源。

（5）整体性。社会公共资源的整体性是指社会公共资源的效用为整个社会成员所共享，而不能将其分割为若干部分，分别归属某些个人独享。社会公共资源的整体性特征使得社会公共资源一旦遭到破坏，其整体价值必将受到影响，而且也会影响到其他使用者的使用。

3. 社会公共资源的分类

对社会公共资源基本含义的界定和基本特征的了解，并不能呈现给我们直观的社会公共资源形象，为进一步明晰其类别，需要对其进行分类认识。社会公共资源依据不同的需要和标准可以有不同的分类：

其一，根据产权意义上的公共管理对象，可分为公共设施、公共信息资源、公共企业。这里的公共设施主要包括基础设施、教育文化资源、医疗卫生和社会福利资源以及社会保障资源等。不同的资源类型分属不同的管理者，采用不同的方式进行管理。

其二，根据社会公共资源的存在状态及人类配置利用的直接目的，分为社会公共空间资源、物质资源、能量资源、信息资源。其中，社会公共空间资源既包括供人们日常活动的实体空间，如街道、购物中心、公园、体育场地等，也包括内含文化、价值、意义的空间，如网络公共空间等。社会公共物质资源包括人造的公共设施，如道路、桥梁、通信基站和水力风力发电站等。社会公共能量资源指太阳能（光、热）、转化太阳能和水能风能等。社会公共信息资源则是随着社会的发展进步，在人类信息活动中不断产生和总结的，以信息为核心的，采用符号形式储存在一定载体之上的资源形式，其重要性日益凸显。

其三，根据可否通过与大数据、云计算、区块链和 5G 等新兴科学技术相结合，进行新型网络化共享，分为可网络化的社会公共资源和不可网络化的社会公共资源。可网络化的社会公共资源包括科技资源、教育资源、文化资源和医疗卫生资源等大部分能够以信息为载体，在网络空间中进行存储和管理的公共资源。而不可网络化的社会公共资源主要包括城乡道路、购物中心、公园和体育场地等以实体物质状态存在的，不易与互联网相结合的公共资源。

（三）城乡融合发展下的社会公共资源共享

城乡融合发展必须以人为本，做到"人的城镇化"，同时提高城市与乡村的居民基本生活保障，保证两者的生活质量全面提高。具体说来，要求合理地引导农业劳动力非农转移，进而有序地实现农业转移人口的市民化；强调城镇居民、农村居民、农业转移人口生存权与发展权的同质性和均等性，在城乡融合发展进程中，既要实现工业化、信息化、城镇化和农业现代化的协调互动，也要实现城乡居民（包括农业转移人口）城乡公共资源共享，保障基本公共服务均等化。

城乡融合发展为城乡公共资源共享带来了新的机遇。城乡公共资源共享是与以人为本的城乡融合发展相伴而行的一项内容。遵循城镇化发展规律，合理地引导人口流动，同时，根据资源环境承载能力，合理控制城镇开发边界。在城乡融合发展进程中，我国城乡公共资源共享的目标主要有两个方面：第一，保障城乡居民获得社会公共资源供给的项目种类上具有平等性。以社会平等发展衡量与评价我国城乡公共资源均衡配置的发展状况，我国城乡融合发展的内涵已经明确，就是要让城乡居民和农业转移人口具有同质性和均等性的生存权与发展权。无论是城镇居民、农村居民还是农民工群体，都应获得保障其生存与发展需要的各类社会公共资源项目。第二，保障城乡居民获得社会公共资源供给的水平和质量上具有平等性。城乡居民和农业转移人口同质性和均等性的生存权与发展权，不仅表现在他们在获得社会公共资源项目种类上具有平等性，还要求他们在获得社会公共资源的水平和质量上具有平等性。在新型城镇化的推进中，要保障他们都能获得大致相同的公共资源服务水平和服务质量。

目前来看，我国城乡融合发展进程中，城乡社会公共资源共享面临着资源短缺、人口众多、城乡发展差距大等诸多条件限制。要突破这些条件约束，城乡社会公共资源共享的目标实现应具有明显的阶段性。城乡社会公共资源共享就是要使城乡居民都能享受全面、均等的社会公共资源供给，在这个过程中，要逐渐地让在城镇已经获得就业的农民工融入城市居民的生活，积极推动城镇常住人口的基本公共服务供给体系的完善，扎实推进农民工市民化；要逐步让生活在乡村的居民能够享受到全面的社会公共资源服务待遇，在社会公共资源服务标准上逐渐与城市居民缩小差距；随着经济发展水平的不断提高，还要不断提高城乡居民的公共资源供给水平。

总之，城乡社会公共资源共享的实现过程也是城乡资源不断均衡配置、实现城乡融合的过程，是城乡资源既满足城镇化需要又满足现代化农村发展需要的统筹安排与调配的过程。城乡社会公共资源共享的进程，也是社会公共资源服务保障水平不断提高的过程。无论是农村农民享受基本公共资源服务保障、农民工入城享受社会公共资源供给，还是城乡居民社会公共资源共享体系的调整与服务质量的改善，都是一个渐进的过程。城乡社会公共资源共享建设是个渐进的长期的过程，国家根据不同阶段的需要逐步地分层次地达到公共资源共享目标。

三、社会公共资源城乡共享成效与问题

推进社会公共资源城乡共享，从本质上来说，是为了实现社会公共资源在城乡之间的均衡配置，缩小城乡发展之间的差距。其中社会公共资源主要包括科技、教育、文化、医疗卫生和社会服务等多个方面。政

府对于社会公共资源城乡共享以及城乡均衡发展早已予以关注，颁布一系列文件和通知，促进城乡基本公共服务均等化，建立完善基本公共服务均等化体制，切实推进社会公共资源城乡共享。目前，社会公共资源城乡共享已取得了显著成就，但仍然存在一些问题值得关注。

（一）社会公共资源城乡共享已有的成效

长期以来，我国实行城乡分治管理体制，城市公共资源主要由政府提供，农村公共资源主要由农民自己解决。相应地，国家财政也是城市财政，农村并没有平等地纳入财政覆盖的范围，农村公共资源服务水平远远落后于城市，由此导致城乡居民生活水平差距及消费差距越来越大。2005 年，党的十六届五中全会首次提出"公共服务均等化原则"，要求扩大公共财政覆盖农村的范围，强化政府对农村的公共服务，注重城乡之间公共资源的配置均衡。这标志着我国城乡基本公共服务均等化理念基本形成，公共资源城乡共享的局面就此开启。

1. 明确均衡配置城乡公共资源是财政的基本职责

2006 年，党的十六届六中全会从完善公共财政制度，健全公共财政体制，调整财政收支结构方面，要求把更多财政资金投向社会公共资源服务领域，逐步实现社会公共资源城乡共享局面，达到城乡公共资源均衡配置要求。2007 年，党的十七大报告明确要求深化财税体制改革，完善公共财政体系，加大公共资源服务领域投入，增强基层政府提供公共服务能力，促进社会公共资源城乡共享，推进城乡公共服务均等化。2012 年，党的十八大报告进一步要求加快改革财税体制，健全中央和地方财力与事权相匹配的体制，完善促进基本公共服务均等化的公共财政体系，保证城乡社会公共资源城乡之间的均衡配置。

2. 提出均衡配置城乡公共资源由政府主导并覆盖农村

2010 年，党的十七届五中全会明确要求提高政府保障基本公共服务的能力，逐步完善符合国情、比较完整、覆盖城乡、可持续的基本公共服务体系，推进城乡基本公共服务均等化。2012 年，党的十八大报告明确要求从完善城乡一体化体制机制方面，加快形成政府主导、覆盖城乡、可持续的基本公共服务体系，推进城乡基本公共服务均等化。2013 年，党的十八届三中全会从统筹城乡基础设施建设和社区建设方面，要求推进城乡基本公共服务均等化。2017 年，党的十九大报告把显著缩小城乡区域发展差距和居民生活水平差距、基本实现基本公共服务均等化，作为到 2035 年基本实现社会主义现代化的目标之一。2020 年，党的十九届五中全会明确将城乡区域协调性明显增强，基本公共服务均等化水平明显提高作为"十四五"时期经济社会发展目标之一。

3. 把均衡配置城乡公共资源服务纳入国家发展规划

"十一五"规划明确提出要遏制城乡、区域间公共服务、人均收入和生活水平差距扩大的趋势，要求完善财政体制，逐步推进基本公共服务均等化。"十二五"规划和"十三五"规划都根据经济社会发展的实际情况，提出了不断完善推进基本公共服务均等化的具体政策措施。"十二五"规划明确要求把基本公共服务制度作为公共产品向全民提供，完善公共财政制度，提高政府保障能力，建立健全符合国情、比较完整、覆盖城乡、可持续的基本公共服务体系，逐步缩小城乡区域间人民生活水平和公共服务差距，强调坚持民生优先的原则，完善就业、收入分配、社会保障、医疗卫生、住房等保障和改善民生的制度安排，推进基本公共服务均等化，努力使发展成果惠及全体人民。2012 年，国务院制定了《国家基本公共服务体系"十二五"规划》，为"十二五"时期推进城乡基本公共服务均等化提出了一系列政策措施。"十三五"规划明确要求更加健全就业、教育、文化体育、社保、医疗、住房等公共服务体系，稳步提高基本公共服务均等化水平，推进城乡基本公共服务均等化。2017 年，国务院编制了《"十三五"推进基本公共服务均等化规划》，为"十三五"时期完善国家基本公共服务体系、推动基本公共服务均等化水平稳步提升提出了一系列政策措施。

4. 财政促进城乡公共资源服务均衡配置取得显著成效

社会公共资源城乡共享实质上是通过共享的手段对生产要素的配置和生产成果进行均衡配置。财政作为生产要素配置和生产成果分配的重要手段，对推进城乡基本公共服务均等化，实现社会公共资源城乡共享具有重要促进作用。

一是财政不断增加对"三农"的投入，促进了城乡居民消费差距的缩小。改革开放以来，我国不断深化财政改革，优化财政支出结构，将"三农"纳入财政政策支持范围，不断加大对农业农村基本公共服务、基本医疗教育设施设备建设的投入。自 2005 年提出基本公共服务均等化以来，财政对"三农"的投入明显加快，促进了城乡居民消费差距的缩小。一方面，改善了农业农村基础设施和农业生产条件，提高了农业比较利益，从而增加了农民收入；另一方面，改善了农村生活环境，使得农民消费更加丰富，有钱有处花，可以提高文化教育水平，增强身体素质。这两方面的综合作用，体现为农村居民消费水平的提升。因此，农村农业基本公共服务均等化的结果很大程度体现在居民消费水平的提高上。从实际情况来看，国家财政对农业农村的投入与农村居民消费之间有着明显的促进关系，换句话说，国家财政对农村居民消费有着明显的促进作用。

二是城乡之间出现人口双向流动趋势。总体上看，目前，我国仍处于城镇化进程之中，与国际上 70% 的城镇化率相比，我国仍有一定的发展进步空间。但近年来我国人口流动出现了一些新特点，即不少农民工返乡创业，发展现代农业。主要原因就是财政对"三农"投入不断加大，农村农业基础设施条件不断改善，农村的公共资源利用率以及基本公共服务水平不断提高，城乡居民的消费差距在不断缩小。返乡下乡人员通过创办公司或专业合作社的方式，在坚持土地集体所有、农户家庭承包的前提下，吸引农民以土地、林地经营权和宅基地使用权入股公司或专业合作社，促进了土地经营权流转，形成了"资源变资产、资金变股金、村民变股东、农民变工人"的产业发展与农民增收相互促进的长效机制，带动农民分享"资产租金、集体股金、就业薪金"三重收益，拓展了农民增收渠道。城乡人口双向流动的情况表明，只要不断推进城乡基本公共服务均等化，提升公共资源城乡共享水平，使农村基本公共服务得到保障，就会有人来从事农业生产，就能全面实现乡村振兴。

三是农村土地资源逐渐得到开发利用。随着市场经济深入发展和农村城镇化建设进程进一步加快，城乡资源配置不均衡，城市发展水平远远高于农村。一些农村劳动力自愿摆脱土地的羁绊，或远离家乡热土外出打工，或到农村城镇经商置业，造成农村土地资源大量闲置。国家提出"乡村振兴战略"，为重新激活农村的土地资源提供了有力的保障。各地政府深化农村土地制度改革，健全土地要素城乡平等交换机制，释放农村土地制度改革的红利。各地结合发展乡村旅游、新产业新业态、结合下乡返乡创新创业建立集体经营性建设用地，唤醒"沉睡"的土地资源，农村土地资源逐渐得到充分的开发利用。

（二）社会公共资源城乡共享存在的问题

改革开放以来，我国高度重视城乡一体化建设，提出国家乡村振兴战略，加快我国城乡基本公共服务均等化进程，提升我国社会公共资源城乡共享水平。但由于多种原因，目前城乡公共资源共享水平依旧较低，基本公共服务差距仍然较大，城乡发展不平衡、农村发展不充分的问题仍旧突出。

1. 城乡公共教育资源共享程度较低

长期以来，我国农村的教育资源普遍落后于城市的教育资源。虽然随着信息技术的发展，城市教育资源可以通过网络化技术同农村进行共享，但我国城乡公共教育资源共享程度仍然很低，农村子女就学难、农村办学条件差、师资力量薄弱、教育资源不足问题仍然突出，有的农村没有幼儿园或托儿所，有的农村留守儿童在读小学之前没有接受过学前教育，有的学生初中没有读完就辍学外出务工，导致城乡居民教育支出差距较大，农村居民受教育程度偏低。

2. 城乡医疗卫生资源差距仍然较大

长期以来，我国医疗卫生资源配置主要是向城市倾斜，城市人均拥有的医疗卫生资源量是农村的两倍以上。不仅农村卫生资源数量少，而且医疗卫生质量、技术水平也较差。向农村居民普及健康知识的服务提供不足，导致农村居民健康知识普及率偏低，吸烟、过度饮酒、不合理膳食等不健康生活方式比较普遍，由此引起的疾病问题日益突出。城乡基本公共卫生资源的差距导致两方面问题：一方面，由于农村医疗卫生资源供给不足，导致农村居民看病难、看病贵等问题比较突出；另一方面，由于农村医疗卫生条件和技术水平低，导致农村居民看病也涌向城市医院，使得有限的农村医疗卫生资源还得不到充分利用。

3. 城乡社会保障差距仍然较大

改革开放以来，按照建立社会主义市场经济体制的总体要求，不断推进社会保障制度改革，到目前已基本建立起覆盖城乡的社会保障制度框架，包括城镇职工基本养老保险制度和基本医疗保险制度、城乡居民基本养老保险制度和基本医疗保险制度、城乡居民最低生活保障制度等。但城乡居民之间社会保障标准不仅水平低，而且差距较大。农村养老服务业发展滞后，农村家庭养老模式已不适应城镇化推进带来的留守老人、空巢老人、失能老人日益增多的需求，出现农村养老供需、服务不对接等瓶颈问题，在一定程度上影响了农民从事农业生产的积极性。

4. 城乡基础设施差距仍然较大

近年来，我国农村水电路气、交通通信等公共基础设施发展较快，但城乡差距仍然较大，总体还比较落后。有的农村至今还没有通公路或公路等级很低，没有通公共汽车，进出村庄仍是崎岖山路，翻山越岭，耗时较长；有的农村仍然使用旱厕，污水横流；有的农村垃圾遍地，几乎没有处理设施；有的农村烧水做饭仍然是生火烧柴，烟熏火燎，人居环境差；有的农村信息网络设施水平差，互联网普及率低；有的农村流通服务体系设施不健全，没有电子商务配送站点，农产品出村进城较难。有研究表明，农业农村基础设施落后，形成了农产品流通市场分割，阻碍了农产品在区域间顺畅流转，损失了农业比较利益，对增加农民收入形成了显著的负面影响。另有研究表明，农村流通体系的不健全，影响了农村消费环境的改善和农村居民消费水平的提高，扩大了城乡差距。

四、社会公共资源城乡共享的时代挑战

（一）社会公共资源城乡供给不均衡

我国社会公共资源供给一般由中央和地方政府承担主导责任，即便近年来提出一些新的发展模式，但并未改变政府作为供给的主导地位。近年来，政府在社会公共资源领域的投资的确逐渐增长，但仍赶不上总体财政支出的增长速度，特别是随着人们生活水平的日益提高，人们对于社会公共服务的需求层次也在不断提高，基于对美好生活的向往和追求，当下的投资速度还难以满足老百姓期待的需求。而且我国的公共资源供给城乡差异较大，在个别偏远农村地区，特别是中西部欠发达地区和贫困地区由于自然条件等原因限制，实现城乡公共设施与公共服务配置则更不均衡，当地的居民难以达到城镇居民的公共资源服务水平。此外，在社会公共资源中的人员、设备和设施供给不均，主要反映在各基本公共服务部门中工作人员、设备、设施配置的数量及质量上的差别。在医疗卫生、义务教育方面，城市配备了更多优秀人才、配置了更优质

的设备，服务质量普遍比农村的高。在基础设施及环境保护方面，城市提供了更多更好的公路、厕所、垃圾处理站、供水及排水工程等。因此，城市基本公共服务部门中工作人员、设备、设施配置在数量和质量上普遍比农村的高。

（二）公共资源城乡共享机制不健全

目前在国家层面尚未形成完善的公共资源城乡共享的体制机制，城乡分治的规划体系和管理体制制约着公共资源城乡共享均衡配置。中国长期以来形成的城市偏向、城乡分治的管理体制以及各项制度和政策，短时间还难以改变。城市偏向、城乡分治的管理体制导致公共服务及资源的配置主要以城市为中心，相关的政府机构在进行资源配置时仍自然地将城市和农村区分开来，直接导致城乡区域间资源配置不平衡，极大地阻碍了城乡之间社会公共资源共享的发展。此外，目前，多数地区采取的是单纯的以城带乡、以工辅农的方式促进农村的经济发展，缩小城乡之间的差距，然而并没有一种相对完善的可应用于我国社会公共资源城乡共享的机制来促进我国社会公共资源服务领域中城乡均衡配置。我国需要进一步健全和完善健康合理、具有可持续性的社会公共资源间的城乡共享机制。

（三）政府财政转移支付制度不完善

推进城乡融合发展、缩小城乡公共资源配置的差距，需要各级地方财政的支持和倾斜，不断增加资金投入。但是，除东部沿海发达省市外，中西部地区省区普遍经济实力不强，地方财政实力整体薄弱，可用财力不足，导致地方政府无法完全依靠自身的财力承担起相应的支出责任，这时候就需要依靠转移支付制度来满足原来地方政府承担的责任。然而，转移支付制度在基层政府之间存在较大差异性。东部沿海城市及乡村的经济水平要远高于省内其他城市及乡村，以地方政府来承担主要支出责任的话则会拉大各地区间公共资源配置的差距。且中西部地区省区各级财政对转移支付依赖度高，地方财政的自给率低，公共财政预算支出一直以来都远高于预算收入，且财政收支差额逐年扩大，财政自给率持续下降。在中西部地区省区地方财政严重依赖于中央财政转移支付资金的情况下，市、县、乡镇难以筹集大量的资金用于农村基础设施和公共服务建设。此外，由于市县财政困难，加之财政新增支出项目多、刚性强，部分已建成项目后期设施运行和维护经费难以纳入财政预算保障。部分村镇基础设施和服务设施建成使用后，由于缺乏后期运营资金，出现有后续管理维护困难、未完全发挥作用的情况。另外，政府财政转移支付还面临着绩效监管问题，由于当前政府间的转移支付体系还不够完善，特别是缺乏科学、客观的考核标准和评价体系，使得财政职能无法充分得到体现，因此不能确保政府财政转移支付能够得到合理的分配和利用，保证各地区间城乡公共资源均衡配置。

第二节　现有研究评述

一、乡村振兴与城乡融合发展

乡村振兴和城乡融合发展是一个统一的、不可分割的整体。乡村振兴是城乡融合发展的必然结果；城乡融合发展是乡村振兴的必要途径。

关于乡村振兴与城乡融合发展关系层面的研究，林正彬（2009）研究了韩国 42 个城市和 32 个乡镇的融合案例，并将其与清州和昌原市的城乡融合失败案例进行比较，分析了韩国城乡融合发展影响因素。Hui Yunxia（2014）分析城乡融合发展的背景和内涵，探讨了农村和农民的特征，指出城乡融合发展的总体思路和目标，并着重研究了农村和农民在城乡融合发展过程中的核心作用，解释城乡一体化过程中农民与农村的相互促进作用。叶菲菲（2020）提出乡村振兴背景下城乡融合发展面临的城乡之间人才流动机制不健全、金融资源配置失衡、产业融合不充分三大困境，并有针对性地分析城乡融合发展的出路。谢天成（2020）结合"人、地、钱"三要素，深入剖析乡村振兴战略与新型城镇化合发展的内在融合机理，提出要建立健全促进城乡要素双向自由流动的体制机制和政策体系，建设工农互促全面融合的城乡现代产业体系，加快城乡基本公共服务和基础设施一体化进程，协同推进城乡治理体系与治理能力现代化。冯丹萌、孙鸣凤（2020）通过对美国、欧洲和日本三大发达地区有关城镇化与乡村发展关系的经验总结梳理，并进行对比分析，结合中国城乡融合发展的瓶颈，提出中国在协调推进新型城镇化与乡村振兴过程中，需要从法治保障、基础设施、农业产业化、劳动力转移以及人才力量等方面进行推进。徐维祥、李露等（2020）重构乡村振兴与新型城镇化的指标体系，采用耦合协调度模型、空间马尔可夫链以及地理加权回归模型，分析了2005—2017年中国30个省（自治区、市）乡村振兴与新型城镇化的耦合协调水平、时空分异格局、空间动态演进以及驱动机制，指出我国乡村振兴与新型城镇化耦合协调度难以实现跨越式演变。Zhang Dongsheng（2020）构建乡村振兴的分析框架，从理论演变、历史演变和现实发展三方面探讨了其背后的逻辑规律。随后在总结现有乡村振兴路径模式的基础上，针对工业、生态、文化等乡村振兴路径选择上的不足，分析乡村振兴路径发展模式的一般原则，并提出了具有现实性的建议，指出乡村振兴的关键是实现建设乡村振兴规划系统、土地改革制度和可持续发展。

关于城乡融合发展机制层面的研究，张克俊、杜婵（2019）指出城乡融合发展的基底仍是城乡一体化，需从城乡统筹、城乡一体化到城乡融合发展，政府和市场的互动耦合作用更加凸显，乡村和城市成为互动共生的有机整体，要素流动从单向转向双向流动，工农城乡关系实现根本转变，农业农村将置于优先发展地位，更加注重改革探索的系统集成推进这七方面着力推进城乡融合发展。李后强、张永祥（2020）运用渗流模型的数理方法和思路，深刻阐述城乡要素渗流的机理和特征，并通过研究城乡融合发展的生态、形态、业态、文态和人态这五大标度，提出强化市场逻辑、调整宏观政策、创新要素流通机制等政策建议以促进城乡之间要素流通，加快城乡融合发展。宁志中、张琦（2020）梳理中国城乡关系与要素流动的演变特征，并从要素整合、空间融合和机制协同3个层面构建乡村要素优先保障的调控框架，指出在当前阶段需通过扩大乡村可流动要素类型、增强要素流动权能、补齐基础设施短板等多种途径，确保农业农村优先发展。

二、公共资源的演进与共享

国内学者关于公共资源演进与共享的研究多是针对公共资源和服务的配置政策进行的。雷晓明、赵成、王永杰（2011）认为，广义的公共资源又称为公共财产，狭义的公共资源仅指公共自然资源。

吴丽丽（2014）将我国城乡的公共资源配置分为计划经济时期和改革开放后两个阶段，并针对每个阶段对中国城乡公共资源配置制度进行考察，发现我国城乡公共资源配置一直以来都是采取以城市为中心的公共资源配置模式。范逢春（2016）采取内容分析法、时间序列分析法与批评话语分析方法，对中华人民共和国成立以来基本公共服务均等化的政策文本进行检视，发现我国基本公共服务呈现从城乡兼顾、城乡失衡到城乡统筹的发展轨迹，并且我国基本公共服务政策存在着价值理性与技术理性的双重缺失。任喜萍（2018）根据新制度主义的三大范式，构建城市公共资源配置失衡分析框架，发现分割型管理制度、政府行为主义及自我认知困境是造成公共资源配置失衡的三重归因，进而提出建立统一的社会管理制度、加强政府官员行为管理、提高农民工身份认同三种方法以消解城市公共资源配置失衡的现状。Zhou Chao（2018）

分析了城乡一体化进程中农业转移人口在城市融合中的基本公共服务需求，对设计的城市基本公共服务规划设计进行案例分析，提出城市公共设施服务的规划有利于农村人口的城市融合。申洪根（2018）运用层次分析（AHP）与模糊综合评价相结合的方法，以综合测算人口集聚与公共资源配置之间的匹配度，进而在精准判断未来科技城公共资源配置短板和瓶颈的基础上，提出可从增加公共资源有效供给，强化公共服务设施建设；多渠道引入社会资金，积极拓宽财政资金来源；采取多重举措补短板，促进整体均衡协调发展；推动供给主体多元化，提升公共资源配置效率；加快科技共享平台建设，扩大科技中介服务供给五个方面来优化杭州未来科技城园区公共资源配置。

国外学者关于公共资源主要是进行横向研究，讨论国家财政与公共资源服务供给之间的关系。Laura Fregolent 和 Stefania Tonin（2016）利用工具变量（IV）方法估算城市扩张过程中所产生的公共交通道路维护、垃圾处理和污水处理等一系列公共服务的成本，结果表明伴随着不连续发展的持续城市化进程将导致人均基础设施和环境支出的增加，公共服务成本将更高。Hugo Consciência Silvestre 等（2019）通过对城巴西小型地方政府的城市发展、住房和卫生设施的调查，发现城市发展的公共财政支出可以通过横向（城市间合作）和纵向（州政府与联邦政府）合作来提供，并且横向合作时住房和卫生服务的成本较低、纵向合作时住房和卫生服务的成本较高。Alessandro Avenali（2019）应用标准成本模型，探讨如何基于效率至上的原则，在地方政府之间公平高效地分配国家提供的财政资金，提升当地公共交通服务（LPTR）效率水平。

三、社会公共资源共享机制

关于社会公共资源共享机制，学者多从公共资源配置方面进行研究。夏芳晨（2011）认为各类公共资源具有不同属性，因此提出五种公共资源运营模式，分别为政府公共资源出让模式、社会公共资源建设项目投融资模式、公共资源置换模式、政府购买公共物品和服务模式、公共资源授权委托模式，并指出在不同的实践案例中，每种模式存在不同的运营机制和效果。刘升勤（2014）通过对农民、市场主体与政府的博弈关系与利益均衡进行分析，提出在新型城镇化发展中产业与经济发展、基础设施与社区建设、生态环境保护等不同领域的资源配置机制。温铁军（2016）借鉴总地租理论提出"租值"社会化的公共资源共享机制，从而内部化处理了公共资源治理的外部性风险。并以浙江杭州依托本地资源推动组织建设作为案例，来分析公共资源治理的创新经验。许缦（2017）认为构建公共资源政府治理的共享机制和平台，形成以协调、信任和整合为核心的政府治理路径，能够解决公共资源治理中出现的"囚徒困境""公地悲剧"和"反公地悲剧"的困局。贾君枝等人（2018）总结目前科技资源共享中存在的不足，引入了共享经济优化服务模式，通过科技资源共享经济平台整合、分配资源，并提供定制化需求服务，促进市场运行机制，达到互惠共享，提高科技资源的转化效率。Tomoichi Ebata 等人（2018）利用计算机系统对百万人口城市的地面交通系统公共交通资源进行模拟仿真，创建出高速且可扩展的分布式协同调度（DCS）机制以解决公共资源共享的供需匹配问题。田旭（2020）运用价值、能力和支持构成的"三圈理论"分析框架探究在公共服务共建共享中的作用机制，建构公共服务共建共享的解析框架，并运用所建构框架对公共服务共建共享的现状路径进行解析。Roman Rodriguez-Aguilar 等人（2020）为了优化公共资源的使用，提出了一种整体学习模型，以测量授予墨西哥卫生系统社会保护下属的人们所享有的医疗保健质量，并根据服务质量度量中确定的主要机会领域来更有效地分配资源确定与满意度和医疗服务质量直接相关的主要因素的影响。此外利用主成分分析、逻辑模型和装袋元估计器的集成模型建立满意度指数，以识别一组因素对卫生服务质量感知的影响，并实时监控用户感知的质量。

四、网络化时代的共享变革

网络化时代本质上是以信息为生产对象、主要资源和支配权力的信息化时代。而互联网的产生、计算机网络技术的发展，极大地促进了社会网络化的变革。特别是大数据、云计算、物联网、5G 通信、区块链和人工智能技术的方兴未艾，更是极大地推动了社会网络化进程。面对新兴互联网技术的不断浮现，网络化时代的共享变革也愈发猛烈。国内外大量学者从不同角度对网络化共享进行了研究。

对于网络化共享的机制研究。Xu Xiaolong（2014）提出一种用于非中心化网络环境中资源共享和协作的可信度保护机制，包括 3DHCT，基于代理的可信度保护模型以及面向节点和功能的综合可信度评估算法，使得非中心化网络环境能够充分利用资源，为资源共享和协作提供便捷稳定的运营平台。Lin Wang（2018）通过构建进化博弈模型，分析网络的动态演进过程，提出了基于进化博弈论的网络资源共享机制，通过计算机仿真发现组织可获得的超额利润和信息共享的风险因素大小以及所支付的信息共享成本将会影响演化博弈的结果。Guanghai Cui（2019）针对社交网络中的资源分配问题，提出了一个基于多人博弈模型，依据个人贡献值差异，基于互惠共赢的合作激励机制，解决理性个体间的合作困境，在此基础上，探究了个人的恶意行为对社交网络中资源共享的影响效应。

对于不同行业网络化共享的研究。唐春鹏（2016）从车辆运用及维修角度，论述了城市轨道交通网络化运营条件下车辆基地的资源共享，包括车辆检修、段场共址建设、综合维修、物质供应和管理、技术培训、专用设备等方面的资源共享原则和注意事项。何继新、李莹

（2016）认为公共服务供给网络化治理以参与主体协同合作、纵横互通价值网络管理、生产生活公共服务需求为主要对象，通过网络治理模式提供快速敏捷、精准高效、高质量适配性的公共服务，具有治理主体多元化和治理责任分散化、组织边界柔性化和需求响应弹性化、合作关系伙伴化和资源优势互补化等特征。Mohammad Salehan（2016）通过调查社交服务网络用户的个人信息共享行为，基于合理行为理论，利用探索性因子分析方法对调查数据进行分析，发现个人对共享的态度、对社交网络的信任和社会信任是影响个人信息共享行为的共享规律和共享密度两个维度的三大重要因素。Alessandro Simeone（2020）认为现在制造业需求特点是波动大，易对资源利用率产生负面影响，由此提出利用云制造等工业 4.0 关键支持技术，构造一个智能云制造平台通过动态共享制造服务来提高制造网络中的资源利用率，实现分布式资源共享。

五、现有研究成果综合述评

表 1.1　面向乡村振兴的公共资源新型网络化城乡共享相关领域研究

相关研究	研究领域	研究方法	主要观点
Xu Xiaolong (2014)	网络化共享	可信度保护机制	提出用于非中心化网络环境中资源共享协作的可信度保护机制，使得非中心化网络环境能够充分利用资源
范逢春 (2016)	公共服务均等化的演进	内容分析法、时间序列分析法与批评话语分析方法	对中华人民共和国成立以来基本公共服务均等化的政策文本进行检视
Fregolent et al (2016)	城乡融合与公共服务	工具变量（IV）方法	估算城市扩张过程中所产生的公共交通道路维护、垃圾处理和污水处理等一系列公共服务的成本

（续表）

相关研究	研究领域	研究方法	主要观点
温铁军 （2016）	社会公共资源 共享机制	"租值"社会化	借鉴总地租理论，内部化处理公共资源治理的外部性风险
贾君枝等 （2018）	科技资源共享	共享经济优化服务模式	通过科技资源共享经济平台整合、分配资源，并提供定制化需求服务，促进市场运行机制，提高科技资源的转化效率
Ebata et al （2018）	公共交通资源 分配	分布式协同调度 （DCS）机制	对百万人口城市公共交通资源进行模拟仿真，创建出高速且可扩展的分布式协同调度（DCS）机制以解决公共资源共享的供需匹配问题
Lin Wang （2018）	网络资源共享 机制	进化博弈模型	分析网络的动态演进过程，提出了基于进化博弈论的网络资源共享机制
申洪根 （2018）	公共资源配置	层次分析（AHP） 与模糊综合评价	综合测算人口集聚与公共资源配置之间的匹配度
Simeone （2019）	工业4.0网络 化共享	智能云制造平台	利用云制造等工业4.0关键支持技术，通过动态共享制造服务来提高制造网络中的资源利用率，实现分布式资源共享
冯丹萌、 孙鸣凤 （2020）	城乡融合发展	国外经验对比 分析	通过对美国、欧洲和日本有关城镇化与乡村发展关系的经验总结与对比分析
徐维祥、 李露等 （2020）	乡村振兴与新 型城镇化	耦合协调度模型、空间马尔可夫链、地理加权回归模型	重构乡村振兴与新型城镇化的指标体系，分析了中国各地区乡村振兴与新型城镇化的耦合协调水平、时空分异格局、空间动态演进以及驱动机制
Zhang （2020）	乡村振兴	构建乡村振兴的 分析框架	从理论演变、历史演变和现实发展三方面探讨了乡村振兴背后的逻辑规律

（续表）

相关研究	研究领域	研究方法	主要观点
李后强、张永祥（2020）	城乡融合发展	渗流模型	深刻阐述城乡要素渗流的机理和特征
Avenali（2020）	公共交通资源财政分配	标准成本模型	探讨如何在地方政府之间公平高效地分配国家提供的财政资金，提升当地公共交通服务（LPT）效率水平
田旭（2020）	公共服务共享	"三圈理论"分析框架	探究"三圈理论"在公共服务共建共享中的作用机制，建构公共服务共建共享的解析框架
Aguilar et al（2020）	公共医疗卫生服务	整体学习模型	测量墨西哥人们所享有的医疗保健质量，并根据测量结果分析分配资源与满意度和医疗服务质量的影响

　　面向乡村振兴的社会公共资源新型网络化城乡共享就是围绕"重塑城乡关系，走城乡融合发展之路"，要加快利用现代信息网络技术（大数据、云计算、物联网、区块链、人工智能、5G等）与各类智能交互设施，便捷有效地实现城乡均等的信息交流和资源共享。而现有文献研究成果大多是探讨实现基本公共服务均等化的政策制度研究、社会公共资源治理机制研究、乡村振兴与新型城镇化关系以及科教文卫等各方面的公共资源共享机制研究。缺乏对基于中国国情和乡村振兴战略背景下，社会公共资源新型网络化城乡共享机制的研究。具体表现为缺乏对以下几个问题的深入探究和全面考察：

　　第一，如何面向乡村振兴构建社会公共资源新型网络化城乡共享体系。在城乡巨大差距的现实约束下，社会公共资源的网络化城乡共享不会自主自动发生，也难由市场机制自发调节。因此，要探索如何利用好新型网络化手段，通过技术驱动，构建政府主导、企事业承担、各方协同的机制，基于乡村振兴的内在规律来投资、开发、配置、运行与共享社会公共资源。

第二，如何以新型网络化手段破解社会公共资源共享的城乡割裂问题。研究以新型网络化促进社会公共资源共享的跨界跨区域跨层级整合具体路径，构建共同的价值观和组织机制，促使社会公共资源的供给、配置、共享、消费的各主体之间，形成相互补位和协作配合的氛围，最终实现面向乡村振兴的社会公共资源共享范围不断扩大、共享内容日益丰富，以及共享程度的显著提升。

第三，如何为社会公共资源新型网络化城乡共享设计出创新性制度安排。由于城乡在财力、成本与规模经济等方面存在着巨大差异，实现社会公共资源城乡共享面临着诸多挑战和困难，共享环境还欠缺支撑，缺乏激励公共资源网络共享的整体制度设计，使得这种共享投入风险高、收益无保障，最终必然影响社会公共资源的功能与价值。为此，需要设计有利于社会公共资源网络化共享的创新性促进机制与行进方式，以及相应的制度安排。

从研究趋势上看，在中国特色社会主义现代化建设的进程中，为实现城乡均衡协调融合发展，实现全面乡村振兴，学者们都高度关注"公共资源均衡配置""公共资源治理""新型城镇化要素均衡"等问题。比如，如何公平高效地配置社会环境中的公共资源？建立何种博弈分析模型均衡社会公共资源共享中相关利益者的利益分配？怎样建立公共资源共享激励机制，促进共享环境中资源的高效利用？如何破除长期的城乡二元结构制度格局，建立良好的资源共享环境等等。

第三节　研究路线及篇章结构

一、研究背景与目的

（一）研究背景

当前，中国特色社会主义进入了新时代，社会主要矛盾已经转化为人民日益增长的美好生活需要和不平衡不充分的发展之间的矛盾，城乡社会公共资源供给不足、质量不高、发展不均衡等问题突出。在满足人民日益增长的美好生活需要的进程中，城乡公共资源配置均衡极其重要。城乡基本公共服务均等化是城乡居民在基本的物质生存需要满足基础之上对美好生活的进一步需要，是让全体人民更好地共享改革开放的成果，建设更合理的城市、更美丽的乡村的基本要求。为缩小城乡经济发展的巨大差距，党的十九大报告首次提出了乡村振兴战略，将"建立健全城乡融合发展体制机制和政策体系"作为实现振兴乡村五大目标的主要路径。乡村振兴战略更加强调农业产业与农村治理相协调，也更加强调城乡融合一体化发展。遵循战略实施阻力最小的路线图，需要踏准"机制创新、产业发展、科技创新、人才培育"四大路径，并疏通科技、金融、社会资本、人才等支持农业农村发展的渠道。此外，《中共中央关于制定国民经济和社会发展第十三个五年规划的建议》提出要促进城乡公共资源均衡配置，尽快补齐农村这块全面建成小康社会的"短板"，推动实现城乡基本公共服务均等化。总体上，我国城乡之间社会公共资源呈现显著的失衡状态，这种社会公共资源失衡源于长期以来的城乡"二元结构"的制度设计。2015 年习近平总书记在杭州考察时指出要实现公民在公共资源享用面前人人平等。加强社会资源开放共享公共服务体系建设，是支持扩大政府公共服务职能的重要内容。

　　全球化、网络化极大地有利于社会公共资源的共享，但农村信息化建设在促进这种共享方面成效还不显著。随着大数据、云计算、物联网、泛在互联网、5G 通信技术以及人工智能设施的广泛应用，社会公共资源网络化共享成为可能。整合城市优质的医疗卫生、科技教育、文化生活以及社会保障等社会公共资源服务，利用新兴互联网技术，与落后欠发达的农村地区进行共享，从而让偏远落后的农村地区居民能够享受到与繁华城市相同的优质的医疗保障以及教育资源，享受同等的社会保障权益，进一步均衡配置我国城乡之间的社会公共资源，缩小城乡之间的经济发展差距，提高城乡居民的生活水平和质量，满足人民日益增长的美好生活需要。

　　为实现全面乡村振兴，破除城乡二元格局，推动城乡关系健康发展，首先需探索各种有效的路径，科学合理配置资源，以提高农村地区的资源承载、环境容量和生态功能。其次通过建立城乡资源共享与一体化机制，使偏远的乡村地区民众也能共享优质的教育、医疗等服务资源。此外需完善以公共财政投入为主的基本公共服务供给制度，推进形成城乡基本公共服务均等化的体制机制，并从制度上建立城乡平等的社会公共资源配置制度，尊重生态规律、文化规律和社会发展规律。在此背景下，本研究对我国社会公共资源凭借新型网络化技术的城乡共享机制进行深入、系统的探究，重点对我国社会公共资源城乡共享网络化水平进行测度，分析我国社会公共资源的演进历程以及乡村振兴战略背景下社会公共资源网络化城乡共享面临的现实困境，并借鉴国外典型国家在城乡公共资源均衡配置的经验，探讨我国公共资源新型网络化城乡共享的供给、协调和保障机制。

　　（二）研究目标

　　本研究以乡村振兴战略背景下社会公共资源新型网络化城乡共享为研究背景和根本指向，以社会公共资源的融合共享来重塑城乡关系和促进城乡协调发展，通过对我国社会公共资源城乡共享实践中所面临的困难和挑战进行分析，对实现社会公共资源城乡共享的总体模式、技术路径与推进机制提出改革与完善策略建议。主要包括以下三方面的目标：

1. 学术思想目标：基于社会公共资源城乡共享视阈解读"重塑城乡关系，走城乡融合发展之路"的十九大理论论断，建构社会公共资源新型网络化城乡共享的科学概念，定义社会公共资源城乡共享的测度量标，阐明新型网络化城乡共享的内在机制，构建共享激发模型，勾绘社会公共资源网络共享的模式机制，探索实现乡村振兴的中国道路，构建完全属于中国的话语体系。

2. 实践运用目标：以社会公共资源新型网络化城乡共享重塑城乡关系，切实改变长期以来社会公共资源的城乡二元结构状态，促进城乡社会公共资源的协调、均衡和融合发展，为助力国家乡村振兴战略提供条件支撑。

3. 服务决策目标：从战略层面系统建构支撑社会公共资源网络化城乡共享的社会经济体制，综合设计促进社会公共资源网络化城乡共享的政策激励方案，服务中国特色的乡村振兴战略需求，为我国乡村振兴战略提供学术依据和决策支持。

二、研究的主要内容

研究内容主要包括当前我国社会公共资源的城乡不均衡态势分析、农村信息化在推进社会公共资源共享中的难点与瓶颈剖析、社会公共资源新型网络化城乡共享总体模式的构建、社会公共资源新型网络化城乡共享的技术机制研究、社会公共资源新型网络化城乡共享的推进机制研究和社会公共资源新型网络化城乡共享的政策体系设计等六个方面。研究的总体框架如图 1.1 所示：

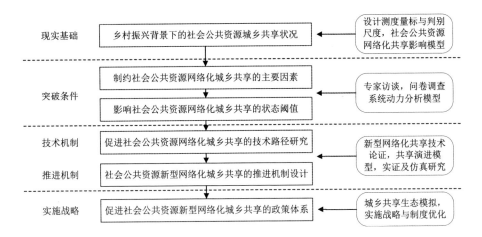

图 1.1　本课题的研究总体框架

关于当前我国社会公共资源的城乡不均衡态势分析，主要包括三方面的内容。首先是厘清本研究主题的基本概念，设计社会公共资源网络共享的测度量标，确定社会公共资源网络共享的判别尺度；其次总结和刻画现阶段我国社会公共资源城乡之间在数量、质量、程度、成本、效率等层面的不均衡态势；最后分析长期以来社会公共资源城乡二元结构状态的时间演变趋势。

关于农村信息化在推进社会公共资源共享中的难点与瓶颈剖析。其一是调查和评估农村信息化的实施效果，测度其对社会公共资源城乡共享的影响效应；其二是剖析农村信息化促进社会公共资源城乡共享的难点与瓶颈所在，找准制约共享的关键因素；其三是查找和剖析农村信息化未能有效改变公共资源配置失衡、促进城乡融合发展的深层次原因。

关于社会公共资源新型网络化城乡共享总体模式的构建，主要包括三个方面，分别是乡村振兴战略背景下社会公共资源新型网络化城乡共享目标与总体架构设计；乡村振兴战略背景下社会公共资源新型网络化城乡共享体系设计和实现社会公共资源网络新型网络化城乡共享的投资、开发、配置、运营与消费模式设计。

关于社会公共资源新型网络化城乡共享的技术机制研究。一方面基于乡村振兴的内在规律，研究社会公共资源新型网络化服务农业发展、农村建设、农民生产生活对接城乡融合发展的技术实现路径和最佳共享方式；另一方面是乡村振兴战略背景下社会公共资源新型网络化城乡共享的技术驱动机制研究。

关于社会公共资源新型网络化城乡共享的推进机制研究，包括研究促进社会公共资源新型网络化城乡共享的推进目标、阶段与实现方式；促进社会公共资源新型网络化城乡共享的激励、制约与保障机制设计；政府主导、企事业承担、各方协同的社会公共资源新型网络化共享运行机制建构。

关于社会公共资源新型网络化城乡共享的政策体系设计。一是围绕乡村振兴战略的客观要求，整体探讨和综合设计促进社会公共资源新型网络化城乡共享的政策体系；二是研究如何采用正向激励和负向约束相结合的手段，为社会公共资源新型网络化城乡共享提供收益与风险政策保障；三是研究促进社会公共资源新型网络化城乡共享的硬软环境条件建设、改善与优化政策。

三、研究的技术路线

（一）研究思路

围绕乡村振兴战略对社会公共资源城乡均衡共享的时代要求，以服务农业发展、增强农村活力、提高农民生活品质为导向，建立"社会公共资源城乡共享差距"→"农村信息化促进不足与原因"→"新型网络化共享突破条件"→"共享创新模式、机制与对策"理论架构，剖析农村信息化在促进社会公共资源城乡共享中存在的问题与短板，以新型信息网络技术和各类智能设备为手段，从总体上揭示新型网络化促进社会公共资源城乡共享的机理，整体研究乡村振兴战略背景下社会公共资源城乡共享机制，综合设计出促进社会公共资源新型网络化城乡共享的模式、机制与政策体系。该研究的技术路线如图1.2所示：

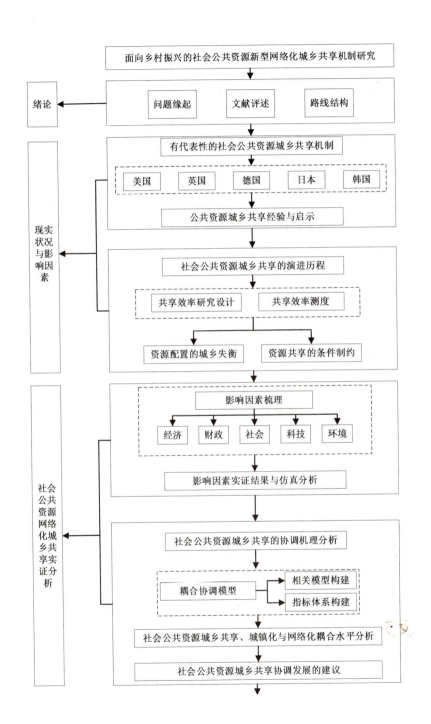

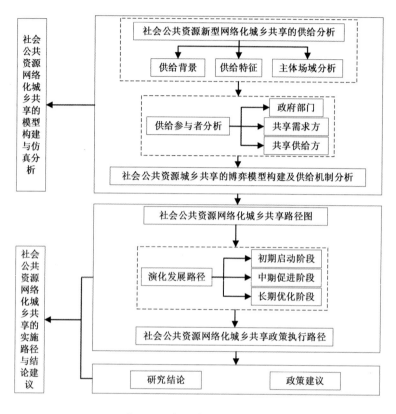

图 1.2 本研究的技术路线

（二）研究内容

本研究报告总共分为八章。

第一章为绪论。对乡村振兴战略和城乡融合发展等国家政策以及社会公共资源城乡共享现已取得的成效和存在的问题以及面临的时代挑战进行了阐述。对我国城乡一体化融合发展历程、公共资源的演进与共享机制变革进行了梳理分析，对于为何需要面向乡村振兴进行社会公共资源新型网络化城乡共享进行了分析。结合时代发展趋势，对现有国内外学者对面向乡村振兴的社会公共资源新型网络化城乡共享的相关研究进行了综合述评。

第二章为全球社会公共资源城乡共享机制镜鉴。对国外具有代表性的社会公共资源城乡共享机制进行总结和借鉴，对美国、英国、德国、韩国、日本 5 个国家的历史发展进程以及其社会公共资源共享的特点进行了描述总结，借鉴这些国家的实践经验，对我国社会公共资源共享的建设和改进提供可循的实践建议。

第三章为我国社会公共资源城乡共享的现实状况。首先，以政府政策文本为基础，将我国社会公共资源城乡共享的演进历程划分为四个阶段，从价值观、发展观和供给观三个方面对中华人民共和国成立以来我国基本公共服务发展展开梳理。其次，构建社会公共资源网络化城乡共享效率指数的评价指标体系，对 2015—2020 年我国社会公共资源网络化城乡共享效率指数进行计算，并从整体、区域和省域三个层面进行比较分析。最后，基于对共享水平现状的分析，从资源配置的城乡失衡、资源共享的条件制约两个方面对社会公共资源城乡共享的现实问题进行探讨。

第四章为社会公共资源网络化城乡共享的影响因素。首先从经济环境、政府财政、社会发展、科技进步和网络化环境五个方面，对社会公共资源网络化城乡共享效率指数进行测度，在此基础上对各变量指标的影响作用提出相应假设，再对各影响因素指标的作用机制进行实证检验，并对实证结果与理论假设进行对照与分析。最后构建社会公共资源网络化城乡共享动力学模型，并仿真模拟不同关键因素下社会公共资源网络化城乡共享效率指数的变化趋势，为社会公共资源共享发展提出针对性政策建议提供参考。

第五章为社会公共资源网络化城乡共享的耦合协调机制。考察社会公共资源城乡共享与城镇化、社会公共资源城乡共享与网络化两系统间的耦合协调关系，进一步对社会公共资源城乡共享、城镇化与网络化三系统耦合协调关系进行分析，探析其相互耦合协调机理，结合当前国家相关发展规划提出相关的社会公共资源城乡共享协调发展的参考建议。

第六章为社会公共资源网络化城乡共享的供给动力机制。首先探讨社会公共资源新型网络化城乡共享的供给背景以及特点，对供给主体进行场域分析。接着对供给参与者进行概括，再构建包含政府部门、共享供给方和需求方之间的行为博弈模型，描述三者在社会公共资源网络化城乡共享过程中的交互机制，动态模拟博弈模型的演化过程，分析影响博弈三方策略选择的影响因素，最后提出社会公共资源城乡网络化共享的供给机制。

第七章为社会公共资源网络化城乡共享的实施路径。首先分析社会公共资源网络化城乡共享的路径图，接着规划社会公共资源网络化城乡共享的演化发展路径，将其划分为初期启动、中期促进、长期优化三个阶段，对 2022 年到 2050 年的社会公共资源城乡共享提出设想。最后对社会公共资源网络化城乡共享对策路径进行了概括，包含宏观调控、财政金融、法律法规三个部分，并提出社会公共资源城乡共享的实践路径，为当前国家相关发展规划提出社会公共资源网络化城乡共享的实施路径的参考建议。

第八章为社会公共资源网络化城乡共享的政策体系设计。总结社会公共资源网络化城乡共享的研究策略，提出政策体系设计，主要分析如何推进加速社会公共资源的城乡共享以及具体的行动措施。

（三）研究方法

1. 通过多层级问卷法进行问卷调查和访谈，按经济发展水平在全国选择有代表性的三个省份，每省选择三个地级市，每市三个县，每县三个乡镇进行问卷调查，并和教科文卫及农业部门、乡政府、村委会等单位进行访谈，取得有关社会公共资源新型网络化共享的需求和建议。

2. 采用 Johanson 协整检验、广义脉冲响应函数、方差分解、Granger 因果关系检验等时间序列方法，分别实证分析社会公共资源新型网络化共享对农业发展、农村建设、农民生产生活的影响效应。

3. 运用系统动力学建模工具，整体构建促进社会公共资源新型网络化城乡共享的激发模型，运用模拟数据训练和调试模型，选择社会公共资源城乡共享中的主要利益相关方进行模型的应用测试分析。基于社会公共资源新型网络化城乡共享的激发模型，系统设计社会公共资源城乡共享模式，整体勾绘服务乡村振兴战略的社会公共资源城乡共享战略路径。

4. 借鉴生态学原理与方法，基于国家战略层面，构建支撑社会公共资源新型网络化城乡共享的内容生态、产业生态和制度生态体系，系统构思激励兼容且操作可行的社会公共资源共享政策，优化乡村振兴战略背景下社会公共资源网络共享生态环境。

5. 通过案例研究法，分析国外社会公共资源城乡共享的典型案例，对这些国家采取的举措进行总结归纳，提出我国可借鉴的有益经验。

6. CRITIC 方法和 Tobit 回归分析法，CRITIC 方法通过计算信息量的方式对指标进行客观赋权，充分考虑了评价指标取值的波动性与冲突性；运用 Tobit 面板回归模型对社会公共资源网络化城乡共享效率指数的影响因素进行计量分析，揭示各因素的影响效果。

7. 运用耦合协调度模型，基于社会公共资源城乡共享的发展现状，建立网络化、城镇化与社会公共资源城乡共享的耦合协调度模型，以此反映社会公共资源城乡共享耦合协调系统间的相互协调、相互影响度，测度各系统的结构和功能，对分析多个系统间关系有显著优势。

8. 三方随机演化博弈模型，通过构建由社会公共资源数字化城乡共享系统中，政府部门、共享供给方和需求方组成的三方随机演化博弈模型，并进行实验模拟，分析探讨了博弈三方实现稳定均衡的影响因素。

四、研究价值和意义

（一）本课题研究的理论意义价值

1. 对于完善和丰富现有的乡村振兴理论体系具有重大意义

自 2018 年中央专门提出乡村振兴战略以来，乡村振兴就成了我国学术界讨论研究的热点话题，对于乡村振兴理论的研究也日益增多，但现有研究大多是关于乡村振兴的政策体系、实现机制等方面进行论述。本课题的研究以乡村振兴为背景，通过社会公共资源城乡共享方式促进城乡公共资源均衡配置，推动城乡融合发展，有助于从公共资源共享视阈解读"重塑城乡关系，走城乡融合发展之路"的十九大理论论断，完善和丰富现有的乡村振兴理论体系。

2. 对于建立社会公共资源共享策略具有重大意义

社会公共资源共享是实现城乡公共资源均衡配置的一大重要途径，实现城乡发展一体化，城乡公共资源均衡配置是一个动态的发展过程，随着社会经济发展状况的变化，既需要梳理总结某一时段的经验做法，又需要不断地跟踪探究。按照乡村振兴的总体要求，研究体现城乡发展一体化要求的社会公共资源共享策略，为逐步实现城乡居民基本权益平等化、城乡公共服务均等化的重大历史任务，提供理论基础和科学依据。

3. 对于构筑完全属于中国的话语体系具有重大意义

乡村振兴是新时代党中央、国务院针对农业农村发展到新阶段而做出的重大决策部署，党的十九届五中全会提出走中国特色社会主义乡村振兴道路，全面实施乡村振兴战略。本课题把乡村振兴问题视作中国问题，从国情出发，以社会公共资源网络共享为抓手，探索实现乡村振兴的中国特色社会主义道路，有助于构建完全属于中国的话语体系，为全球各个国家的乡村振兴、城乡发展问题提供一定的具有中国特色的经验与指导。

4. 对于进一步深化社会公共资源城乡共享的理论研究具有重要意义

城乡公共资源城乡共享的实践，我国已经进行多年，在实践中不断积累经验。城乡公共资源共享是一个动态的发展过程，随着社会经济发展状况的变化，既需要梳理总结某一时段的经验做法，又需要不断地跟踪探究。研究中国城乡公共资源共享的问题，总结中国推进公共资源城乡共享的经验教训，探讨适用于发展中国家的公共资源城乡共享的供给模式，对于弥补现在理论研究的不足，深化城乡社会公共资源城乡共享理论研究具有重要意义。

(二) 本课题研究的实践意义价值

1. 有助于探索促进城乡之间协调均衡发展的可行之策

长期以来，在城乡二元体制格局下，我国城乡之间在人才、资源和社会保障等方面存在着配置不均衡的问题，进而导致城乡发展严重失衡。目前城乡之间仍然存在着人才流动机制不健全、金融资源配置失衡、产业融合不充分等问题。本课题的研究有助于切实改变长期以来社会公共资源配置的城乡二元结构状态，促进城乡之间的协调、均衡发展，为破解我国"城乡发展的不平衡、农业农村发展的不充分"的世纪难题提供对策支持。

2. 有助于探索促进中国式乡村振兴的有效路径

在 2018 年的中央农村工作会议上，根据党的十九大的部署，提出了走中国特色的社会主义乡村振兴道路。2019 年中央农村工作会议提出："要集中资源、强化保障、精准施策，加快补上'三农'领域短板。"2020 年党的十九届五中全会明确提出优先发展农业农村，全面推进乡村振兴。很显然，深入实施乡村振兴战略是解决"三农"问题、重塑城乡工农关系、释放乡村发展活力的"抓手"。本课题在制约乡村振兴的诸多复杂因素中，切入社会公共资源城乡共享这个重大问题，有助于探索促进乡村振兴的有效路径。

3. 有助于探索社会公共资源城乡共享的实现模式

国内外学者对于社会公共资源共享机制大多是基于政府政策环境、共享平台构建以及多方利益博弈等角度进行研究。本课题结合大数据、云计算、泛在互联网、5G 融合通信及人工智能等新兴互联网技术，从社会公共资源网络共享视阈，探讨社会公共资源最优共享方式和最佳实现模式，以此为政府决策提供重要的参考和依据。

4. 有助于探索缩小城乡居民生活水平差距的突破方式

《"十三五"推进基本公共服务均等化规划》明确指出："推进基本公共服务均等化，是全面建成小康社会的应有之义，对于促进社会公平正义、增进人民福祉、增强全体人民在共建共享发展中的获得感、实现中华民族伟大复兴的中国梦，都具有十分重要的意义。"党的十九大报告明确提出，到 2035 年，基本实现社会主义现代化，城乡区域发展差距和居民生活水平差距显著缩小，基本公共服务均等化基本实现。国家"十三五"规划提出，到 2020 年基本公共服务体系更加完善、均等化水平稳步提高、城乡区域间基本公共服务大体均衡。这些规划任务与战略目标的实现需要系统的理论研究为其提供指导。研究社会公共资源新型网络化城乡共享，深入分析中国社会公共资源网络化城乡共享，探讨这些差距的形成原因，提出相应的对策建议，可以为政府的政策选择和制度安排提供参考借鉴，有助于缩小城乡居民间生活水平的差距。

五、可能的创新之处

（一）学术思想的特色和创新

本课题较为系统地研究新型网络化促进社会公共资源城乡共享的突

破机制和创新路径，这有助于深刻领会十九大报告精神和习近平总书记乡村振兴战略的科学内涵、精神实质和实践要求，构建理论分析框架，设计多元化突破创新路径，制定社会公共资源城乡共享评价标准等，历史与现实、理论与实践、共性与个性有机结合，既能创新和完善中国特色的社会公共资源城乡共享理论体系，也为促进城乡社会公共资源的协调、均衡和融合发展、助力国家乡村振兴战略提供坚实的理论支撑。

（二）学术观点的特色和创新

1. 社会公共资源的城乡共享不能自发产生，要缩小城乡差距，突破共享障碍，要充分利用好新型网络化手段，加快城乡融合发展，精准识别制约社会公共资源城乡共享有效突破的主客观因素。

2. 由于各利益方角色和关注点的不同，不同地区、不同领域、不同类别社会公共资源实现城乡共享的状态阈值和激发条件也不同，由此应设计出差异化、高效化的共享突破精准路径、模式与制度安排。

3. 利用现代信息网络技术与各类智能交互设施，能够便捷有效地促进城乡均等的公共社会资源优化配置与深度共享，并应建立一系列有关社会公共资源供给、配置、共享、消费的内容、路径、模式、机制、政策等的制度安排。

（三）研究方法的特色和创新

1. 从普遍性的城乡资源均衡配置研究，聚焦于具体的社会公共资源城乡共享的本质规律、促进模式与推进机制研究，同时对研究对象进行实体分析、实践抽象分析、跨区域对比分析、国内外典型案例比较分析，实现从一般到特殊演绎研究方法的创新。

2. 综合运用社会学、政治学、经济学、管理学、统计学等多学科理论与研究方法，既重视社会公共资源理论层面研究的科学性，也关注城乡共享实践层面研究的有效性和可行性，实现理论和应用研究密切结合的视角创新。

3. 综合运用相关数据，构建科学、合理的系统模型以用于社会公共资源共享现状测度，影响因素与激发状态分析，仿真模拟及共享路径评估等，实现定性与定量研究的深度融合。

本章小结

本章通过对面向乡村振兴的社会公共资源新型网络化城乡共享相关概念、理论和实践的回顾，总结我国近年来社会公共资源城乡共享的成效和问题，以更好地指导我国社会公共资源网络化城乡共享。

首先，阐释乡村振兴战略、城乡一体化、城乡融合发展以及社会公共资源共享的相关概念和理论，厘清上述几个概念之间的内在关系。探讨近年来我国社会公共资源城乡共享中已取得的成效；从公共基础教育、公共医疗卫生、公共社会保障和基础设施建设这四个微观层面分析社会公共资源城乡共享存在的问题；此外，从宏观上看，社会公共资源共享，存在着城乡供给不均衡、机制不健全和制度不完善等时代挑战。因此我国应该完善共享制度，探索新的共享机制，均衡城乡之间的公共资源供给。

其次，梳理和评述当前有关面向乡村振兴的社会公共资源新型网络化城乡共享机制相关概念和理论的文献研究，国内外对于社会公共资源均衡配置、城乡协调发展以及网络化时代的共享变革的理论和机制研究日臻完善，研究热点和领域随着时代的发展不断演进，从城乡一体化到城乡融合发展，从资源均衡配置到公共资源城乡共享。但对于面向乡村振兴构建社会公共资源新型网络化城乡共享体系建设以及制度安排等方面缺乏研究，指出对此研究的重要性，有利于完善我国社会公共资源新型网络化城乡共享体系。

最后，从国内国际上关于乡村振兴背景下公共资源网络化城乡共享的问题研究阐释本课题研究的背景，并进一步指明报告研究在学术思想、实践运用和服务决策上的目标；阐明本课题研究的主要框架、内容、思路和方法；深入探讨本课题研究的理论和实践价值以及在学术思想、学术观点和研究方法上的特色之处和创新之处。在战略和战术上指导后文研究，以期获得丰富有效的研究成果。

第二章 全球社会公共资源城乡共享机制镜鉴

第一节 有代表性的社会公共资源城乡共享机制

一、以市场为主导的美国模式

(一) 背景

从 19 世纪中叶起，资本主义社会的各种矛盾日益加重，贫富差距越来越大。从 1929 年 8 月到 1933 年 3 月发生经济衰退这场灾难性的公共经济危机使美国社会处于崩溃的边缘，总统富兰克林·罗斯福采纳凯恩斯的主张——"政府机能不能不扩张，这从 19 世纪政治家看来是对于个人主义之极大侵犯。然而，我为之辩护，认为这是一种现实办法，可以避免现行经济形态为之全部毁灭。"他认为有效的政府治理必须大大扩张联邦政府的权力，加强国家的作用。从此，政府传统的"守夜人"角色被抛弃，代之以凯恩斯经济理论为基础的国家干预主义。凯恩斯主义强调"看得见的手"的作用，其理论预设在于政府优于市场，市场存在巨大缺陷，如垄断降低市场的效率；市场调节不能解决宏观经济的平衡性问题；市场的不完全和信息不对称性导致效率损失；市场不能有效解决某些公共物品与服务的供给问题，对于外在性市场无能为力，市场会造成经济危机和分配不公平等。为了有效地提供某些公共物品和社会公共资源，政府职能广泛地延伸到市场不能发挥作用的许多领域。美国政府根据凯恩斯理论在"二战"后普遍确立了政府干预体系，建立了完善的福利经济体系，个体生活人人从"摇篮到坟墓""无不受到政府活动的影响"。

（二）概念

20世纪80年代以来美国各级政府的政策选择是："在政府社会公共资源输出领域引进市场机制，将政府权威与市场交换的功能优势有机组合，提高政府功能的输出的能力。"

美国的社会公共资源共享坚持以市场为导向，引进竞争和激励机制，强调通过经济增长、确保劳动者加入劳动市场，以劳动者对生产的贡献程度来保障其生活。美国的社会公共资源强调的是个人自助。以社会保险为例，其资金来源只是依靠被保人及其雇主以社会保障形式缴纳的保险费，国家和一般税收只用于社会救助方面的支出。

美国模式与其他国家模式不同，主要表现在以下两方面：

第一，美国联邦、州与地方政府共同承担社会公共资源共享。在美国，社会公共资源最初都是由社团承担，联邦政府基本不干预。经历了20世纪30年代的大萧条之后，"罗斯福新政"加强了联邦政府的权力，联邦开始增加对州和地方政府的援助性拨款。之后，随着20世纪70年代石油危机的发生，联邦政府的权力不断向州和地方政府转移，大部分的国内项目都是通过联邦、州和地方政府之间复杂的合作机制来实施的。

第二，市场化的社会公共资源输出机制。美国的社会公共资源完全按照市场化的原则运行。其中社会公共资源合同出租（Contracting-out）是市场化的主要形式，被广泛地用于政府的社会公共资源共享领域。在某种程度上，社会公共资源共享领域的合同出租是重塑政府、政府改革的关键，社会公共资源共享合同出租表现得极具活力，富有成效。

（三）美国城乡公共资源共享特点

1. 实施积极财政政策提供农村社会公共资源

在联邦政府的财政预算中，农村社会公共资源投资一直是增加的。"二战"前，联邦政府的财政预算中，农村社会公共资源投资总额每年大约为10亿美元，20世纪50年代每年约为50亿美元，70年代每年增加到近百亿美元，80年代每年均在百亿美元之上，1985—1989年年均在200亿美元，其中2001年为359亿美元，2010年更是达到989亿美元。若同时考虑联邦、州及地方政府的投资，总量仅次于国防开支。美国农业部把"致力于发展乡村经济，改善农村人口生活质量"作为自己的一项重要职责，包括建设给水和排污系统，提供合理的、可负担的住房资金，支持电力和乡村的商务发展，通过信息和技术的帮助支持社区发展等。联邦政府资助农村地区发展交通运输、供电和通信事业。政府资助水利工程的兴建和维修，提供价格低廉的生产和生活用水。

2. 农村社会公共资源融资渠道的多样化

美国对农村社会公共资源的投资主体，是按照规模等级来确定的，规模比较大的项目，如灌溉、水利、交通、供电及通信等都是由联邦政府和州政府投资兴建的。中等规模的社会公共资源则一般由地方政府出资建设。较小规模的则可以由农户或政府和农户共同出资建设，建成后的工程须在政府的监督下依法经营管理。

另外，政府为了提高农村社会公共资源的投资效率，也不断引入市场和民间力量进入这个领域。例如，在西部水利基础提供项目中，美国就通过立法将西部水利提供项目作为"公共资助项目"对待，政府只投资一部分，鼓励民间社团、企业、财团和国际组织参与西部公共项目的投资建设；而作为对投资者的回报，政府将工程修建以后（如修建江河堤防）所保护的土地和新形成的土地部分的使用归权投资者所有，投资者就可以将这部分土地出租或转卖，这样，投资者就可以收回部分投资再用于新的投资建设。投资回报的期望极大地调动了民间投资的积极性，使投资规模得到滚动发展，也减少了政府的压力。这种投资回报模式后来在交通建设中也得到了广泛应用：投资西部建设或铁路的法人，有权开发公路（铁路）沿线的土地，并可以出售或出租给当地开店、办厂、居住的人。

3. 高效的农村公共物品投融资决策、管理和运作机制

在对农村公共物品的投融资的决策机制上，为保证投融资政策的正确实施和落到实处，美国实行的是投融资决策和投融资管理一体化，均由农业农村部来制定并实施。

一方面，农业农村部作为农业投资政策的制定者，根据农业发展情况，委托其下属的经济研究局、农业稳定和保持局进行综合分析。在工作划分上，这两个局有不同的侧重，经济局侧重投融资计划对各方面的经济影响，而农业稳定和保持局则强调计划本身的可行性。农业投融资提案要在与农业有关的部门之间反复讨论，重点是分析该计划对价格、开支和各方面的影响等，通过分析并认定符合国会通过的法律政策，这项提案就可以实施。另一方面，农业农村部是农业投融资政策的执行者和落实者。农业农村部的农业稳定和保持局就是具有投融资管理职能的机构，主要负责农村社会公共资源政策和计划的执行，处理融资贷款方面的事务。农场主管理局也是具有投融资职能的机构，负责管理用于为农场主、农村社区和农村居民提供财务服务的信贷计划，其中包括为灾区提供的紧急贷款、农业经营贷款、农村建设给排水系统等。另外，农业农村部最重要的投融资机构是农产品信贷投资公司，在支持农产品价格和农场主收入方面起着特殊的作用，它可以根据法律规定向参加政府

计划的农场主发放贷款和支付各种补贴，承担了几乎各项投融资政策的具体执行和运作。正因为农业投资公司的重要地位，农业投资公司的董事长一般由农业部长兼任，董事长和董事会成员则由总统直接任命。

4. 农村社会公共资源提供的法制化

美国早在 19 世纪 60 年代就开始注重农村发展的法制化改革，通过制定具有针对性的法律来规范农村的发展进程，以法律的形式保证政府的每项政策都能有法可依、有法可循。在联邦政府的高度重视下，美国先后立法成立了联邦土地银行、联邦中介信贷银行和合作社银行，农村的投融资体制进一步完善，农业信贷也更加安全稳健。美国政府曾通过立法规定，拍卖公有土地所筹得的资金须用于普及农村的教育事业，并要求联邦和州政府通过财政拨款建立农村社会公共资源共享试验站，同时规定各级政府按比例拨款建立合作服务体系。1996 年的《美国联邦农业完善和改革法》对农村社会公共资源投入和信贷做出了具体的规定，这在法律上保障了农村社会公共资源共享提供资金的投入力度，避免了资金因外界因素的变更而发生阶段性的变化。除了建立为规范农村社会公共资源发展的专项法律，联邦政府还竭力使其各项运作都融入其他的相关法律体系，从而更好地规范农村社会公共资源共享的发展。

二、"公平福利型"的英国模式

(一) 背景

英国是工业革命的发源地。英国的工业革命极大地促进了工业发展，壮大了工人阶级的队伍，这给英国带来了巨大的物质财富。但随着工业化进程的发展，各种社会矛盾和社会问题也接踵而来。城市化进程的加快使城市规模日趋扩大，农民转变成为工人，依靠出卖劳动力生活，很容易陷入贫困无助的境地。在面对贫困和失业日益加剧以及面临的各种社会问题，统治阶级为了消除工业化的恶果维护自身的长远利益，为了巩固自己的统治，开始认真地调整当时的社会福利政策，相应地提出了一些立法政策，并在这个时期成立了以扶贫为主要使命的国家机构，提出一种新的保障方式，在保障劳动者生存风险的同时，提高人们的整体生活水平，应对生活中的各种问题，促进经济的进一步发展。

尽管工业革命给英国带来了巨大的物质财富，但是工业革命也使英国的社会财富分配越来越不平均。一方面，资本主义经济的发展十分迅速，资本家依靠原始积累使其资本像雪球一样越滚越大；另一方面，缺少生产资料的广大劳动者，则长期处于贫困的生活状态。英国社会处于两极分化时期。19 世纪以来，严重的贫困问题和失业问题使得社会矛盾空前尖锐，影响了英国国内的安全稳定和发展。此时，英国正在实行对外资本主义扩张，在海外不断地拓展疆土和殖民地，却有大部分英国军人应征者体检不合格，这都是因为长期营养不良造成的。没有稳固的军队不仅不能进行对外资本扩张，还威胁着本国的安全，可见贫困问题除了影响了英国的政治经济以外，还严重影响了英国资本主义的军事效率和管理效率等。统治阶层越来越认识到，通过分配方式的改革，对这些贫困者、失业者予以一定的扶持，让其不挣扎在贫困线上，是保证国家稳定的基本措施之一。因此有必要采取各种手段建立社会保障制度，消除贫困以及贫困带来的贫富之间的悬殊差距，缓和社会矛盾。

第一次世界大战之后不久，战争中被抑制的消费需求开始扩大，英国的经济随之出现繁荣。但好景不长，1929 年从美国开始的经济危机几乎席卷了整个资本主义世界，具有惊人的破坏力。危机的沉重负担渐渐转嫁到广大劳动人民身上，英国也受到这次经济危机的严重打击：出现了严重的生产下降，大批工厂倒闭，许多企业经营者的积累瞬间化为泡影，商品大量过剩，社会物质财富被破坏，生产力大量被闲置、被毁灭；数以百万计的劳动者一时变得一无所有，失业人员剧增，许多人因为无力支付房租、水电费等而被赶出公寓，到处流浪；许多学校不再招收学生，即使是公立学校也被迫关门，导致几十万学生失学；信用危机导致银行倒闭，全部银行都陷入瘫痪状态，进一步扩大到货币危机，世界贸易也陷入萎缩和停滞；农产品价格暴跌。为了恢复经济，各国又开始争夺市场，本国货币贬值，结果世界市场更加狭小。1937 年又爆发了一次新的经济危机。面对这种空前的危机状况，英国政府开始真正重视社会保障制度的建设，扩大社会保障的范畴，以应对经济危机带来的各种问题，全面保障人们的基本生活需要。

英国政府在第一次世界大战的时候就开始关注国民的基本生活状况了，战时政府把社会福利水平提高了一些，尤其是在儿童福利和医疗保健方面。第二次世界大战之后，大量的军人需要重新就业，他们的疾病以及伤残问题、阵亡者遗属的津贴补助问题等需要解决。战后和平提高了国民物质文明水平，英国政府开始主动积极地制订社会保障计划，让每个国民在任何情况下都可以体面地生活。于是社会保障计划逐步由只是对军人的特权扩大到军人家属再到全体公民，发展和改善国民的住宅、生活和城市环境，帮助失业者和贫困者摆脱不幸等等。国家通过立法的形式把社会保障制度确定下来。这时的社会保障制度已经彻底地改变了战时为了缓和经济和社会矛盾的临时应急措施的状态，而是作为一种长期战略，促进英国经济制度的广泛发展和不断完善，保障英国全体公民的基本生活需要，是英国重建计划的一个重要组成部分。这对英国建立福利国家有着重大的影响。英国的社会公共资源共享的变迁见表 2.1。

表 2.1　英国社会公共资源共享的变迁

20 世纪 60 年代	社会保障的项目也不断增加，逐步形成了一个庞大的、覆盖整个国民基本生活需要的社会保障的安全网。这个时期是英国社会保障飞速发展的时期

（续表）

20 世纪 70 年代	英国陷入经济危机，导致社会保障缺少必要的财政投入，以至于难以把"福利国家"支撑下去。政府通过鼓励私人保险发展，调整社会救助等制度，提高社会保障效率，弱化人们对社会保障的过度依赖
1982 年	英国在减少失业津贴的同时，开征了失业津贴税。在社会保险税上增加职工缴费、降低雇主缴费，提高医疗保健服务收费标准，削减疾病津贴等。之后，英国基本沿用了这些改革的思路和方法
1998 年 3 月	英国政府公布了绿皮书《英国的新蓝图：一种新福利契约》，推出了"改救济为就业"计划
1999 年 2 月	英国议会通过《福利改革与养老金法案》，提出了一系列的改革措施，在加强国家养老金的同时，实施个人信托保险养老金计划，政府对计划的管理做严格的规定，以降低成本，提高安全度，使其发挥更大的效率
2000 年 7 月	英国政府公布了全国医疗改革 5 年计划。该计划的目的是大幅度缩减等候就医时间，建立一套方便病人的医疗服务体系。同时，还大力推行了"社区社会保护"计划，使医疗保障能够提供更好的服务

（二）概念

英国经过上百年的发展，特别是第二次世界大战后的建设、完善和改革，形成了一套全民保障、全面保障、统一管理、"从摇篮到坟墓"的社会保障体系，属于典型的"福利国家"模式。这一模式大致经历了三个阶段，如表 2.2 所示。

表 2.2　英国模式阶段图

萌芽阶段	15、16 世纪，英国社会出现了前所未有的"贫困积累"，英国面临着社会稳定、赤贫等问题。英国于 1601 年颁布了《济贫法》，将分散性、应急性的救济事务转化为国家的一项基本职能。1834 年，英国国会通过了《济贫法修正案》，新《济贫法》标志着英国现代社会救助制度的诞生，标志着英国社会保障事业的萌芽

（续表）

形成阶段	19世纪末20世纪初，先后出台了《工伤保险法》《教育法》《老年社会保险法》《儿童法》《劳动交易法》《职业介绍法》《失业保险法》《国民保险法令》《妇女儿童福利法》等，并以强大的税费收入和财政基础保证了改革的成果。在这一时期，并不意味着英国福利国家模式的形成，这仅仅是为福利国家的形成奠定了必要的理论与法律基础
完成阶段	20世纪30年代，出现了经济大萧条，凯恩斯提出，国家必须加强对经济的干预，采取"普遍福利"政策，抑制经济危机。1942年《贝弗里奇报告》提出建立福利国家的三项基本原则：一是保障全体社会成员的生活水平不低于维持生存所需要的最低限度——最低原则。二是社会保险制度惠及人民生活的方方面面，即所谓"从摇篮到坟墓"的社会保障体系——普遍性原则。三是强调社会保障不是免费的午餐，社会保障需要国家和个人的合作，必须由国家和公民共同承担责任——个人原则

从此英国颁布了一系列法律，推动这一计划的实施。1945年制定了《家庭津贴法》，1946年通过了《住房法》《房租管制法》《社会保险法》《国民卫生保健服务法》《国民工伤保险法》，1948年通过了《国民救济法》，同年7月，英国政府宣布其已经成为世界上第一个福利国家。

（三）城乡公共资源共享特点

1. 在实践中英国采用强制性竞争招标发展地方政府的职能

英国在社会公共资源共享领域发展地方政府的职能也采用了渐进的方法，逐步扩大范围。例如，1980年，在政府的规划和土地法案中，地方政府的投标范围是新建筑及建筑更新、房屋维修及保护、道路建设及维护等；而在1988年地方政府法案中，规定地方政府的强制性竞争招标制标（CCT，Compulsory Competitive Tendering）范围扩大为垃圾收集、建筑及道路清洁、学校及其伙食供应、车辆维护等；1989年加入了体育及娱乐服务管理；1994年进一步扩大到道路停车、安全、车船管理、法律、建筑和物业服务、住宅管理等；1995年又增加了信息技术及管理、金融、人事管理等内容。10多年来，英国地方政府所参与和管理的地区事务的范围更加广泛，更加与技术的发展相联系，而且更重要的是地方政府自己参与这些领域的经营，地方政府本身不仅是一个管理性、服务性的政府，同时也是一个经营型的政府。

2. 英国社会公共资源共享的提供中以"公平"作为首要的价值理念

以国家为主体，实行对全民的普遍保障，但国家的保障仅限于平等地保障国民的最低生活水平，超出最低生活水平的生活需要则由个人承担。以社会保障为例，主要由国民保险、国民医疗保健、家庭津贴和国民救助等构成。国民保险是对在离校年龄和退休年龄之间的所有人实行的强制性的保险；国民医疗保健制度是全民公费医疗制度，凡是在英国居住的公民，无须取得保险资格，均可享受各种医疗保健服务，所需费用主要由财政拨款支付；家庭津贴主要是发放给家长从事全日制工作、有未成年子女、收入低于官方规定标准的家庭，费用由国家财政负担；国民救助对陷于贫困状态的社会人员进行的救助，全部费用来自国家财政收入。

3. 英国非营利性组织 NPO（或 NGO）仅次于美国，相对规模居世界第二位

自从 1869 年英国人亨利索里（Reverend Henry Solly）在伦敦成立了世界第一个慈善组织协会之后，1884 年，英国人巴纳特（Canon S.A. Barnett）在伦敦创建了世界上第一个社区公社——今天遍布全球的社区服务中心的前身，名字叫汤恩比馆，这两大组织除救济贫民、协调各慈善机构外，还开创了社会工作的基本方式和方法，这就是英国非营利性组织发展的前身。目前，英国的非营利性组织在教育、文体休闲、社会服务这三个领域中最为活跃。非营利性组织在政府治理中发挥着越来越积极的作用，这从英国养老服务领域的改革可见一斑。

4. 社会福利制度的改革

英国社会福利制度的改革虽然势在必行，但进展缓慢。对社会福利制度实行的较全面改革始于撒切尔夫人执政时期，20 世纪 90 年代以来，保守党的改革方案基本上是撒切尔时期的延续，但各方面的改革进度不一，在国民保险与住房方面进展较快，在国民保健与教育方面进展缓慢，在个人社会福利方面基本未变。

（四）国民保险改革

保守党政府认为，压缩日趋增长的津贴开支，不仅能使政府在当前，而且在进入下世纪后，也能承受社会保障的巨额开支。因此，政府采取了如下措施：

1. 养老金制度的改革

随着消费物价指数逐年增加和工资水平提高，养老金发放标准也相应提高，成为英国最大的单项社会福利津贴。对此，保守党政府决定：（1）国家基本养老金制度不变，但只能提供最低限度的生活费用，数额不能高。（2）改革工党政府制定的国家收入养老金制度。规定年满 50 岁的男人和 45 岁的妇女，凡缴纳和愿继续缴纳该项保险费者，退休后仍可依照原规定标准领取国家收入养老金。对于 50 岁以下的男人和 45 岁以下的妇女，凡已缴纳和继续缴纳该项保险费者，退休后可领取国家收入养老金，但数额从工作期间平均工资的 1/4 降为 1/5。（3）政府通过法律形式规定，所有企业一律强制推行职业养老金制度。（4）向职工提供获取个人养老金的机会。规定职工可与银行、建筑协会、单位信托公司和保险公司等挂钩，按期缴纳一定费用。

近 10 年来，英国政府一直积极鼓励以职业养老金或个人养老金取代老年养老金。其模式是将原本属于政府管理的老年养老金中的附属养老金，依养老金参与者的意愿，外包给民间企业经营。而基础养老金部分仍归政府管理。

职业养老金是雇主为了照顾受雇者退休后的生活，所提供的退休养老金。其中极大部分属于外包经营的老年附属养老金。如 1991 年参加职业养老金的90%属于外包经营者。据目前的法律规定，退休基金可投资于金融市场，购买债券、股票或不动产等。个人养老金是金融机构为个人所开办的退休年金，其主要参加对象为自雇者及未参加雇主所提供的职业年金的受雇者。随着职业养老金的普遍推广和个人养老金的积极推广，国家可相对减轻对养老金领取者所承担的职责，预计国家在养老金支付问题上的沉重负担可望有所缓和。

2. 其他津贴方面的改革

20世纪80年代，政府对社会保障制度改革的重点之一，是把通行的"普遍性原则"改为"有选择性原则"，着重帮助低收入者和贫穷者。为鼓励人们的积极性，政府改革家庭资助规定，力求减少资助的数额。一是设立家庭信贷项目，取代家庭收入津贴。明确限定家庭信贷的对象主要是低工资收入的有子女的家庭，以及丧失工作能力的有子女的家庭。二是设立额外资助项目，取代附加津贴。此外，在工伤津贴方面，政府缩小发放范围，同时，提高领取寡妇抚恤金的年龄界限。

20世纪90年代，政府进一步加强对津贴发放的管理。1993年政府提出了3项措施。（1）从1996年起实施新的失业津贴，对领取者在求职期间的津贴发放加强管理，制止领取者在有收入情况下继续领取政府津贴的可能。（2）严格控制残疾人津贴的发放。申请人在得到许可前须经严格的身体检查。（3）申请儿童补助金需要缴税，对学龄前儿童和学龄儿童的领取金额做出明确区分，以激励单亲父母，尤其是单亲母亲在孩子入学后继续工作。

（五）住房改革

为了改变地方当局营造住房、公房低房租制和住房津贴带来沉重的财政负担，以及为了改变地方当局为保持低房租而对公房出租不加区别的补贴，政府曾积极鼓励私人购买住房，推行公房私有化，从法律保障和经济上为买房者提供优惠条件，同时减少住房津贴。

1996 年 6 月 27 日公布的住房白皮书将进一步从几个方向同步对现行住房制度进行改革。白皮书主要部分集中在鼓励发展私人住房租赁事业。租赁房产可为住房制度提供灵活性，为人们在全国寻找职业时的流动性提供了便利。该计划包括建立当局授权的房屋投资信贷。白皮书还主张将地方当局的房屋私有化，以便提高对它们的管理。

（六）国民保健改革

政府在 1998 年秋开始对医疗保健问题进行改革，强调在医疗保健公共部门内开创竞争性的内部市场，并促进众多的劳务提供者相互竞争，以提高效率。主要内容包括：（1）在国民保健系统中建立内部的市场机制，各个国立医院将要在吸引病人方面竞争。（2）允许国立医院采取较多的商业经营方式。（3）病人可以选择医生，并可更好地在各个医院之间进行选择，医生依据对病人的治疗情况，控制自己的预算。（4）公私合作。政府虽明确表示国民保健系统不搞私有化，但鼓励私人医生和私立医院发展，国立医院和私立医院可买卖各种服务。

（七）教育改革

除了重视提高教育质量外，还把改革重点放在压缩教育经费上，以削减政府预算开支。政府迫于预算的压力，一再压缩高等院校教育经费，1985 年以后，大学预算每年递减 2%。1990 年起实施"学生贷款计划"，把高等院校学生的助学金制度改为贷学金制度，平均每年向每个大学生提供约 420 英镑的贷款。此外，政府每年还拨出 1500 万英镑作为特别困难基金，由地方教育机构管理，以保证家境困难的学生能进高等院校。

目前，政府规定在高等教育方面，大学须以学生注册人数作为绩效指标向中央部门争取教育经费。而原先由地方政府主管的中小学也可选择脱离地方政府的监督，直接面对竞争向中央争取经费。此外，政府还计划推行"速成学位"制，大学生只学习 15 个月就能参加工作，这样对大学的拨款可减少 1/3。英国教育体制改革与医疗福利制度改革一样，是从观念上分离服务融资与服务提供两种功能，以便在公共部门内形成竞争性的准市场，进而提高经济效率。

三、分散管理的德国模式

（一）背景

德意志帝国建立之前，德国是由 38 个各自为政的小邦国组成。由于这些邦国都有各自的政治、经济中心城市，小城镇成为德国城市化发展重点。德国的建设遵循"小的即是美的"原则。德国的小城镇虽然规模不大，但基础设施完善，城镇功能明确，经济异常发达。德国很少将一个城市发展为支配性中心城市，而是形成若干功能互补的多极城市群。德国有 11 个大都市圈，包括莱茵—鲁尔区、柏林—勃兰登堡、法兰克福区、莱茵—美茵区、斯图加特区、慕尼黑区、大汉堡区等。这 11 个大都市圈分布在德国各地，聚集着德国 70% 的人口，并解决了国内 70% 的就业。例如，以生产煤和钢铁而著称的"鲁尔工业区"，它包括了科隆、杜塞尔多夫、杜伊斯堡、埃森、多德蒙德 5 个人口在 50 万以上的城市。这些城市间距一般为几十公里，便捷的铁路公路交通和通信设施把它们联系在一起，形成了一种多极的城市区域。

德国是一个兼具高度现代化、悠久文化传统和强烈民族性的国家。尽管其城市在"二战"中遭到严重破坏，战后经过半个多世纪的恢复、建设与发展，在城市建设方面积累了丰富经验，取得了举世瞩目的成就。战后德国的城市建设可大致分为四个阶段：1945—1960 年为重建和城市高速发展的阶段；20 世纪 60—70 年代城市在空间上进一步向外拓展，进行了较多的卫星城和新城建设，并在城市内部针对交通和基础设施问题加以整治；20 世纪 80 年代以城市改造和提高城市中心密度为主，城市用地向外扩张的趋势得到控制；1990 年两德统一后，在柏林和原东德地区进行了大规模的城市改建。长期以来，德国的空间政策致力于推进空间融合，即为包括农村在内的所有地区提供同样的基础设施，保证均等或至少相当的生活条件。德国依托较为健全的公共基础设施建设，以及极其发达的公路网基本上已经形成了一个完整的网络。

（二）模式

德国实行的是分散式管理。作为一个由 16 个州组成的联邦制国家，各级政府职权有明确的划分。联邦政府管理外交、国防、货币、海关、铁路、航空、邮电和部分社会安全保障系统。州议会在文化、教育、农林、市政建设、卫生和宗教事务方面拥有广泛立法权，在经济、财政和司法方面有部分立法权。州政府对地方政府有直接监督权，负责地方的公共基础设施的建造和维护，提供地方公用事业、教育、卫生、社会救济（福利）、污水处理、地方道路的修建与保养、学校的建造与维修等。因此，德国的社会公共资源共享的模式采取的是中央与地方分权的模式，中央主要负责就业和社会福利政策的制定，规定统一的标准，同时通过税收和转移支付等形式，解决各州之间的贫富不平衡引起的一些州难以满足中央标准需要的问题，有关这一点具体由联邦社会保障部负责。社会公共资源共享资金的筹措、资金的分配和保障标准主要由地方政府或行业组织进行分散的、自律的管理，社会公共资源体系的主体是各种具有法人地位的社会保障机构。这些机构享有自治权，自行由代表大会推选理事会成员，并根据理事会提名确定会长。中央政府的社会保障部门只起协调、监督作用，只能监督相应的社会公共资源机构遵纪守法，并检查其财产状况。

（三）城乡公共资源共享的特点

1. 明确社会公共资源提供过程中中央与地方政府的分工

德国各级政府在社会公共资源共享方面的分工比较明确，各自负责全国性或地方性公共产品的提供，同时也进行合作。如联邦政府负责修建联邦道路，州级政府负责州级道路的修建和联邦道路的维护等。与地方政府更加注重执行相比，联邦政府只有在基本法明确规定或者在地区间外部性严重时才承担社会公共资源的供给责任，其主要精力放在社会公共资源共享的立法上，通过立法来管理和调节各州和地方政府的社会公共资源供给责任，并通过转移支付来加以保障，从而在全国范围内保证了社会公共资源的均等化。与联邦政府、州政府相比，德国地方政府在社会公共资源供给中扮演了主导角色。

2. 形成独特的区域财政平衡制度

德国的区域财政平衡制度是以各州间的横向支援平衡为主、联邦政府的纵向拨款为辅的。各州间的横向平衡分为三步：第一步为增值税收入的平衡补差，即增值税中属于州级享用的部分在原则上按人口基数分配的同时，富裕州要先拿出25%的余额给财力薄弱的州作为补差，以使之达到州平均水平的92%。第二步是财税能力方面的平衡。先按规定测算出各州的财政"能力值"，再得出"财税平衡值"。第三步则为纵向的联邦补充拨款。应该指出，财政平衡主要用于州际公共财政支出能力的平衡，即解决州预算的顺利实施。

3. 制定有效的企业经济发展和就业保障政策

根据《共同任务法》，为改善区域经济结构所采取的实际措施：提高促进地区的经济收入与创造就业岗位，促进就业水平，通过资金的筹措和注入等手段，以改善基础设施、保障或创造就业岗位，刺激经济发展。具体有：（1）为企业的创建、扩建、改建和合理化改造，或为挽救、安置濒临倒闭的企业提供资金补贴，并向东部及中小企业倾斜。
（2）为改善被列入促进区域的基础设施项目所获得的补贴大多比较高。
（3）为中小企业的咨询与研究开发项目提供资金。

4. 通过立法保障人们享有基本社会公共资源的权利

德国国家宪法《基本法》把德国定义为社会福利国家，确立了"平等生活条件原则"：在整个联邦境内，不同地区的每个公民都应享受相同的服务，社会公共资源供给可以而且应该保障每个公民平等的生活条件。为此，德国政府制定了一系列制度措施来实现这一目标。一是明确划分各级政府在社会公共资源提供的职责。德国政府结构主要划分为三级：联邦政府、州政府、地方政府。《基本法》对各级政府的事权划分做了原则规定："为了普遍的利益必须统一进行处理的事务"由联邦政府负责，其他的事务原则上由各州和地方政府承担；同时根据任务的性质和特点，确定一些事务由联邦和州政府共同承担。与地方政府更加注重执行相比，联邦政府只有在《基本法》明确规定或者地区间外部性严重时才承担社会公共资源的供给责任，其主要精力放在社会公共资源的立法上，通过立法来管理和调节各州和地方政府的社会公共资源供给责任。德国联邦政府负责制定法律、政策和规章，而大部分具体职能由州政府负责执行。二是建立和完善社会保障制度。德国是世界上最早建立社会保障制度的国家，也是目前社会保障体系较为完善的国家之一。德国的社会保障体制自俾斯麦政府于 19 世纪中后期颁布了医疗保险法、事故保险法、伤残保障和养老保险法以来，经过 100 多年的发展，逐步建立起来一个涵盖社会每个公民的生老病死、失业、退休、教育以及住房等体制健全的社会保障制度。统一而健全的社会保障体系为城镇化降低了门槛，社会上没有明显的农工、城乡差别，可以说农民享有一切城市居民的权利，如选举、教育、就业、迁徙、社会保障等方面的平等权利。

5. 建立空间规划体系和协调发展政策

德国宪法规定由联邦、州和地方乡镇三级共同承担城镇建设发展的任务，以社会公共资源供给和人口变化为依据，强调城市的统一规划和协同发展。规划一经制订便确定为法规，任何单位和个人都不能擅自更改。德国空间规划工作历史悠久，目前已形成了较为完善的空间规划法规体系和政策框架、健全的组织机构体系和公众充分参与的工作机制。一是明确把保证社会公共资源供给作为空间规划基本原则之一。面对全球化、欧洲一体化和人口变化所带来的挑战，2006 年德国空间规划部门联席会议确定了新的空间规划三大原则和理念：促进增长和创新、保证社会公共资源供给、资源保护和文化景观构建，明确规定把这三点作为各州空间规划工作的指南。二是把人口变化趋势作为制订空间规划政策的基础。德国目前面临人口总量萎缩和老龄化等突出问题。德国多年来在空间规划方面形成了"中心点"的理念，中心点承担某个地区或城市社会公共资源和生活设施提供的功能。根据人口减少的发展趋势，德国首先对中心点重新设置，如对中心点进行联合或对中心点进行功能分离，增强竞争力。其次，制定了相关战略来更好地适应趋势变化。如加强地方协作，要求各地共同承担社会公共资源供给责任；加强空间规划工作和私有经济的合作，对私有社会公共资源设施的建立提供信息支持和指导。再次，按照欧盟大地区发展原则，加强与周边不同国家之间的合作，如柏林和波兰的合作、慕尼黑和意大利的合作。同时，积极争取欧盟结构基金支持，用以促进农村地区和东德地区的发展。三是针对不同的人口变化地区制定不同的空间发展政策。德国空间规划部门十分注重不同区域人口变化情况的分析和预测，以此作为对不同州和不同城市实施有差异空间政策的重要依据之一。针对人口增加地区，联邦政府给予经费以项目的方式促进住宅建设，包括对现有房屋的改建；建立"城乡伙伴关系"，带动周边地区发展。针对人口减少地区进行城市改建，拆掉空置房屋，改造原有房屋，提高服务的效率和可及性。

6. 加强公共治理保障基本社会公共资源供给公平和效率

一方面，在城市建设和管理、社会公共资源提供中，充分发挥社区和非政府组织的作用，建立多元化参与机制。以促进移民社会融合为例，2005 年生效的《移民法》中增加了移民参加融合课程的义务，并要求各级政府、宗教团体、社会团体广泛参与，为移民提供融合机会。这些政策措施促进了外来移民融入社区、融入城市、融入国家。科隆市通过整合协会、警察、区政府等 300 多个组织机构来做社会融合工作。本地还成立了社会融合委员会，吸纳 22 名社会公众作为委员会成员参与和监督社会融合工作。另一方面，在政策制定和社会公共资源效果评价中，注重公众参与和第三方评估。以移民社会融合工作为例，除了联邦移民局探索建立了反映就业、收入、教育、生活状况、社会保障等多方面状况的融合指标体系，监测移民融合工作成效外，德国移民与融合基金会专家委员会、贝塔斯曼基金会等社会机构也定期评估并发布有关移民融合方面的调查研究报告，并受到社会各界的广泛关注。

四、政府主导"造村运动"的日本模式

（一）发展背景

日本在第二次世界大战之后，经济遭受沉重打击，故致力于重建城市，把主要的资本集中在东京、大阪、神户等大都市上，因而导致巨大的城乡差距。20 世纪 50—60 年代，日本工业现代化全面开展，工业和其他非农产业的就业人口急剧增长，在 1955—1971 年的 16 年间，增加了 1830 多万人，达到了 4340 多万人，占就业总人数的比重从 61% 提高到 85%；与此相反，农业劳动力从 1600 万人减少到 760 多万人，这就

是说，日本战后如此迅速增长的劳动力，有一半以上是通过农村劳动力的大量转移而得到补充的。农村因为青壮人口大量外流到城市，农村就业人口中老年人和妇女的比例越来越大，1980 年从事农业的人均年龄男性为 53.3 岁，女性为 51.0 岁，这种在全国范围内出现的大城市及其周围人口过密，而在农村人口过疏的现象，使得农业生产力大幅下降，农村面临瓦解的危机。因此，以重新振兴农村为目标的造村运动，便在乡村自发性地展开。

随着 1950—1980 年工业化的加速发展，城市化水平提高，有大量的农村劳动力进入城市，农村农民收入增长相对缓慢，城乡差距拉大。针对此种状况，日本政府出台了一系列政策，全力扶持农业经济发展，同时通过工业反哺农业，实现农业现代化。

（二）模式

1. 日本基本社会公共资源的提供由政府主导

政府出台了一系列产业政策促进服务行业发展，针对城市增加的劳动力的基本社会公共资源领域的需求情况，日本政府扩大社会保障范围，把原本用于大企业劳动者和公务员的社会养老保险制度覆盖面扩大，使中小企业劳动者和农民进入保险范围内，从而形成了全民养老保险制度。在此过程中，日本政府重视制定系列法规来规范政府在提供基本社会公共资源方面的行为。1961 年颁布的《国民年金法》，为农民和自营职业者提供了健康保险和年金，"实现了'全民皆保险'健康保险制度"。日本《农振法》于 1969 年出台之后，政府于 1970 年又颁布了《农地法》和《农协法》，1971 年出台《农村地区引入工业促进法》，设立了农民养老金制度，鼓励城市工业向农村转移，为农民解决了就业问题。

农村基本社会公共资源共享因此既获得充足的资金，扩大了规模，又取得了质量的提升。日本农村居民与城市居民在基础设施的享用上逐渐取得一致，农户的水电供应、住房条件等一应俱全。"即便是一个农户，把住宅盖到田地边缘，不久，电、水、煤气、电话等必要的城市设备政府就会为他安装齐全，如果再有两家，就可用集体名义，要求为通往住宅处修建生活公路、下水道，甚至桥梁。" 20 世纪 80 年代，日本城市化已经使居民享有均等化的基本社会公共资源。这一时期，基础教育等基本社会公共资源全部由政府投入资金。"日本在 20 世纪 80 年代就普及了高中阶段教育，使农村 40% 的适龄青年直接跨进了大学校园。"

由于政府投入资金较大，日本政府财政赤字开始增加，"1996 年中央政府和地方政府的债务余额达到 700 万亿日元，超过了 GDP 的 1.5 倍"。于是，一些来自英美国家的新公共管理理论在日本流行，日本尝试改变完全由政府提供社会公共资源的局面。社会公共资源从政府完全主导模式向政府与社会合作的方式转型。包括三种情况：一是中央与地方政府之间的分工合作，政府通过公共财政政策得以实现；二是地方政府之间的合作，根据不同的地域特点，完善社会保障政策；三是政府与企业和社会团体之间的合作，通过金融政策，对一些国有企业进行民营化改造，使其参与提供基本社会公共资源，以此减轻政府财政压力。这一时期，政府保障全民享有基本的社会公共服务，而社会公共资源的提供者则由公共组织来完成。

在放松政府管制的过程中，日本不断完善法律制度以加强对基本社会公共资源共享的支持。根据日本《教育基本法》《义务教育费国库负担法》等相关法令的规定，义务教育经费主要由国家财政负担，其中包括由国家财政直接出资部分和地方财政中以转移支付形式分担的部分构成。其中地方的义务教育学校和公立学校教育费用，分别由都道府县和市町村二级财政按教育财政法令规定各自负担。

2. 造村运动的倡导者认为，人口向城市流动的主要原因是信息化时代的到来

一方面，人们对信息的需求的增多，导致不同的人需要交流不同的信息而聚集；另一方面，在信息化时代，信息量虽然很大，但仍然存在难以获得自己需要的信息的问题，由于信息不对称，所以信息化时代下的人们就要向信息流通的城市集中，从某种意义上讲，信息化越发达，城市化的进程也就越快。为防止农村人口外流，平松守彦提出了"磁场理论"：如果强磁场与弱磁场之间放一块铁板，铁板自然会被强磁场吸引而去，为了促进各地区均衡发展，就要把农村建成不亚于城市的强磁场，把青年人牢牢吸引在本地区，磁场的吸引力在于产业，必须立足本地区条件，发展具有地方特色的产业，这也就是造村运动的开端。

造村运动的原则如下：

（1）立足乡土，放眼世界。行动虽是区域性的，但眼光却是国际性的。大分县前知事平松先生认为，产品越具有民族特色，其国际价值就越高，也越能受到国际上的肯定。当然，地域性并不等于国际性，毫无疑问它还需要经过精心加工和提炼，需要瞄准国内和国际市场，打造名牌，提高知名度。

（2）自立自主，体现民意。居民们是行动的主体，政府不下行政命令，不拿钱包办，不指定生产品种，不统一发放资金，而是在政策与技术方面给予支持，一切行动由各社区、村镇自己掌握，这就使各基层单位和广大农民放弃了依赖思想，主要依靠自我奋斗。

（3）培养人才，面向未来。"造村"运动并不只是物质性的"造物"运动，更重要的是精神性的"造人"运动。人才培育是运动的最终目标。地方活力是否能带动起来，不仅需要具有前瞻性的领导人，也需要集合人民大众的力量。

（三）城乡公共资源共享特点

日本是亚洲法律法规相对健全的国家。以养老保险为例，1959年政府颁布了《国民养老法》，将农民、个体经营者纳入国民养老体系中。1961年出台的相关法律，将养老范围扩大到农、林、渔、牧业劳动者，覆盖面惠及全民，进入了养老的福利时代。1970年出台《农民养老基金法》，并于次年建立了农村社会养老制度。法律和政策的制定，确保日本养老保险相对均衡，使得日本老人能够颐养天年，成为世界长寿国家之一。

日本城乡公共资源共享特点有：

1. 改变农村产业结构，加强农村社会公共资源供给

日本从1959年开始走农村工业化道路，并在此之后一直都采取鼓励农村工业发展的政策，来推动农村产业结构的转变。在农村工业化的过程中，国家通过财政出资，帮助农村地区改善交通、通信等基础设施，为农村工业的发展创造良好的外部条件，这是日本政府支持农村工业化的主要政策之一。

2. 完善收入再分配制度

（1）实施均等化转移支付制度。日本的转移支付制度以平衡各地财力，保证地方各级政府履行职能，提供较为均等的社会公共资源为主要目的，其转移支付资金由三块内容组成，即地方交付税、国库支出金和地方让与税。具有再分配功能的有地方交付税、国库支出金两大项。日本中央政府在下放事权的过程中，对于义务教育、医疗保健等一些重要的事权，实行中央与地方共同负责制。中央政府承担这类事务的资金是以国库支出金的形式支付的。日本的转移支付较为规范，地方交付税以《地方交付税法》为依据筹集和分配资金，国库支出金中的各类转移支付也以相关的法律，如《义务教育法》《土地改良法》等为依据。

（2）健全和完善社会保障制度。日本政府十分重视城乡均等的社会保障制度的建立与完善。1961 年日本就已经实现了"国民皆年金"的目标，国民的养老保险制度得以确立。社会保障制度中，再分配效果最为显著的是低收入者生活保障和残疾者生活保障。社会保障政策的普及程度是促进国民福利水平均等化的重要因素。日本政府也为此投入大量的资金，战后社会保障费占 GDP 的比重一直不断提高，20 世纪 70 年代提高最为显著，甚至超过了 10% 的比例。

3. 政府积极参与

政府是日本农村社会公共资源提供的发起者，从三次农村建设看，前两次都是自上而下由政府来主导的，即针对在工业化、城市化进程中农村所暴露的问题，由官方提出加强农村社会公共资源提供的意见。同时，日本政府在资金上大力支持农村社会公共资源提供。据统计，日本财政资金投入于农村生活社会公共资源项目，至 2002 年已经达到支农支出总额的 30%，至 2010 年超过 45%。政府筹集的这些资金主要用于如土地改良、水利建设等农业社会公共资源提供，另外还用于动植物防疫、农业灾害赔偿等方面的投入。此外，日本政府还给予农村社会公共资源提供组织和规划上的支持。日本为此还专门成立了农村规划与加强产业发展的农业振兴协会，并建立了由市町村、县到中央的三级完备的、覆盖整个农村的农协组织体系。

4. 重视社会公共资源法规及各种制度建设

为推进农村社会公共资源改革和发展，日本政府依据不同时期农村发展情况及目标，先后出台了一系列法令和影响深远的扶农政策，从而为农村社会公共资源提供支持。如在 20 世纪五六十年代制定并多次修改的《农业协同组合法》。1999 年颁布了《食品、农业、农村基本法》《持续农业法》等。此外，还先后颁布实施了《过疏地区振兴特别措施法》等法律法规。在制度建设上，主要包括农民充分参与规划制度；

尊重农民选择，保护农民权益，培养农民自立制度；加大政府财政投入，大力建设农村各项社会公共资源等，由此构建了一个完整的法治体系，为农村社会公共资源发展提供了制度上的保障。

5. 充分发挥农业协同组合的作用——日本战后重建的"农业协同组合"

这是一个集农业、农村、农户于一体的综合社区组织，是在政府的大力倡导和扶持下发展起来的组织，由农民自愿结合而成。目前全日本99%的农户都属于该组织。该组织分基层、县级及农协中央会三大层次；而按业务对象和经营范围不同，又分成综合农协和专业农协两类。它们共同构成了完备的、遍布各地的综合服务网络。利用联合力量，为农民提供快速、周到、高效的服务，其服务范围几乎涉及农民生活的各个领域和农业生产的各个环节。农协承担了日本农村主要经济功能，在发展农村经济、改善农民生活、加强农村社会公共资源提供等方面，发挥了难以替代的作用。

6. 加大农村基础设施投入，提高农业资本的收益率

基础设施投资是社会先行资本，先行资本水平越高，直接生产的单位成本就越低。因此日本投入巨资加大农村基础设施尤其是农田水利设施建设，从而为农业经营者创造良好的投资环境，其资金来源主要是通过财政支付。近几年来，日本政府对农村基础设施的投入都在1100亿日元左右。农村基础设施的改善，为实现城乡一体化提供了巨大支持。

7. 建立农产品价格风险基金

日本政府除直接进行农产品价格补贴外，还建立农产品价格风险基金，农民和政府各出资30%和70%，由农林水产省负责管理，当农产品供过于求导致市场价格下降时，基金会大量收购以消化过剩部分，促使农产品价格回升，保护农民利益；当农产品供不应求导致价格上升时，基金会则卖出储备的农产品，促使价格回落。

五、"新村运动"型的韩国模式

（一）发展背景

"二战"后，韩国抓住机遇积极推进工业化、城市化运动并取得显著成绩。与工业化、城市化迅速发展相对，韩国农村农业发展显著滞后，导致工农业发展失衡问题越来越严重，特别是进入20世纪60年代以来，城乡二元结构分化更加明显，给韩国经济社会持续健康发展带来严重的挑战。面对城乡发展的巨大鸿沟，韩国国家财力有限，无法满足解决城乡发展差距的巨大资金需求。在这种情况下，韩国政府另辟蹊径，在政府的支持下把农民组织起来，发挥农民的主体地位，调动农民的劳动积极性，使其投身建设自己的家乡，着力改善农村的生活环境、生产条件。

韩国政府从1970年起开始正式组织实施"新农村建设与发展运动"，简称"新村运动"。客观上来说，韩国新村运动与其他传统的农村发展模式在本质上没有大的差别。在起步阶段，韩国的新村运动高度重视包括思想启蒙、要件支援、教育研修等多种手段的综合运用，初期主要是以官方为主导，示范、吸引农民参与的形式，不断提高农村居民改善生活的意识。在推进发展阶段，则逐步转变成以农民为主、以官方支援为辅的形式，重点改善生产条件，核心是增加农民的收入，积极支持农民开展新村建设。经过40多年的发展和不懈努力，韩国从落后的农业国一跃成为发达的工业国，较好地解决了城乡发展不平衡的问题，基本实现了城乡经济的协调发展和城乡居民收入的同步增长。

（二）模式

20世纪60年代，韩国政府实施了优先发展重工业的出口型工业发展政策。工业化发展加快了城市化进程，形成了二元化社会经济结构。针对城乡贫富差距悬殊的情形，为避免城乡两极分化，20世纪70年代，韩国政府在全国34000个村庄发起一场"勤勉、自助、协同"的国民运动，致力于农村现代化建设和农民脱贫增收。新村运动是以20世纪60年代韩国城市产业发展和农（渔）村增收事业的成功经验为基础的，可以说它是20世纪60—70年代韩国社会发展模式在农村的实践应用。

韩国新村运动从发展过程而言大致可以分为五个阶段：

第一个阶段：1971—1973年，为打牢基础阶段。这段时间的工作是以政府引领为主导。主要工作是改善生活基础设施，扩修道路，改善房屋，修建清洁洗涤设施，同时，改善乡村的农田和种子等生产资料。在政策的执行过程中，政府会以前期给到资源的利用效率为评判标准，将村庄分级，对于完成得好的村庄，政府会加大支持力度，以更大程度上激发农民的积极性。

第二个阶段：1974—1976年，为拓展阶段。这段时间的特征是扩大项目的实施范围，同时增强政府官员对新村运动的理解与共识。该阶段，新村运动的推行直接由韩国中央内务部管理，并成立了新村运动"中央协议会"，以协调中央各部门的关系，组织干部去往农村对新村运动的具体实施进行指导。而且，成立了新村运动研修院，为新村运动的进一步推行培养人才。

第三个阶段：1977—1980年，为充实提高阶段。这一阶段的特征是力求缩小城乡差距。此时的新村运动已经慢慢地由政府主导推行转向为民众自发推行，因此更加注重活动的内涵。在这一阶段中，新村运动主要以鼓励发展畜牧业、农产品加工业和特产农业为主，希望借助于此，进一步缩小城乡差距。

第四个阶段：1981—1989年，属于跨越发展的阶段。这一阶段的主要特征就是建立发展全国新村运动的私营部门组织，从而实现从政府主导转向民间主导。此时韩国明确区分了政府和私营部门的职责：

政府的主要职能是制订总体的规划以调整农业结构，同时提供资源方面的支持；民间主导负责新村运动的宣传、培训与信息工作。此时，大力鼓励农民发展多元化经营，使得农村居民的生活水平逐渐接近城市水平。

第五个阶段：1990 年至今，为自我发展阶段。该阶段新村运动彻底由民间主导，此时政府主要负责配套服务。随着新村运动的实行，韩国乡村也呈现出繁荣的景象，这让新村运动带有文明建设和经济开发的双重特征。政府倡导全体公民自觉抵制各种不良社会现象，并致力于国民伦理道德建设、共同体意识教育和民主与法制教育。

(三) 城乡公共资源共享特点

1. 政府强力推动

韩国"新村运动"起初完全由政府主导和推动。其主要采取两种推动手段：一是行政机构和人员广泛参与，由此政府建立了一整套从中央到地方的组织领导体系，各道、市（郡）及最基层的村都成立了"新村运动"领导机构，专门负责政策的制定，并协调各部门之间的配套政策和措施落实。在"新村运动"的开始和全面推行阶段，上至总统、下到普通公务员都参与到这一运动中，责任到人，各负其责。政府实行奖惩分明的考核制度，收效好的就提拔，不好的就调到艰苦的地方工作。当时的总统朴正熙，不仅参与起草"新村运动计划"，而且亲自到农村调研、到研修院授课。二是物力财力大力支持。"新村运动"中的社会公共资源提供所需的物资，基本都是由政府财政提供。1970—1980 年的 10 年间，政府财政累计向"新村运动"投入 2.8 亿韩元，后来的 20 年在这个巨额投入的基础上，又进一步翻了两番。政府还通过其他方式来支持"新村运动"发展，如向农民发放最长可达 30 年的长期低息贷款等。

2. 农民自主选择

韩国"新村运动"特别重视发挥农民的主体作用。政府虽强力推动和支持"新村运动",但并不包办代替,更不强迫农民选择项目。每个村具体搞什么项目,完全由农民自己选择。政府按照先易后难、因地制宜原则,从农民感受最深、最迫切需要解决的事情入手,拟订支持的项目计划,如更换屋顶、修建道路、送电照明等。农民根据实际情况选择项目,并且项目建设也主要依靠农民自己的劳动。政府通过政策引导的方式,让农民从"新村运动"中见到利益、得到实惠,从而自觉参与到"新村运动"中来。可以说,政府推动引导和农民参与有效地结合在一起,是"新村运动"获得成功的重要保证。

3. 社会积极支持

韩国"新村运动"中,全社会积极参与新村建设,大学和科研院所的教师、科技人员轮流到农村巡回讲授和推广科技文化知识,海外的侨胞自愿捐钱捐物,城市各机关单位、工矿企业与农村结对,进行"一帮一"的扶持,三星、现代、韩国电力等大型企业都带头支持农村社会公共资源提供。从某种程度上讲,韩国新村建设取得成功是全社会支持的结果。

4. 实行激励机制

政府对"新村运动"的财政支持,不搞平均分配,奖勤罚懒,奖优罚劣。政府根据各村的表现和成果,将全国3万多个村庄划分等级,政府的援助物资只提供给自力村和自助村,并在村口立上牌子,以激发村民的积极性。这种奖惩机制发挥了有效的促进作用和无形的监督作用,有利于激发责任感和荣辱意识。

5. 注重教育培训

教育培训在"新村运动"中占有重要的位置。韩国从中央到地方政府都设有"新村指导员研修院"，对国家各级公务员、社会各界负责人、新村指导员分批进行业务培训，包括政策说明、计划制订、实地考察、经验介绍、问题研讨等。然后这些人再对农村建设项目进行指导，并向农民灌输正直诚实的价值观，培养农民勤奋、自强、团结的主人公意识，倡导勤俭节约的生活方式，使农民具有强烈的协作精神和良好的生活态度。最后，"中央研修院"为韩国新村运动培养了一大批带头人和骨干。

第二节　公共资源城乡共享经验与启示

一、国外经验总结

从世界范围来看，基本社会公共资源均等化已经成为世界各国公共部门发展的方向和目标。也就是说，为公众提供均等的基本社会公共资源已不仅是政府应尽的义务和政府的职责所在，也是对人权的保障，是社会公平正义的体现。西方国家通过建立强大的公共部门，在基础教育、基本公共卫生、基础社会保障等基本社会公共资源城乡共享方面都已经不同程度实现了均等化，在促进基本社会公共资源均等化方面也积累了丰富的实践经验。

（一）科学划分了各级政府之间的事权和财权

各级政府间之间事权责任的合理划分是实现基本社会公共资源均等化的前提。现代西方财政理论的基础是公共产品学说，它为进一步划分各级政府之间职能和协调各级政府之间公共财政关系提供了理论支撑。西方国家基本上都按照基本社会公共资源受益范围的程度，确定各级政府的职能和各级财政的支出范围，把公共财政支出的范围限定在了"市场失灵"的社会公共资源领域，并将事关国家整体利益和需要统一规划的公共财政支出都划归了中央；而与地方利益有直接关系，需要因地制宜安排以及外溢性较小的公共财政支出，都划归了地方政府，并且经过长期的磨合与调整，逐步形成了各级政府之间公共财政支出与其职能和责任密切对应的关系，使各级地方政府都有能力来提供大致均等的基本社会公共资源。例如，在德国，通过宪法对政府间提供基本社会公共资源的职能和任务进行了大致划分。德国在《基本法》中就明确规定："为了普遍的利益必须统一进行处理的事务"应该由联邦政府来负责，其他事务对应的由各州和地方政府来负责，同时根据基本社会公共资源的性质和特点，确定一些项目由两级以上政府共同承担。联邦政府主要通过基本社会公共资源立法来管理和调节各州和地方政府的基本社会公共资源供给职能和责任，并通过公共财政转移支付制度来加以保障。这样就充分调动了各级政府的主动性和积极性，同时可以有效地避免矛盾的产生。

（二）建立了合理的财政转移支付制度以保证均等化目标的实现

国际经验表明，实现基本社会公共资源均等化的基本手段是公共财政均衡化，而公共财政均衡化则需要通过转移支付制度来调节，尽管各国的具体历史条件、国情和价值取向都不尽相同，而且基本社会公共资源均等化的法规制度也存在着一定的差异，但从其各级政府间公共财政均衡的主线出发，又具有很多的共同特点。

一是中央政府都拥有较强的公共财政支出能力，具有强有力的调节基本社会公共资源均等化的能力。从各国情况来看，无论是美国、澳大利亚还是日本，都是在中央政府掌握强大的公共财政的基础上，再根据各级政府间公共财政纵向差异和同级地方政府间横向差距确定对地方政府的转移支付数量，均衡各地方政府之间的公共财政差距，进而为实现基本社会公共资源均等化奠定公共财政基础。二是财政均衡性转移支付资金来源稳定、分配科学。首先，许多西方国家建立了相对稳定的均衡性转移支付制度，固定某一项或某几项财政收入中一定比例的数量作为调节资金进行均衡性分配，使均衡性资金的来源比较稳定。其次，在均衡性资金分配上，西方国家基本上都采用了规范化和模式化的方法。实行既严格又灵活多样的各种补贴办法，从而减少转移支付制度中的盲目性和刻板性，而且也可以减少人为因素的干扰。三是确保财政均衡性转移支付制度的法制化。西方各国公共财政均衡性转移支付制度最大的共性就是都有明确的法律法规依据，转移支付制度本身及其运行的公共财政环境都实现了法制化，减少了人为因素的影响和干扰，这样也使公共财政转移支付制度更加公正透明。

（三）各级政府拥有与提供基本社会公共资源相匹配的财源

发达国家不论采用何种公共财政收入分配制度，都能够保证各级政府拥有相对稳定的财政收入，这对于各级政府履行提供基本社会公共资源的职能和责任是非常重要的。例如，在加拿大，为了建立均等化的基本社会公共资源体系，在《宪法》中就承诺联邦政府要确保各省财政收入的大致均衡，即联邦政府会确保各省级政府拥有相对稳定、大致匹配的公共财政收入，有相对均衡的财政能力来为公民提供基本的社会公共资源。在德国，《基本法》中也有明确的规定，政府要确保全体公民在全国范围内应当享有大体均等的生活水平，因此各级地方政府都应当为其所辖区内的公民提供水平大致相同的基本社会公共资源。为了实现这一目标，就必须保证各级地方政府的公共财政收入较为接近，即实现公共财政收入的均等化。这样才能保证各级政府提供基本社会公共资源的能力差距不会特别悬殊。在美国，联邦政府的财政收入主要来源是公民的个人所得税，其最大的支出类别就是法律中明确规定的必须保障的与基本社会公共资源相关的基础教育、公共卫生、社会福利等项目的投入。

（四）拥有完善的基本社会公共资源均等化法律法规体系

发达国家政府在促进基本社会公共资源均等化的过程中，特别注重建立和健全基本社会公共资源均等化的法律体系，从立法上确保将基本社会公共资源的供给作为政府法定的职能或责任。例如，在美国，联邦政府从 20 世纪初开始就已经通过和实施了一系列确保基本社会公共资源均等化的法律法规，在英国，早在 1601 年就已经颁布和实施了《济贫法》，1908 年之后又陆续颁布了《老年赡养法》《国民保险法》《国民健康服务法案》等法律法规，1997 年议会又通过了《公共服务法》《财务管理与责任法》等法律，进一步完善了基本社会公共资源法律法规体系。在澳大利亚，联邦议会早在 1902 年、1922 年和 1999 年就分别通过和实施了三部《公共服务法》，确立了澳大利亚政府实现基本社会公共资源均等化的职能和责任。这都反映出西方国家为实现基本社会公共资源均等化提供了完善的基本社会公共资源法律法规体系，在立法上都为基本社会公共资源均等化提供了可靠的制度保障和法律支撑。

二、对我国的启示

上述国家在促进基本社会公共资源均等化方面已经积累了丰富的实践经验，从这些国家促进基本社会公共资源均等化的具体实践中汲取经验，对于提高我国政府提供基本社会公共资源共享的能力，加速我国实现基本社会公共资源均等化的实现进程将具有重要的现实意义。上述国家实施基本社会公共资源均等化的成功实践经验和做法，将为解决我国在推进基本社会公共资源均等化进程中面临的困难和问题提供有益的启示。

（一）明确合理地划分各级政府间的事权与财权

我国目前面临的挑战之一是各级政府间的基本社会公共资源的事权与财权之间不匹配。各级政府间基本社会公共资源责任的界定应以社会公共资源的层次性为依据，对于那些外溢性较强，与人民群众生产生活息息相关的基本社会公共资源项目如基础教育、基本公共卫生、养老保障和最低生活保障等，主要应当由中央和省级政府来承担，各级地方政府则主要承担自己管辖范围内的基本社会公共资源供给，重点应该关注自己管辖范围内居民对基本社会公共资源的需求，这样才能保证各类基本社会公共资源项目的供给效率。对于中央与地方共同承担的基本社会公共资源项目也应做到分工明确，属于中央职能范围内的项目则应由中央政府来直接提供，属于地方职能范围内的项目则应由地方来提供，避免出现职能模糊、重叠或划分不清的现象。逐步改变基层政府支出比例过重、中央与省级政府支出比例相对较轻的非对称支出格局。

（二）建立以基本社会公共资源为导向的公共财政体系

从发达国家实行基本社会公共资源均等化的实际做法和经验中可以看出，各国的公共财政支出体系是非常健全的，因此，我国政府现阶段应该把基本社会公共资源作为其核心职能，尽快实现由建设型公共财政向服务型公共财政的转变，逐步调整公共财政的支出结构，加快建立以基本社会公共资源为导向的公共财政体系，逐步建立社会公共资源共享型政府。一是应该加大城乡基本社会公共资源共享的投入，逐渐缓解城乡差距，提高农村基本社会公共资源的供给水平，弥合城乡间基本社会公共资源的巨大差距。二是形成以基本社会公共资源为导向的公共财政支出结构，不断增加我国对基础教育、公共卫生，社会保障等民生领域的公共财政投入，建立健全基础教育投入机制，完善政府公共卫生投入体系，加快建设覆盖城乡居民的社会保障制度体系，同时进一步加大公共财政的投入力度，加快建立健全用公共财政来保障和改善民生的长效机制。三是以基本社会公共资源为导向，加大对中西部相对落后地区的公共财政支持力度，通过资金的筹措和注入，改善中西部相对落后地区的基础设施建设，从而刺激落后地区的经济发展和基本社会公共资源的均等化。

（三）建立均等化的公共财政转移支付制度

在我国现行的基本社会公共资源共享体系中，提供基本社会公共资源的职能主要由省级及以下政府承担，而收入则主要集中在了中央政府的手中。由于目前我国公共财政转移支付制度的不完善，许多地方政府根本没有能力去提供基本社会公共资源。因此，鉴于我国现阶段在转移支付制度方面存在的许多问题，要实现基本社会公共资源均等化的目标，就必须加强对当前转移支付制度的改革，逐步建立以基本社会公共资源为导向的财政转移支付制度。 一是要建立条块结合的转移支付制度，充分发挥中央政府与地方各级政府之间、财力转出和财力转入地区之间的积极性与主动性，并且各级地方政府的横向转移支付既能在一定程度上减轻中央政府的财政压力，又能使财力转出地区与财力转入地区直接对接，形成明确的给予和授受关系，这样也有利于增强财政转移支付制度的透明性，提高资金的使用效率。二是要建立合理有效的转移支付方式。目前我国的转移支付方式还不够规范明确，这样不利于基本社会公共资源均等化目标的实现，必须对其进行调整，改变现行转移支付的结构和数量，加大具有促进基本社会公共资源均等化功能的转移支付的数量和比例，使这样的转移支付成为财政转移支付制度的主体。

（四）构建完善的基本社会公共资源均等化法律体系

在我国各种法律法规体系中对基本社会公共资源均等化虽然有所涉及但是并没有引起足够的重视，而且地方各级政府依然是热衷于发展可以提高 GDP 和促进财政收入增长的产业，对发展能够促进基本社会公共资源均等化有关的产业不够重视，财政投入也严重不足。中央政府出台的各种关于促进基本社会公共资源均等化的政策，法规在地方也没有得到很好的执行。因此，从建设法治国家，构建社会主义和谐社会的高度出发，应借鉴西方国家各种成熟的立法经验，加快推动我国与基本社会公共资源均等化相关的法律法规立法进程，完善基本社会公共资源领域的各项法律法规，以法律促进政府转型，加快服务型政府建设，建立惠及全民的基本社会公共资源共享体系，实现人人享有均等化基本社会公共资源的战略目标。

本章小结

目前，我国经济社会发展总体上已进入破除城乡二元结构的阶段，城乡一体化发展的格局正在逐步形成。但是，我国城市和农村之间的基本社会公共资源还存在着明显的差距，我国实现社会公共资源城乡共享的重点和难点依然在农村。

社会公共资源城乡共享已经成为世界各国公共部门发展的方向和目标，西方国家在促进社会公共资源城乡共享方面已经积累了非常丰富的实践经验，从这些国家促进社会公共资源城乡共享的具体实践中汲取经验，对于提高我国政府提供社会公共资源共享的能力，加速我国基本社会公共资源城乡共享的实现进程，尽快实现基本社会公共资源均等化的战略目标都具有非常重要的现实意义。

因此本章对国外具有代表性的社会公共资源城乡共享机制进行总结和借鉴，对美国、英国、德国、韩国、日本五个国家的历史发展进程以及其社会公共资源共享的特点进行了描述总结，这些国家通过制定有关法律法规、科学划分各级政府之间的事权和财权、建立以社会公共资源共享为导向的公共财政体系、建立均等化的公共财政转移支付制度等一系列旨在保障人权和实现社会公平正义的举措，社会公共资源均等化水平得以提高，公民广泛受益。

借鉴这些国家的实践经验，我国社会公共资源共享有赖于构建完善的法律体系，明确合理地划分各级政府间的事权与财权，建立以基本社会公共资源为导向的公共财政体系，建立均等化的公共财政转移支付制度，实现社会公共资源共享的相对均衡。

第三章 我国社会公共资源城乡 共享的现实状况

第一节 社会公共资源城乡共享的演进历程

一、1949—1978 年平均主义导向下的城乡分离

（一）"平均导向、全面覆盖"的基本公共服务价值观

这一时期国家在价值取向上坚持平等优先，力求体现社会主义制度的优越性。1949 年通过的《中国人民政治协商会议共同纲领》在第五章"文化教育政策"中对新中国公共服务体系的主要内容、主要目的以及制度创建提出了整体性设想，奠定了基本公共服务均等化的宪法基础。1951 年党和政府出台了《中华人民共和国劳动保险条例》，明确在企业内部实施养老保险，并且在实际上实行了全国统筹，这标志着养老保险制度在中国再度重生。1954 年通过的《宪法》第九十三条规定"中华人民共和国劳动者在年老、疾病或者丧失劳动能力的时候，有获得物质帮助的权利。国家举办社会保险，社会救济和群众卫生事业，并且逐步扩大这些设施，以保证劳动者享受这种权利"；第九十四条规定"中华人民共和国公民有受教育的权利。国家设立并且逐步扩大各种学

校和其他文化教育机关，以保证公民享受这种权利"。确认了政府应当提供社会保险、社会救济、群众卫生事业和基础教育等基本公共服务的义务。在此理念指引下，新中国的公共服务从零起步，投资兴办了教育、卫生、社会保障和文化等一大批关系公民基本生存和发展的社会事业。中华人民共和国成立初期，基本公共服务的发展速度也是比较快的。1954年预算中国家用于文教、卫生和社会福利事业的支出等于1950年的4.9倍。这部分支出占整个财政支出的比重也从1950年的11.1%增加到1954年预算的14.7%。1957年的在校学生人数相比1956年，高等学校增长9.7%，普通中学增长15%，小学增长5.5%。群众办学在1957年也有了很大的发展，在这方面成绩最显著的有四川、江苏、河南、河北等省。卫生部系统的医院病床数，比上一年增长11.7%。文化出版事业，也有所发展。后来由于"大跃进"以及"文化大革命"的影响，经济社会发展受到极大干扰，公共服务体系的发展也处于停滞不前的状态。虽然在城乡分割的前提下实现了基本公共服务的全面覆盖、区域均等，但是限于当时的经济社会发展水平，公共服务产品总体上严重短缺，公共服务供给水平非常低。

（二）"二元分治、城乡兼顾"的基本公共服务发展观

这一时期追求的社会公平是城乡二元分治基础上的社会公平。基本公共服务"二元化"差别供给奠基于"农业户口"和"非农业户口"划分的户籍制度"社会屏蔽"（Social Closure）。以1951年7月公安部颁布的《城市户口管理暂行条例》为标志，新中国的"二元化"户籍制度开始建立；1955年，国务院发布《关于建立经常户口登记制度的指示》，将农村人口纳入户口登记管理的范围；1958年1月，全国人大常委会发布的《户口登记条例》规定，"必须持有城市劳动部门的录用证明，学校的录取证明，或者城市户口登记机关的准予迁入的证明"，否则，户口迁出将不予办理，这一规定严格限制了公民由农村向城市的

迁移；1964 年和 1977 年，公安部分别发布《关于处理户口迁移的规定》草案及其正式文件，以"严格控制"和"适当限制"两个原则封堵了由农村迁往城镇的通道；1975 年《宪法》则取消了公民"居住和迁移自由"的条款。回顾这段历史，"农业户口"和"非农业户口"的划分于国家而言，是国家主导工业化过程的客观需要，但也成了我国城乡二元社会结构形成的最根本原因。这一时期的基本公共服务供给体系以户籍制度和城乡二元结构为基础，即在城市实施"单位制福利"，运行"单位办社会"的公共服务供给模式；在农村，村集体经济作为农村公共服务的主要融资和供给主体，实施以小学教育、集体养老和合作医疗为主体的"集体福利制度"。这一体系的实施导致基本公共服务供给主要面向城市单位职工，农村居民则未能享受到同等的基本公共服务。

（三）"高度集中，政府包揽"的基本公共服务供给观

在计划经济体制下，公共服务资源相对匮乏，要实现公共服务的普遍可及和均等化，只能实行"苏联式的公共服务体系"，由政府向社会公众直接配给最迫切需要的基本公共服务，最低程度满足城乡居民的基本公共需求。在城市中，国家通过"企业办社会"的方式供给公共服务，公民以"单位人"的身份享有"职工福利"，包括退休保障、医疗、教育、住房等在内的公共服务都是免费和相对均等的。农村主要实行通过集体经济力量提供基本生活保障的公共服务供给模式，国家只承担有限的财权责任。1958 年北戴河会议通过的《中共中央关于在农村建立人民公社问题的决议》明确规定，人民公社"实行政社合一，乡党委就是社党委，乡人民委员会就是社务委员会"，人民公社因此兼具行政与生产管理双重职能，农民以社员身份听从生产安排，村集体经济成为农民享有的"集体福利制度"的主要供给来源。这种政府"高度集中、统一计划、政府包揽"的基本公共服务模式具有"个人负担较低"的特点，但是存在供给效率极低和资源浪费的情况。

二、1979—2002 年差异化导向的城乡竞争发展

(一)"效率优先、兼顾公平"的基本公共服务价值观

1978 年 12 月党的十一届三中全会拉开了我国改革开放的大幕,全党工作重点迅速转移到现代化建设上来,我国开始了波澜壮阔的经济发展时期。这一时期的焦点是经济改革:经济体制由计划经济转向市场经济,经济结构从农业经济转向工业经济,经济模式由内向经济转向外向经济。在发展主义意识形态主导下,政府快速向"发展型政府"转变,各级政府都把追求国内生产总值(GDP)增长作为中心任务。在 20 世纪 80—90 年代,中国政府将经济政策和经济增长置于优先地位而对社会政策和社会建设重视不够,甚至为了追求经济增长而"容忍不平等的扩大"。改革取消了针对产业工人"从摇篮到墓地"的传统社会福利承诺,但并未成功设计出社会政策以适应经济社会体制转型;尽管市场化改革提高了大部分人的生活水平,但福利供给没有明显改善,城乡差距不断扩大,催生了新的不平等。在"效率优先、兼顾公平"的理念指导下,基本公共服务体制变革尽管不断推进,努力与经济体制改革相适应,但是由于种种原因,基本公共服务在计划经济下城乡失衡的基础上不断加剧,同时还出现了区域严重失衡、群体严重失衡的情况。在 21 世纪初,我国基本公共服务"城乡差距不断加大、覆盖范围不断缩小,区域差距不断加大,群体差距不断加大,个人负担不断加重"的情况非常严重。

(二)"城乡分割、以城为主"的基本公共服务发展观

在此阶段,我国基本公共服务体制改革沿袭了传统的城乡二元思路。在城乡分割的户籍制度基础上,部分基本公共服务供给在城乡之间存在两套供给政策,且城市供给水平远远高于农村。城市中,一方面继续沿用"单位办社会",向职工提供住房、取暖、医疗保障、养

老保险、子女教育等方面的福利保障，但是由于经济体制改革的推进，不同的工作单位间福利差距越来越大；另一方面，开始推进公共服务的社会化与市场化改革。在农村，传统的公共服务体系随着家庭联产承包责任制的全面推行、农村集体经济的实际解体而逐渐瓦解；在教育公共服务方面，由于乡镇财政财力薄弱，因而农村义务教育经费实际上通过税费摊派转嫁到农民身上。在医疗公共服务方面，1979年12月颁布的《农村合作医疗章程（试行草案）》将"农村合作医疗"定义为"人民公社社员依靠集体力量，在自愿互助的基础上建立起来的一种社会主义性质的医疗制度，是社员群众的集体福利事业"；1981年3月卫生部《关于加强卫生机构经济管理的意见》提出，医疗卫生单位开展增收节支，讲求经济效益；1985年4月《关于卫生工作改革若干政策问题的报告的通知》提出，计划免疫注射和妇幼保健服务可以适当收取劳务费，卫生防疫、卫生监督监测、药品审批和检验等都要收取劳务费和成本费。资金来源不足使绝大多数地区的农村合作医疗体系在20世纪80年代陷于停顿或瘫痪。在农村养老公共服务方面，1991年《国务院关于企业职工养老保险制度改革的决定》提出，农村的养老保险改革由民政部负责；1992年民政部在总结探索试点经验的基础上，制定了《农村社会养老保险基本方案》；1995年《国务院办公厅转发民政部关于进一步做好农村社会养老保险工作的意见的通知》要求推进这项工作。但在系列政策的实际执行中，由于国家财政投入乏力，因而农民参保积极性较低，至20世纪末，该项保障措施全面停滞。可见，该阶段的基本公共服务供给处于十分显著的城乡失衡状态。

（三）"地方负责，分级管理"的基本公共服务供给观

20世纪80年代，政府行政管理体制和财政体制改革并举，改革的突出特征即为"分权"。中央与地方行政与财政权力的重置导致了二者

对地方治理与财政控制力的此消彼长，中央政府分税制改革由此出台。财权在中央与地方重新设定，事权却未能随之重新划分，财权与事权的不对称直接影响了地方公共服务供给财力，而中央财政转移支付体系也未能"充分支持地方政府提供这些服务时所需的支出"。为解决公共服务筹资矛盾，预算外支出与"乱收费"现象频发；此外，区域经济发展不平衡也导致了各地基本公共服务供给失衡加剧。

在此阶段，以"多元化""社会化""市场化"和"地方化"为特征，我国政府公共服务体制改革逐步推动供给主体由一元向多元转变，供给产品由全部"免单"向部分付费转变，客观上促进了公共服务供给效率和质量的提高；与此同时，在公共服务体制改革中，公共服务责任下移，以期逐步实现地方负责，分级管理。其结果却是地方政府的公共服务职能不断弱化，公共服务缺少常态化、规模化投入，公共服务供给的普及性和均等化程度大大降低了。以教育公共服务为例，1985年至1999年间，国家相继出台了《关于教育体制改革的决定》（1985年）、《中华人民共和国义务教育法》（1986年）、《中国教育改革和发展纲要》（1993年）、《中华人民共和国教育法》（1995年）、《关于深化教育改革全面推进素质教育的决定》（1999年），确立了"分级办学"及教育经费的"三个增长"等教育管理原则的制度化、法制化地位。但在具体落实中，由于乡、村财政投入乏力，"基础教育由地方负责"难以实现，农村基础教育最主要的经费来源仍然是"最广大的农民群众"，而投入不足必定导致教育质量低下，农村基础教育发展难以为继也就不足为奇。在公共卫生领域，从20世纪80年代到2002年，我国政府的投入出现相对萎缩，随着财政"分灶吃饭"和分税制改革，卫生医疗机构为了生存，不得不较多地依赖医疗服务收费和提供有偿的公共卫生服务，而逐渐忽视了承担基本公共卫生服务的社会职责。"重医轻防"与"重经济效益轻社会效益"的状况成为县、乡、村三级卫生服务组织的普遍状况，导致了我国农村公共卫生服务供给不足的现实局面。

三、2003—2016 年均等化导向的城乡统筹发展

（一）"民生导向、公平优先"的基本公共服务价值观

这一阶段，政府秉持"以人为本"和"科学发展"的指导思想，公共服务体系的构建显示出更为普遍和全面的特征：城乡义务教育全面实现，全面医保基本实现，城乡基本医疗卫生制度全面建立，城乡基本养老保险制度全面铺开，公共就业服务体系实现全覆盖，新型社会救助体系基本形成，最低生活保障实现了应保尽保，保障性住房建设加快推进，逐步形成了"广覆盖，趋于均衡、个人负担降低"新的均衡。在2005 年《政府工作报告》中，"建设服务型政府"的执政理念被明确提出；2006 年《"十一五"规划纲要》（十届全国人大四次会议审议通过）和《中共中央关于构建社会主义和谐社会若干重大问题的决定》（中共十六届六中全会审议通过）更是将"基本公共服务均等化"纳入政府工作日程，标志着我国基本公共服务的价值理念发生了重大变化；2007 年中共十七大报告突出强调以"加快推进以改善民生为重点的社会建设"为切入点，协调经济社会发展，保障和改善民生，促进社会公平正义；2010 年《中共中央关于制定国民经济和社会发展第十二个五年规划的建议》（中共十七届五中全会审议通过）再次重申"加强社会建设，建立健全基本公共服务体系"的重要性，要求着力保障和改善民生，逐步完善符合国情、比较完整、覆盖城乡、可持续的基本公共服务体系，推进基本公共服务均等化；2012 年 7 月国务院公布了《国家基本公共服务体系"十二五"规划》，第一次明确界定了基本公共服务的服务范围、服务对象，保障标准、支出责任和覆盖水平，使基本公共服务均等化从理念蓝图变成现实计划。至此，"民生导向、公平优

先"的基本公共服务价值观完全得到了确立。

(二)"城乡一体、统筹发展"的基本公共服务发展观

在此发展观指导下,我国的公共政策发生了明显转向,农村居民、弱势群体更多地成为政策受益者,在农民工就业保障、城乡义务教育、医疗和养老保障各个方面,政府颁布和实施的系列政策文本均显示了政策重心的转移,自中共十六大以来,"从经济政策到社会政策的历史性跨越"毫无疑问极大促进了社会公平正义。这一时期,基本公共服务的各个领域不断出台一些有重要影响力的政策。在义务教育方面,2003年召开的国务院全国农村教育工作会议做出了教育资源投入向农村倾斜的政策决策:新增教育经费主要用于农村以加快普及农村义务教育。受此类政策影响,至2008年,农村义务教育得以与城市一样,基本实现了全免费;同时,城乡、区域义务教育基础设施建设差距逐渐缩小,均等化程度不断提高。在医疗保障方面,自2003年开始试点建立的"新型农村合作医疗"制度,经过6年发展,至2008年已在全国农村基本建立;与此同时,"城镇居民基本医疗保险"制度自2007年开始推行,该制度囊括了城镇非从业人员和灵活就业人员。由此,"基本医疗保障制度"由"城镇职工基本医疗保险""城镇居民基本医疗保险""新型农村合作医疗"三大体系共同支撑起来,实现了城乡全覆盖。在医疗保障制度全面确立和实施的同时,2009年国务院发布的《关于深化医药卫生体制改革的意见》为实现人人享有基本医疗卫生服务的目标明确了改革方向和具体措施。在养老保障方面,与医疗保障制度全覆盖的思路相一致,政府在落实和固化城镇企业职工基本养老保险制度成果、做实和扩大正规就业人员的参保覆盖率的同时,于2009年9月启动试点,拟通过建立"新型农村社会养老保险制度",使农村居民享有与城镇企业职工同样的养老保障。"新农保"资金通过个人缴费、集体补助、政府补贴三条渠道筹集,以基础养老金的方式解决年满60周岁的

农村居民的养老问题。在公共就业服务方面，2002年以来，政府不断加大公共就业服务的财政投入和供给力度，制定实施了一系列积极的就业政策，城乡职业介绍与培训网络通过"政府主导、多元社会主体共同参与"的模式逐步得以建立和完善；2007年，《就业促进法》《劳动合同法》相继出台，分别就建立健全就业援助制度的政府责任、劳动关系的全面规范作出了法律规定。应该说，这两部法律的出台对于消除城镇就业体系对农民工的就业歧视、维护农民工劳动权益的意义极为重大。

(三)"政府主导、多元协同"的基本公共服务责任观

这一阶段的公共服务制度改革，一方面不断强化政府的供给主体责任，另一方面也在不断推进公共服务的市场化、社会化，基本公共服务多元供给机制不断成熟和扩展，为缩小城乡间、区域间基本公共服务差距提供了机制支撑。首先，进一步明确了政府责任。以农村教育公共服务为例，2005年开始建立的农村义务教育经费保障机制明确规定，由中央和地方分项目、按比例分担农村义务教育经费，并且由中央负担主要部分；2006年，《义务教育法（修订案）》由全国人大审议通过，不仅正式明确了各级政府在义务教育方面的责任，更是作出了将义务教育经费纳入公共财政保障范围、义务教育阶段免收学杂费的规定。再以住房保障为例，2007年国务院出台《关于解决城市低收入家庭住房困难的若干意见》，保障性住房体系被纳入政府公共服务范围，并提出了通过廉租房、经济适用房建设解决城市低收入家庭的住房问题的具体措施。2012年《国家基本公共服务体系"十二五"规划》具体确定了8个领域和残疾人基本公共服务共44类、80个基本公共服务项目，首次明确了政府基本公共服务的支出责任。其次，进一步调整了中央与地方的责任。通过不断完善财政转移支付制度进行了中央政府与地方政府的事权与财权划分。为推进基本公共服务均等化和公共财政体制改革，

2006年国家出台"十一五规划纲要"，提出"有条件的地方可实行省管县的体制"，2009年中央"一号文件"进一步明确提出了全面推进省管县体制改革的目标；积极推进省管县的财政体制改革，调整公共财政支出结构，探索建立公共服务的财政投入增长机制。最后，创新了以"多元主体协同供给"为特色的基本公共服务供给机制，在明确政府在公共服务供给中的主导地位的前提下，积极推动公共服务供给的市场化与社会化运作。2013年11月，党的十八届三中全会通过《中共中央关于全面深化改革若干重大问题的决定》，明确提出使市场在资源配置中起决定性作用，同时要更好地发挥政府作用，一方面"稳步推进城镇基本公共服务常住人口全覆盖"，"建立财政转移支付同农业转移人口市民化挂钩机制"；另一方面"适合由社会组织提供的公共服务和解决的事项，交由社会组织承担"。

四、2017年至今的新时代城乡一体化共享发展

从城乡统筹到城乡一体化，表明我国进入重构新型城乡关系的新阶段，也是实现党的十八大所确立的发展方式转变的体现。城乡发展战略的重大调整带来了农村政策环境的巨大改善，城乡差距进一步缩小，中国城乡关系持续好转。

第一，国家实施了各种惠农政策，初步建立起强农支农的政策性框架体系，公共财政辐射农村的广度和深度不断加大。如实施减免农业税、种粮补贴、对义务教育的公共财政保障制度农村居民最低生活保障制度，新型农村合作医疗制度（"新农合"），新型农村社会养老保险制度（"新农保"）等。民政部统计数据显示，全国农村低保年平均标准从2012年的2068元/人上升到2020年的5842元/人。截至2019年年底，全国有农村低保对象4333.5万人。新型农村合作医疗基本实现全覆盖。城乡居民收入差距扩大的趋势得到有效遏制，城乡居民可支配收

入比由 2007 年达到峰值的 3.14∶1 下降到 2019 年的 2.64∶1（如图 3.1
所示），农民可支配收入增长超过城镇居民可支配收入增长，城乡统筹
发展的效果开始显现。

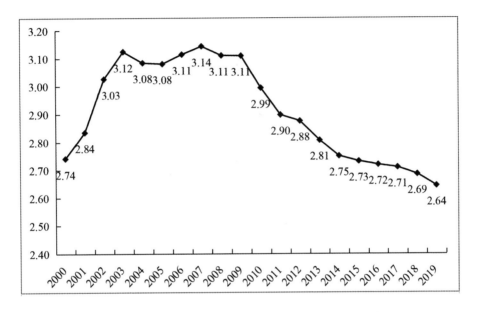

图 3.1　全国城乡居民可支配收入比（2000—2019 年）

数据来源：中国统计年鉴（2020）

　　第二，农村居民贫困人口大幅度减少，贫困发生率持续降低。农民
"减负"和一系列的惠农政策推动了农村大规模的减贫脱贫。尤其是党
的十八大以来，为解决农村贫困问题，党中央实施了"精准扶贫"战
略，并要求在 2020 年贫困人口全部实现脱贫。如图 3.2 所示，按照国
家农村贫困人口标准（2010 年价格水平每人每年 2300 元）计算，全国
农村贫困人口由 2012 年的 9899 万人减少至 2019 年的 551 万人，直到
2020 年全面脱贫。

　　第三，农村基础设施投资力度加大，在交通、通信、环境整治等方
面成效明显。第三次全国农业普查结果显示，2016 年年末在全国所有
村当中，通公路、通电、通电话的村占比分别已达到 99.3%、99.7% 和

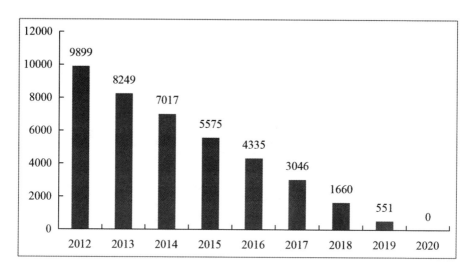

图 3.2　2012—2020 年全国农村贫困人口变化情况

数据来源：国家统计局历年《中国农村贫困监测报告》

99.5%；安装有线电视的村占比达 82.8%，比十年前提高 25.4 个百分点；全国接近九成的村通宽带互联网，超过 1/4 的村有电子商务配送站点。此外，农村人居环境显著改善，生活质量提高，在全部村当中，73.9% 的村生活垃圾得到集中处理或部分集中处理，53.5% 的村完成或部分完成了改厕。

党的十九大提出实施乡村振兴战略，建立健全城乡融合发展体制机制和政策体系。乡村振兴战略的实施本质上就是要推动城乡融合发展，构建一种新型的城乡互惠共生关系。从城乡统筹发展、城乡发展一体化再到城乡融合发展，既是新时代对城乡关系的一种新的描述，更是新的历史方位下解决城乡发展不平衡、农村发展不充分问题的战略方向。相比于城乡统筹发展，城乡融合发展更加强调把城市和乡村作为一个有机整体来看待，实现城乡要素的平等对流，由城市带动农村发展变为城乡共同发展，在体制机制上根本打破"城强乡弱"的局面。

第二节　社会公共资源城乡共享的现实状况

一、共享效率的研究设计

（一）指标体系

改革开放以来，人民群众物质文化生活水平显著提高，城乡面貌发生了翻天覆地的变化。但由于计划经济体制的惯性作用，社会公共资源在我国城乡间的配置长期以来是二元的、非均衡的。社会公共资源是人民生产生活的重要组成部分，其价值只有服务于城乡居民的生产生活才能得到充分体现。党的十九大将社会公共资源的城乡配置作为衡量乡村振兴的指标之一。"十三五"规划提出要促进城乡公共资源均衡配置，尽快补齐农村这块全面建成小康社会的"短板"，推动实现城乡基本公共服务均等化，让广大农民平等参与现代化进程、共同分享现代化成果。在现代信息技术飞速发展的时代背景下，数字化、网络化、智能化极大地改变了人民群众的社会生活生产方式，使得人民能够便捷地获取和运用社会公共资源，为促进社会公共资源共享、实现乡村振兴提供强大的动力。

本研究以《十三五国家信息化规划》《数字中国战略》《"十四五"公共服务规划》等相关政策文件为指导，借鉴参考现有社会公共资源网络化共享的相关研究，基于对于社会公共资源的内涵理解，遵循指标构建的科学适用性、操作可行性以及综合系统性，从教育、科技、文化、医疗健康、社区服务五方面构建社会公共网络化城乡共享效率的评价体系，如表3.1所示。

表 3.1　社会公共资源网络化城乡共享效率评价指标体系

目标层	准则层	指标层		属性
社会公共资源网络化城乡共享效率指数	教育事业 X1	智慧教室建设率	X11	+
		智能教学设备共享率	X12	+
		教育数字资源共享率	X13	+
		教师资源网络化共享率	X14	+
	科学技术 X2	科技信息网络普及率	X21	+
		科技数字资源共享率	X22	+
		科技网络平台构建率	X23	+
		科技人才资源网络化共享率	X24	+
	文化服务 X3	数字广电覆盖率	X31	+
		文化网站服务率	X32	+
		电子阅览室建设率	X33	+
		文化网络平台建设率	X34	+
	医疗健康 X4	在线医疗服务率	X41	+
		医护数字资源共享率	X42	+
		健康数字资源服务率	X43	+
		医疗网络平台构建率	X44	+
	社区服务 X5	在线政务服务率	X51	+
		智慧社区建设率	X52	+
		网络化就业服务率	X53	+
		智慧养老服务平台建设率	X54	+

教育事业资源方面，选取：智慧教室建设率（X11），反映学校教室网络化建设情况；教学设备智能化率（X12），反映网络媒体教学及教学设备智能化应用情况；教育数字资源共享率（X13），反映教育教学数字化资源建设情况；教师资源网络化共享率（X14），反映教师资

源网络共享水平。

科学技术资源方面，选取：科技信息网络普及率（X21），反映居民通过网络手段获取科技信息情况；科技数字资源共享率（X22），反映科学技术数字化资源发展及应用程度；科技网络平台构建率（X23），反映区域科研场所数字化建设及应用水平；科技人才资源网络化共享率（X24），反映城市高学历水平科研工作者对城乡居民生活生产指导频率。

文化服务资源方面，选取：数字广电覆盖率（X31），反映区域广电网络化建设情况；文化网站服务率（X32），反映公共数字文化平台建设服务情况；电子阅览室建设率（X33），反映区域公共数字文化工程建设情况；文化网络平台建设率（X34），反映公共文化一站式服务平台的建设和应用情况。

医疗健康资源方面，选取：在线医疗服务率（X41），反映医生通过网络进行平台问诊、挂号等服务情况；医护数字资源共享率（X42），反映高水平医生通过网络手段在医院间的共用共享情况；健康数字资源服务率（X43），反映居民健康电子档案、电子社保等建设应用情况；医疗网络平台构建率（X44），反映医疗软件、信息系统的应用情况。

社区服务资源方面，选取：在线政务服务率（X51），反映"互联网+政务服务"水平；智慧社区建设率（X52），反映社区利用新一代信息技术提供数字化、智慧化业务，服务于居民、政府、企业等情况；网络化就业服务率（X53），反映就业人员通过网络获取就业信息情况；智慧养老服务平台建设率（X54），反映社区养老平台数字化管理和服务情况。

本研究以中国 31 个省份（除香港、澳门、台湾等地区）为研究对象。研究数据主要来源于 2015—2020 年的《中国统计年鉴》《中国信息年鉴》《教育统计年鉴》《中国卫生健康统计年鉴》《中国文化文物和旅游统计年鉴》《中国科技统计年鉴》和各省份的统计年鉴及国民经济和社会发展统计公报，以及中国互联网络发展状况报告、中国信息社会发展报告、中国"智能+"社会发展指数报告等相关统计网站报告。

（二）模型构建

如何确定各项指标权重是构建评价模型的重点。本研究对相关文献进行研究和梳理，发现目前常用的方法主要分为两类，一类是主观赋权法，另一类是客观赋权法，如表 3.2 所示。

表 3.2　指标权重确定方法

类别	方法	优点	缺点
主观赋权法	AHP 法	定量与定性相结合，所需定量数据信息较少	定性成分多，信服度差；指标过多时数据统计量大，权重难以确定
	Delphi 法	集中多个行业专家意见，准确性高	主观片面性大，科学客观性差
	模糊综合评价法	将定性评价转化成定量评价，结果清晰，系统性强	计算过程复杂，指标受主观影响因素大
客观赋权法	主成分分析法	利用降维，用少数几个综合变量代替原始多个变量	主成分的因子负荷符号不同时，综合评价函数意义不明确
	因子分析法	原始变量信息重组，找出共同影响因子，简化数据	计算因子得分时，采用的最小二乘法可能失效
	熵值法	根据指标值的变异程度确定指标权数	忽略指标本身重要程度
	CRITIC 法	充分利用数据客观性，考虑指标的变异性和冲突性	计算过程复杂

由于主观赋权法受主观因素影响大，得出的结果准确性有待商榷，故本研究采用客观赋权法，构建合适的评价模型对指标客观赋权，从而

得出较为科学的结论。然而，主成分分析法和因子分析法在对指标进行赋权时，是通过主成分分析和简化指标数据来实现的，与本研究的研究思路不符，且熵权法则缺少对指标间关联度的考察。因此，本研究选择CRITIC客观赋权法对评价指标体系进行赋权。

CRITIC法充分运用了数据的客观性特点，同时考察了指标的变异性和相关性，对评价指标赋予权重 ［70］。其工作原理是：先对各个指标的指标变异性和指标冲突性进行计算，然后再计算每项指标所包含的信息量，最后通过信息量大小来进行指标权重赋值。具体操作步骤如下：

（1）无量纲化处理

对于正向指标：

$$X'_{ij} = \frac{X_{ij} - min\ (X_{ij})}{max(X_{ij}) - min\ (X_{ij})} \tag{3.1}$$

对于负向指标：

$$X'_{ij} = \frac{max(X_{ij}) - X_{ij}}{max(X_{ij}) - min\ (X_{ij})} \tag{3.2}$$

（2）指标变异性 S_j

指标变异性即对比强度，指的是指标波动性，以标准差（ S_j ）的形式来表现。标准差越大，说明波动性越大。

$$S_j = \sqrt{\frac{\sum_{i=1}^{n} (X'_{ij} - \bar{x}_j)}{m - 1}} (j = 1, 2, \cdots, n) \tag{3.3}$$

其中，X'_{ij} 为无量纲化处理后的标准数据，$\bar{x}_j$ 为第 j 个指标的样本均值，m、n 分别为样本数量和指标个数。以中国31个省（自治区、市）2015—2020年数据为基础，计算出20个指标数据的标准差。

（3）指标冲突性 R_j

指标之间的冲突性，指的是指标之间的关联性，用相关系数（ R_j ）

表示。R_j 越大，说明冲突性越小，则权重会越低。

$$R_j = \sum_{p=1}^{n} (1 - |r_{pj}|) \qquad (3.4)$$

其中，R_j 表示第 j 个指标与其他指标的冲突性大小，r_{pj} 表示指标 p 与指标 j 间的相关系数，即关联性，n 表示指标个数。评价体系中指标的相关系数由 Stata 软件计算得出，代入得出指标数据的冲突性。最终结果如表 3.3 所示。

表 3.3　指标波动性和冲突性汇总表

	指标	指标波动性	指标冲突性
X11	智慧教室建设率	0.272	12.87
X12	智能教学设备共享率	0.202	9.29
X13	教育数字资源共享率	0.220	12.94
X14	教师资源网络化共享率	0.240	13.12
X21	科技信息网络普及率	0.241	13.74
X22	科技数字资源共享率	0.208	9.57
X23	科技网络平台构建率	0.209	16.87
X24	科技人才资源网络化共享率	0.281	8.23
X31	数字广电覆盖率	0.257	10.95
X32	文化网站服务率	0.265	12.83
X33	电子阅览室建设率	0.203	8.93
X34	文化网络平台建设率	0.195	8.44
X41	在线医疗服务率	0.237	11.63
X42	医护数字资源共享率	0.223	9.54
X43	健康数字资源服务率	0.218	11.37

（续表）

	指标	指标波动性	指标冲突性
X44	医疗网络平台构建率	0.269	12.01
X51	在线政务服务率	0.272	12.29
X52	智慧社区建设率	0.225	11.50
X53	网络化就业服务率	0.230	12.73
X54	智慧养老服务平台建设率	0.196	11.48

（4）指标信息量 Q_j

各个指标所蕴含的信息量，由各个指标的对比强度与关联度的乘积计算得出。其指标重要程度越大，信息量越大。

$$Q_j = S_j \times R_j \tag{3.5}$$

（5）指标权重 w_j

第 j 个指标的客观权重为：

$$w_j = \frac{Q_j}{\sum_{j=1}^{n} Q_j} \tag{3.6}$$

得出 20 项指标权重如表 3.4 所示。

通过 CRITIC 法给各项指标赋权后，用各指标的权重 w_j 和处理后的数据指标 x_j，采用加权求和的方式，最终计算得出社会公共资源网络化共享效率的综合指数。

$$C = \sum_{nj=1} (w_j \times x_j) \tag{3.7}$$

表 3.4　评价体系指标权重

目标层	准则层	指标层		权重
社会公共资源网络化共享效率指数	教育事业 X1 0.2110	智慧教室建设率	X11	0.0649
		智能教学设备共享率	X12	0.0348
		教育数字资源共享率	X13	0.0529
		教师资源网络化共享率	X14	0.0584
	科学技术 X2 0.2068	科技信息网络普及率	X21	0.0615
		科技数字资源共享率	X22	0.0370
		科技网络平台构建率	X23	0.0654
		科技人才资源网络化共享率	X24	0.0429
	文化服务 X3 0.1795	数字广电覆盖率	X31	0.0523
		文化网站服务率	X32	0.0630
		电子阅览室建设率	X33	0.0337
		文化网络平台建设率	X34	0.0306
	医疗健康 X4 0.1965	在线医疗服务率	X41	0.0510
		医护数字资源共享率	X42	0.0396
		健康数字资源服务率	X43	0.0461
		医疗网络平台构建率	X44	0.0598
	社区服务 X5 0.2062	在线政务服务率	X51	0.0620
		智慧社区建设率	X52	0.0481
		网络化就业服务率	X53	0.0543
		智慧养老服务平台建设率	X54	0.0417

二、共享效率测度

根据前文计算得出的指标权重和综合指数的计算方法，对 2015—2020 年我国社会公共资源网络化城乡共享效率指数进行计算，得出的结果如表 3.5 所示。

表 3.5　社会公共资源网络化城乡共享效率综合指数 C

地区	年份						均值
	2015	2016	2017	2018	2019	2020	
北京	0.6269	0.6088	0.5467	0.5955	0.5345	0.5494	0.5570
天津	0.3665	0.3770	0.3883	0.3928	0.4127	0.4693	0.4011
河北	0.2198	0.1801	0.2162	0.1909	0.2160	0.2478	0.2118
山西	0.1734	0.1566	0.1751	0.1696	0.1762	0.2079	0.1765
内蒙古	0.2399	0.2170	0.2429	0.2603	0.3276	0.3575	0.2742
辽宁	0.3171	0.3154	0.3305	0.3053	0.2970	0.3354	0.3168
吉林	0.2273	0.2224	0.2369	0.2932	0.2946	0.3360	0.2684
黑龙江	0.2840	0.2731	0.2704	0.2637	0.2905	0.3098	0.2819
上海	0.6281	0.6132	0.5946	0.6076	0.6463	0.6678	0.6263
江苏	0.4643	0.5088	0.5149	0.4952	0.5196	0.5432	0.5077
浙江	0.5504	0.5746	0.5711	0.5185	0.5269	0.4936	0.5392
安徽	0.2581	0.2821	0.2868	0.2844	0.3112	0.3312	0.2923
福建	0.3016	0.3283	0.2927	0.2939	0.2980	0.3209	0.3059
江西	0.1962	0.2431	0.2338	0.2254	0.2368	0.2960	0.2385
山东	0.2647	0.2541	0.2746	0.2639	0.2509	0.2876	0.2660
河南	0.1977	0.1986	0.1995	0.1874	0.2036	0.2410	0.2047
湖北	0.2756	0.2765	0.2906	0.2706	0.2848	0.3303	0.2881
湖南	0.2890	0.2874	0.2681	0.2962	0.2423	0.2779	0.2768
广东	0.3982	0.4401	0.4720	0.4610	0.4630	0.4938	0.4547
广西	0.2642	0.2464	0.2669	0.2759	0.2705	0.3091	0.2722
海南	0.2518	0.2619	0.2468	0.2616	0.2434	0.2580	0.2539
重庆	0.2751	0.2755	0.2936	0.3192	0.3332	0.3341	0.3051

（续表）

地区	年份						均值
	2015	2016	2017	2018	2019	2020	
四川	0.3438	0.3039	0.3185	0.3039	0.3354	0.3681	0.3289
贵州	0.2118	0.1831	0.2216	0.2004	0.2125	0.2341	0.2106
云南	0.2200	0.1963	0.2267	0.2378	0.2305	0.2385	0.2250
西藏	0.2476	0.2311	0.2685	0.3017	0.2832	0.2200	0.2587
陕西	0.2569	0.2820	0.2543	0.2395	0.2630	0.2905	0.2644
甘肃	0.1782	0.1584	0.1882	0.1920	0.2258	0.2211	0.1939
青海	0.2221	0.1814	0.1662	0.2552	0.2804	0.3170	0.2370
宁夏	0.1911	0.1770	0.1720	0.1929	0.2028	0.2399	0.1959
新疆	0.1654	0.1525	0.1680	0.1561	0.1926	0.2174	0.1753
东部	0.3990	0.4057	0.4044	0.3988	0.4008	0.4243	0.4055
中部	0.2377	0.2425	0.2452	0.2488	0.2550	0.2913	0.2534
西部	0.2347	0.2171	0.2323	0.2446	0.2631	0.2789	0.2451
全国均值	0.2938	0.2905	0.2967	0.3004	0.3099	0.3337	0.3042

从总体来看，2015 年到 2020 年，我国社会公共资源网络化城乡共享效率综合指数全国均值从 0.2938 以平稳缓慢的势态上升至 0.3337，有 29% 的省（市、自治区）达到了全国均值水平，比较研究期内各地区均值，只有 13% 的省（市、自治区）在 0.5 以上，处于较高水平；有 16% 的地区均值在 0.3~0.5 之间，处于中等水平；约有 45% 的地区均值在 0.2~0.3 之间，处于中等偏下水平；还有 26% 的地区均值低于 0.2，处于较低水平。以上表明我国整体社会公共资源网络化城乡共享效率处于较低水平，还有较大的提升空间。

结合标准差和变异系数，计算得出共享效率指数的标准差与变异系数。由图 3.3 可知，标准差和变异系数总体上均呈现出下降趋势，其

中，标准差到 2016 年达研究期内最大值 0. 1279，随后趋稳下降至 2020
年的 0. 1119，且在研究时期内标准差下降程度显著，表明我国 31 个省
（市、自治区）之间的绝对差异在逐渐缩小；变异系数由 0. 4100 下降至
0. 3353，这表明我国社会公共资源网络化城乡共享的相对差异逐渐减
小。这得益于国家政府政策的领导和指引，"十四五"规划明确指出，
要实现基本公共服务均等化水平的提高，加大偏远地区的公共资源供给
倾斜，而乡村振兴战略的实施促进了众多地区的基本公共服务设施的完
善，社会公共资源的共享保障了人民群众基本生存和发展的权利，使
"幼有所育、学有所教、劳有所得、病有所医、老有所养、住有所居、
弱有所扶"逐渐成为现实。

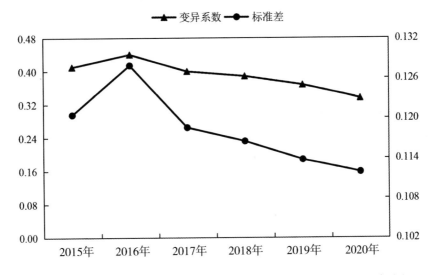

图 3.3　社会公共资源网络化城乡共享效率指数的标准差与变异系数

从区域板块来看，由图 3.4 可知，东部、中部、西部的社会公共资
源网络化城乡共享效率指数差距明显，东部效率指数最高，远远高于中
西部地区，其中，中部略高于西部，呈现出"东—中—西"阶梯状递
减特征。究其原因，主要在于东部沿海地区区位优势显著，资源丰富，
且人口集聚效应突出，对内陆地区造成虹吸效应，而内陆地区的发展在

一定程度上会受自然地理和人口等因素的影响，并且沿海地区的科技发达，其发展速度快，对外交流频繁，数字化、网络化、智能化程度也普遍高于内陆地区。因此，东部地区共享效率指数高于全国均值，高于中西部地区。这说明经济发展水平和科技进步与社会公共资源网络化城乡共享具有一定的关联。除此之外，三大区域均值的变动趋势具有相似性，均表现出波动上升趋势，但有所不同的是，东部地区呈现出扁平"U"形上升趋势，中西部地区呈现出稳定上升趋势，并且西部逐渐向中部地区缓慢靠拢，形成一定的追赶效应。

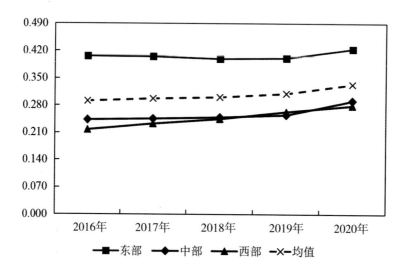

图 3.4　分区域社会公共资源网络化城乡共享效率指数均值变化趋势

从省域层面看，我国社会公共资源网络化城乡共享发展不均衡，省域间差距显著。其中，北京、上海、江苏、浙江四个省市的社会公共资源网络化共享效率指数最高，基本高于0.5，而山西、河南、甘肃、宁夏、新疆等五个省份的共享效率指数最低，基本低于0.2。对比各地区2020年与2015年效率指数的变化情况，发现有71%的地区呈现增长趋势，其中天津、江苏、广东等沿海地区增长幅度明显，但从区域的增长情况来看，东部地区最少，仅有36.4%的地区呈现出增长趋势，中部有

87.5%的地区，西部最多，有92%的地区呈现出不同幅度的增长。究其原因，当前国家区域发展不平衡不充分问题明显，要实现社会基本公共服务均等化，地区必须坚持协调、统筹发展，持续推进乡村振兴战略实施，而东部地区经济发达，其经济水平远高于中西部地区，为解决地区不平衡不充分发展问题，国家大力发展中西部地区，公共资源与基本公共服务供给重心不断向中西部倾斜，其各方面资源共享成效显著提升，造成中西部提升幅度快于东部。此外，社会公共资源网络化城乡共享效率指数有所下降的地区可能受到产业结构优化、政策调整等各种因素影响。总体而言，我国社会公共资源网络化城乡共享发展还有待进一步深化。

第三节　社会公共资源城乡共享的现实问题

一、资源配置的城乡失衡

由于中华人民共和国成立之初采用的计划经济模式，形成了将社会公共资源建设、配置、运行与共享的城乡割裂模式，导致社会公共资源在我国城乡间的配置长期以来是二元的、非均衡的，重视城市特别是中心城市的资源供给，弱化农村地区，使社会公共资源在促进农业发展、农村建设以及农民生产生活等方面的作用得不到充分的发挥，城乡居民难以享受到同等的公共服务，导致社会公共资源在共享方面的城乡差距愈加突出。

（一）基础设施建设配置失衡

基础设施是一个国家和区域社会、经济、文化等发展的必要条件，体现出一个地区社会、经济、文化等未来的发展空间，更是衡量发展水平的重要指标。改革开放以来，为进一步促进经济的深入发展，国家进行大规模的基础设施投资建设，如南水北调工程、西气东输工程、三峡工程等项目相继开展，为国家经济的发展奠定坚实基础。但是，这些基础设施建设大多围绕城市展开，而原本城市的基础设施完备度远高于农村，此举无疑扩大了城乡基础设施建设水平差距。由于城乡社会公共资源配置与中国特殊的二元架构存在基本的因果关系，导致城乡交通基础设施、城乡公共卫生、通信基础设施和基础设施投资等方面，均存在较大差距，并且城市的各项基础设施状况明显优于农村的基础设施状况，城乡基础设施建设存在明显失衡，而基础设施供给模式已无法满足国家实施乡村振兴战略的要求，改变现有城乡二元结构基础设施供给模式势在必行。

（二）社会保障资源配置失衡

我国社会保障制度是以职业、身份作为参与社会保险制度的前提条件，这导致不同的职业和身份在享受社会保障水平和项目时存在巨大差别。当前城乡社会保障资源配置失衡主要表现为城乡社会保障项目和城乡社会保障水平的不均衡。长期以来，我国社保制度的建设和发展基本是以城市为中心，建立了完整的社会保障体系，而农村社会保障项目不齐全，保障水平低，可以说农村主要是以传统的土地和家庭保障为主。在社会保障体系中，城乡社会保障水平不均衡主要体现在社会保障制度在城市和农村的覆盖率、农村社会保障和城市社会保障的支出水平两方面。根据国家数据统计可知，2020 年城镇居民参与养老保险参保人数为 45638 万人，覆盖率高达 84%，而农村居民参与社会养老保险人数只有 8606 万人；2019 年城镇养老保险基金支出 49228 亿元。

（三）社会福利资源配置失衡

中华人民共和国成立以来，受国家重城市、轻农村的影响，中国福利制度也呈现出二元结构，城市居民社会福利制度健全、福利水平较高、福利项目较为丰富，城市基本实现了社会福利制度的全覆盖，而农村居民长期被排除在社会福利制度之外，农村社会福利存在项目少、水平较低、覆盖率低等问题。在政府调整福利政策后，情况有了明显的改善，农村居民的社会福利权利越来越受到政府和社会的重视，农村居民的社会福利水平有了很大的提升，但是城乡二元结构的社会福利模式依旧没有明显改善。在提高农村社会福利建设的同时，城市社会福利水平也在逐年提升，而城市社会福利的发展水平远高于农村社会福利发展水平，城乡间福利差距呈现出逐年扩大的趋势。

（四）基础教育资源配置失衡

基础教育是教育事业的重中之重，随着我国教育事业的发展，基础教育的相关政策越来越科学，教育经费投入不断加大，不论是城镇还是农村，基础教育取得了可观的发展。但是，基础教育资源特别是优质资源未能实现均衡发展，且农村的基础教育与城市相比，还是较为落后，差距较大，在教育教学设施配置、师资水平、保障机制等方面城市依旧优于城市。城乡之间基础教育发展不平衡的问题已成为我国教育事业发展的重要瓶颈。首先，由于城市和农村的教育价值取向的不同，以及受家庭经济水平和家庭经济收入的制约，导致城乡居民接受教育的机会失衡。其次，城乡基础教育经费投入一直遵从城乡二元投资模式，重城市基础教育投入，轻农村基础教育投入，导致城乡间基础教育经费投入差距较大。最后，城乡间教师资源配置亦存在差距，城镇教师资源相对过剩，农村师资不足，并且由于利己主义的盛行，越来越少的教师资源到农村地区，因此就"量"而言，城乡师资配置就已失衡。

（五）公共卫生资源配置失衡

公共卫生是一项公共事业，关系到人民大众的健康水平。新中国成立以后，国家就出台了一系列旨在推进公共卫生事业发展的政策法规，城市公共卫生发展迅速，取得了显著的成绩。公共卫生服务是一项成本低、效果好，但社会效益回报周期相对较长的行业。在我们国家，农村公共卫生的分工和职责范围还不十分明确，当地政府职责更是含混不清，造成了部分行政决策者利用政策漏洞，重点开展一些可以短期收益的项目。另外，政府对农村公共卫生事业重视不够，投入的财力也有限。最终造成了农村公共卫生事业发展落后，对重大疾病尤其是传染类疾病缺乏有效的预防、监控和医治，对药品、食品以及公共环境卫生缺乏有效的监督管制，并且对于农村的免疫接种事业，接种的项目和时间间隔控制难以规范，农村居民的公共卫生状况难以保障。城乡公共卫生资源配置不管是从数量上还是质量上都呈现明显差距，成为公共卫生事业深化发展难以逾越的障碍。

（六）科技文化资源配置失衡

科技和文化是国家软实力的重要组成部分，文化与科技的融合发展，逐步形成了多层次、宽视野、跨行业的崭新格局，文化与科技互促共进的活力正在逐渐展现。但是，我国科技和文化建设上也选择了重城市轻农村的发展模式。科技改善人民的生产生活方式，文化富足人民的精神生活。而以城市为中心的科技文化发展模式，导致城乡科技文化资源配置严重失衡。长此以往，科技文化资源建设向城市倾斜，而农村科技文化建设投入不足，再加上农村居民大多文化水平不高，文化消费支出不足，对提升科技文化的需求不强烈，制约着农村文化的发展，影响着政府对文化资源的配置，最终导致政府将更多的资源投向城市，城乡间的差距越来越大。以城市为中心的科技文化资源配置模式，城市文化建设百花齐放，农村文化建设仍缓慢前行，城镇居民有较强的能力和意愿消费文化资源，而农村居民却仍埋头于对物质水平的追求。增强文化资源消费意识，改善文化资源配置失衡局面，促进城乡文化资源协调发展是当前亟须解决的问题。

二、资源共享的条件制约

(一) 地理条件制约

由前文对我国社会公共资源网络化城乡共享水平的综合评价可知，东部地区的共享程度远高于西部地区，南部地区的共享程度高于北部地区。纵观地图，不难发现，这与地区所处的地理位置有很大关联。首先，东部地区与南部地区沿海，其经济发展速度和对外开放程度远高于内陆地区，对于人口的吸引力远大于内陆地区，内陆地区的人口自然而然涌向沿海快速发展地区，使沿海地区对于公共资源的需求量增强，导致了政府向沿海地区倾斜更多的社会公共资源。其次，东部沿海发达地区会对中、西部地区造成"虹吸效应"，吸引各类社会公共资源回流和聚集在东部地区，使得各区域社会公共资源的存量减少，削弱各地区间社会公共资源的沟通和交流，进而降低地区公共资源的共享程度。

(二) 配置制度制约

以工业和城市为中心的发展模式导致城乡公共资源配置的严重不均衡，增加城乡间社会经济发展的差距。为改善城乡社会公共资源配置的不均衡状态，增加社会公共资源在城乡间的共享机会，推动农村经济发展，公共资源的配置制度必须受到重视。自"十三五"以来，促进城乡公共资源均衡配置，推动基本公共服务均等化发展受到了高度重视，各种制度相应建立。但是，纵观当前社会公共资源在城乡间的发展状况，农村与城市在资源配置上存在的相互分割的壁垒，以及长期形成的城乡二元公共资源配置制度，并没有得到长足有效的改进。唯有在进行公共资源配置制度设计时，将农村与城市作为整体，统筹规划，才能实现城乡公共资源的均衡配置。

公共资源配置制度安排关系到社会成员的生存和发展权利，涉及每个社会成员和社会群体的基本利益。政府在公共资源配置制度的设计和制定中具有主导作用，但如果没有社会成员的广泛参与很难制定出符合全体社会成员利益需要的公共资源配置制度，公共资源配置制度的实施效果会受到很大影响。因此，在进行资源配置制度设计时，要注重全民参与，使全民养成公共资源配置的习惯，将公共资源配置视为分内之事，自觉主动地关注公共资源配置的决策与实施。然而，在我国很多地方对于全民参与机制实施的效果并不明显，大量社会公共资源依旧集中配置在城市，轻视农村居民对于社会公共资源需求，并且农村居民只有在城市里才能享受到同等质量的社会公共资源。

本章小结

当前我国社会公共资源配置长期处于二元结构状态，促进城乡之间的协调、均衡发展，是充分发挥社会公共资源能力的前提条件。因此，厘清社会公共资源城乡共享的历史现实状况非常重要。

首先，以政府政策文本为基础，将我国社会公共资源城乡共享的演进历程划分为四个阶段：1949—1978 年平均主义导向下城乡分离、1979—2002 年差异化导向的城乡竞争发展、2003—2016 年均等化导向的城乡统筹发展、2017 年至今的新时代城乡一体化共享发展。从价值观、发展观和供给观三方面对中华人民共和国成立以来我国基本公共服务发展展开梳理。

其次，构建了社会公共资源网络化城乡共享效率指数的评价指标体系，利用 CRITIC 法对评价体系的各指标进行客观赋权，运用加权求和方式对 2015—2020 年我国社会公共资源网络化城乡共享效率指数进行了计算，并从整体、区域和省域三个层面进行比较分析。研究结论显示：我国社会公共资源网络化城乡共享效率指数整体较低，只有29%的地区达到全国均值水平，有71%的地区指数在 0.3 水平以下，提升空间较大；三大区域共享效率指数差距明显，呈现出"东—中—西"阶梯状递减特征，各区域均值的变动趋势具有相似性；各省份共享发展不均衡，省际间差距明显，各省份显示出不同的增长幅度和趋势，其中大多位于中西部地区。

最后，基于对共享水平现状的分析，从资源配置的城乡失衡、资源共享的条件制约两个方面对社会公共资源城乡共享的现实问题进行探讨。一是从基础设施建设、社会保障资源、社会福利资源、基础教育资源、公共卫生资源、科技文化资源等六个方面讨论公共资源城乡配置失衡的历史现状；二是从地理条件以及资源配置制度两个角度对社会公共资源城乡共享的条件制约进行分析和总结。

第四章 社会公共资源网络化城乡
共享的影响因素

第一节 影响因素勘察

社会公共资源共享是当前民生关注的重点，涉及政府、企业与居民等共享主体，其中政府作为资源供给主体，居民作为资源需求主体，企业作为资源共享的参与者，然而，在资源共享的过程中，其共享效率指数会受到国家政策、经济发展、社会发展、科技进步、基础设施建设等多方面因素的影响。本章节从经济环境、政府财政、社会发展、科技进步、网络化环境等方面对社会公共资源网络化城乡共享效率指数的影响因素进行研究分析。

社会公共资源只有在服务于居民生产生活的主战场中才能充分发挥其价值，其共享发展受到多种环境因素的影响。现阶段，已有部分学者从各个方面深入研究分析了我国社会公共资源发展的驱动因素，对国内外的主要文献梳理如表 4.1 所示。

表 4.1 影响因素研究归纳

研究对象	影响因素	作者
公共服务均等化水平	城镇化率 经济发展水平 财政转移支付	彭雷霆等（2021）
基本公共服务质量	城镇化水平、对外开放程度 财政支出能力、经济发展活力	刘笑杰等（2020）
公共资源配置水平	产业结构调整、政府科技投入 地区开放程度、科技创新水平 政策环境	Rhys Andrews 等 （2010） 张子珍等（2020）
公共服务绩效评价	技术进步、人口规模 城镇化、经济发展 财政自主权、受教育水平	杨莉等（2019） Pick J B 等（2015）
公共资源供给效率	人口密度、经济发展水平 居民受教育水平、财政分权 信息基础设施、城镇化水平 移动互联网建设	李少惠等（2021） 黄炎等（2021）
公共服务财政支出效率	财政支出监管力度、政府规模 财政支出结构、文化消费需求	姚维保等（2021）

从表 4.1 可以看出，国内外学者分别从不同视角切入，详细研究了社会公共资源服务效率和水平的影响因素，涉及社会经济发展等方方面面。因此，整理已有文献，并将其归纳总结为五个方面的影响，分别为经济环境、政府财政、社会发展、科技进步、网络化环境，通过构建 Tobit 面板模型，对我国 31 个省（自治区、市）社会公共资源网络化城乡共享效率指数的影响因素进行分析，探究其影响因素的影响效应。

一、经济环境

一般而言，地区的经济发展水平标志着这个地区的发展状况，社会公共资源的共享发展也与该地区的经济发展密切相关，经济的繁荣也能促进社会公共资源服务效率的提升。随着社会经济的快速发展，人们对美好生活的需求日益上涨，对于社会公共资源和服务要求只会越来越高。Migué 的研究表明，经济水平越高的地区，居民对社会公共资源的需求就越高，政府会相应增加社会公共资源供给，提供更多更优质的供给服务，进而促进社会共享发展。经济环境较好的地区，各项基础设施完备度高，对资金的吸引力度大，并且其现代信息技术的发展和应用水平也会相对较高，数字化、网络化和智能化建设较为超前，"互联网+"公共服务事业发展势头良好，如"互联网+教育""互联网+医疗"、智慧养老等，以吸引更多的人才、资金和资源汇聚，以此形成良性循环。因此，经济环境可以从资金投入、资源汇聚、公共服务供给等多方面对社会公共资源网络化城乡共享效率指数的提高产生积极作用。

二、政府财政

政府作为社会公共资源共享系统中共享主体的资源供给主体，对社会公共资源网络化城乡共享的作用主要在于政策引导和财政支持两方面。由于受计划经济体制的惯性作用，我国经济和社会发展中的二元结构问题十分突出，到目前仍未得到根本性解决，社会公共资源的配置和发展亦深受其影响，致使我国各地区社会公共资源与服务存在显著差距，尤其是经济发展水平较为落后的地区，其社会公共资源的供给质量与服务效果还有待长足的发展与进步。为了实现我国各地区社会公共资源的公平共享，政府必须对社会公共资源供给不足且服务质量差的地区进行政策引导，并适当地给予财政支持。同时，经济发展水平高的地区，各方面发展较之其他地区，必然处于领先地位，所以政府所起到的作用更多是宏观调控，均衡其地区城乡社会公共资源供给与配置。然而，政府财政分权结构会造成地区政府行为偏好，会对社会公共资源的共享发展产生影响，学者龚锋研究发现不同维度的财政分权对不同类型地方公共服务效率具有不同方向的影响（龚锋，卢洪友）。因此，政府财政分权结构与社会公共资源网络化城乡共享效率的关系有待进一步验证。

三、社会发展

任何动态发展的过程都离不开与外界环境的交流与沟通，社会公共资源共享发展也不例外。社会公共资源共享发展从本质上来说就是政府、居民与公共资源三者沟通交流的过程，随着社会的不断发展，政府、居民与公共资源相互之间的沟通交流会越加频繁。由于我国城乡二元结构的长期发展，导致城市社会公共资源总体供给的质量和数量远大于乡村，为缓解这一发展现状，国家大力推进新型城镇化发展，加大对乡村地区的建设和资源供给倾斜，努力缩小城乡之间的差距，让城乡居民能享受同等质量的公共资源与公共服务，从而促进社会公共资源共享效率指数的提高，并且薛青河等学者的相关研究表明，城市化进程对提高公共服务效率有显著的正向影响（薛青河，冯云廷）。然而，我国是人口大国，人口数量不断增多，对社会公共资源的需求会越来越多，这在一定程度上刺激了社会公共资源的共享发展，为社会公共资源的共享发展提供了新的动力源泉。

四、科技进步

社会的发展、人类的进步都离不开科学技术。科技进步为社会发展和人民的生产生活带来无限可能，从最初的传统手工制造到现在依靠智能设施设备进行大规模生产制造，从 2G 到 5G 的时代跨越，科学技术都起着至关重要的作用。随着科技的发展与进步，相关公共服务行业产业也进行着数字化、智能化转型，在线教育、在线医疗等服务的广泛应用，疫情防控期间在家纵览祖国大好河山的"云游"，政府电子政务"一网办"等，都得益于科学技术的进步和发展。科技进步是人民借助互联网手段同等享受社会公共资源和服务的重要前提，同时也提升了社会公共资源与服务的效率和质量。在众多与公共资源相关的研究中，均发现了技术进步是提升其效率与质量的关键性原因。

五、网络化环境

网络化环境是指与社会公共资源共享有关的网络通信设施建设水平，如移动互联网建设等。首先，随着现代信息技术的飞速发展和广泛应用，为社会经济发展注入活力，越来越多的行业企业进行数字化转型，开拓网上业务，传统服务业亦是如此。社会网络化发展是时代进步的成果，并且随着国家政策指导，"互联网+教育""互联网+医疗""云游""智慧养老"等逐渐进入大众的生活，改变着人民的生活方式，人们可以足不出户就能享受到同等公共服务。因此，社会公共资源的数字化、网络化势在必行。其次，社会网络化发展建设为人民拓宽了享用社会公共资源的渠道，能有效缓解地区公共资源供给失衡的问题。地区网络化建设水平越高，社会公共资源网络化、数字化程度就可能越高，人民获取并享用的机会就可能会更多，充分发挥公共的服务价值，进而减少公共资源浪费，其服务效率随之提高。

第二节　影响因素审视

一、影响因素的指标选取

基于前文对相关影响因素的分析，同时考虑数据的可获得性，选取以下变量作为社会公共资源网络化城乡共享效率指数的解释变量，以效率综合指数为被解释变量。经济环境方面，以人均 GDP 反映各地区的经济发展水平，符号为 RGP；产业结构反映的是经济发展模式对社会公共资源网络化共享的影响，用第三产业增加值占 GDP 比重来衡量，符号为 IS；以进出口货物贸易额占 GDP 比重来反映地区对外贸易情况，符号为 FDI。政府财政方面，政府影响力反映的是政府财政能力，用政府财政支出占 GDP 的比重衡量，符号是 GI；财政支持力反映的是政府对社会公共资源的支持力度，用教育、科技、文化、卫生等公共服务财政支出占地方财政支出比重衡量，符号为 GS；用地方财政收入和支出分别占国家财政收入和支出比重来衡量国家财政分权结构，符号分别为 FED、FRD。社会发展方面，用地区的城镇化水平和人口规模来反映该地区的社会发展情况，分别用城镇化率和年末地区人口数来衡量，符号为 UR、PS。科技进步方面，选取研发经费投入和研发人员投入两个变量来反映地区的科技发展进步情况，用规模以上工业企业 R&D 经费来衡量研发经费投入，符号为 TP，用 R&D 人员数量来衡量研发人员投入，符号为 RDP。网络化环境方面，用网络基础设施水平、移动互联网建设、网络普及率来反映地区的网络化基础设施建设情况，分别用互联网宽带接入端口数、移动电话普及率、互联网普及率来衡量，符号为 IBP、MC、IPR。社会公共资源网络化城乡共享效率指数的影响因素指标变量选择如表 4.2 所示。

表 4.2　社会公共资源网络化城乡共享效率的影响指标体系

影响因素	变量名称	符号	指标选择	预期影响
经济环境	经济发展水平	RGP	人均 GDP	+
	产业结构	IS	第三产业增加值/GDP	+
	对外贸易	FDI	进出口货物贸易额占 GDP 比重	+
政府财政	政府影响力	GI	政府财政支出占 GDP 的比重	不确定
	政府支持力	GS	公共服务财政支出占政府财政支出比重	+
	财政支出分权	FED	地方财政支出占国家财政支出比重	不确定
	财政收入分权	FRD	地方财政收入占国家财政收入比重	不确定
社会发展	城镇化水平	UR	城镇化率	+
	人口规模	PS	年末地区人口数	+
科技进步	研发经费投入	TP	规模以上工业企业 R&D 经费	+
	研发人员投入	RDP	R&D 人员数量	+
网络化环境	网络基础设施水平	IBP	互联网宽带接入端口数	+
	移动互联网建设	MC	移动电话普及率	+
	网络普及率	IPR	互联网普及率	+

二、模型构建及数据来源

(一) 模型构建

目前对于影响因素的分析方法主要有随机前沿模型、向量自回归模型、Tobit 回归模型、主成分分析、空间杜宾模型等。冯朝睿等运用 TOE 分析框架，结合 Tobit 回归模型挖掘不同驱动因素对于电子政务服务效率的影响（冯朝睿，徐宏宇）；刘佳慧等运用主成分分析方法探究影响黑龙江高校学生对教育资源共享意愿的主要因素（刘佳慧，王杜春）；刘笑杰等借助空间杜宾模型分析了湖南省基本公共服务质量的空间影响效应（刘笑杰，夏四友）；彭雷霆等建立向量自回归模型对全国公共文化服务均等化水平影响因素的影响程度和动态变化进行探讨（彭雷霆，康璐玮）。本研究所测算的社会公共资源网络化城乡共享效率指数的范围在 0~1 之间，属于截尾数据，若采用传统的线性回归模型，可能会导致计量模型的错误设定，从而不能获得一致估计量。同时，本章节主要是分析社会公共资源网络化城乡共享效率指数与影响因素的直接关系，因此采用受限变量的面板 Tobit 截尾模型进行影响因素分析。

本研究以前文社会公共资源网络化城乡共享效率指数为因变量，选取来自经济环境、政府财政、社会发展、科技进步、网络化环境五方面的影响因素作为自变量。为了减少研究数据的波动性，对影响因素的部分变量进行对数处理，构建如下模型：

$$C_{it} = \beta_0 + \beta_1 LGRGP + \beta_2 IS + \beta_3 FDI + \beta_4 GI + \beta_5 GS + \beta_6 FED +$$
$$\beta_7 FRD + \beta_8 UR + \beta_9 LGPS + \beta_{10} LGTP + \beta_{11} LGRDP +$$
$$\beta_{12} LGIBP + \beta_{13} LGMC + \beta_{14} IPR + \varepsilon_{it}$$

其中，C_{it} 为第 i 个省份第 t 时期的社会公共资源网络化城乡共享效率指数，β_0 为常数项，ε_{it} 为残差项，i 为 31 个省份，t 为时间，样本研究期为 2015—2020 年。

（二）数据来源和变量描述性统计

本研究研究对象是我国 31 个省份，其影响因素的原始数据主要来源于 2015—2020 年的《中国统计年鉴》《中国科技统计年鉴》与《中国社会统计年鉴》。从表 4.3 可以看出，所有变量均值均分布在中位数和上四分位数之间，说明统计数据相对离散，较为集中。其中，经济环境方面，对外贸易的最大值为 0.979，最小值为 0.011，这反映出进出口贸易在区位分布上存在极大的不平衡，东部地区对外贸易程度远高于中西部地区；产业结构的最值差距相对最小，说明我国各地注重产业结构调整和优化。政府财政和网络化环境反映我国各地区政府在资源共享过程中充分发挥其宏观调控作用，并注重网络化基础设施建设。社会发展和科技进步两方面的最值差距相对突出，说明我国各地区的发展不平衡，部分省份的发展模式未达到最优水平，技术进步和研发投入存在极大区域差异。

综合以上分析，要不断促进我国社会公共资源共享发展，必须根据各地区实际发展情况，有的放矢，缩小各地区经济发展、社会环境以及科技投入等方面的差距，进而提升我国社会公共资源网络化城乡共享效率指数。

表 4.3 Tobit 回归模型变量描述性统计

变量	均值	标准差	最小值	最大值	下四分位数	中位数	上四分位数
RGP	61182	29366	25264	164889	41427	51995	71021
IS	0.522	0.078	0.399	0.839	0.483	0.508	0.532
FDI	0.227	0.225	0.007	0.979	0.082	0.131	0.299
GI	0.428	0.344	0.176	2.259	0.272	0.333	0.450
GS	0.473	0.059	0.336	0.612	0.427	0.478	0.520
FED	0.032	0.016	0.007	0.087	0.023	0.028	0.040
FRD	0.032	0.027	0.002	0.129	0.016	0.025	0.037
UR	0.607	0.119	0.289	0.893	0.535	0.593	0.670
PS	4511	2952	330	12624	2458	3918	6105
TP	404.13	522.10	0.26	2499.95	76.23	241.97	472.25
RDP	208497	228189	2112	1175441	63689	148598	257427
IBP	2578.07	1866.33	51.01	8653.20	1349.36	2072.10	3244.96
MC	106.29	22.44	66.37	186.66	91.36	103.83	115.22
IPR	0.546	0.103	0.371	0.832	0.470	0.530	0.580

三、实证结果与分析

借助 Stata 15.0 软件分析各省份社会公共资源网络化城乡共享效率指数的影响因素,其回归结果如表4.4所示。

表4.4　社会公共资源网络化城乡共享效率指数的影响因素回归结果

变　量		系　数	标准差	T 值	P 值
经济发展水平	LGRGP	0.09***	0.035	2.61	0.009
产业结构	IS	−0.001	0.126	−0.01	0.991
对外贸易	FDI	0.091*	0.049	1.86	0.063
政府影响力	GI	0.06	0.045	1.35	0.178
政府支持力	GS	−0.282***	0.097	−2.89	0.004
财政支出分权	FED	−2.37	1.602	−1.48	0.139
财政收入分权	FRD	2.271***	0.840	2.70	0.007
城镇化水平	UR	0.494***	0.178	2.78	0.005
人口规模	LGPS	0.029	0.040	0.72	0.469
研发经费投入	LGTP	−0.057***	0.017	−3.28	0.001
研发人员投入	LGRDP	0.071***	0.024	2.98	0.003
网络基础设施水平	LGIBP	−0.001	0.017	−0.07	0.947
移动互联网建设	LGMC	−0.003	0.042	−0.06	0.949
网络普及率	IPR	−0.229**	0.114	−2.00	0.045
常数项	Constant	−1.515***	0.419	−3.62	0.000

*** p<0.01;** p<0.05;* p<0.1。

(一) 经济环境

经济发展水平变量在模型中的系数为正,且通过了显著性检验,说明地区经济发展水平对社会公共资源网络化城乡共享效率指数的提升有显著的正向促进作用，与前文假设一致。一方面，经济发展水平是衡量地区政府收入的重要方面，经济发展水平越高，政府收入越高，相应的政府提供社会公共资源和服务的能力就越强；另一方面，人民对生活品质的追求也在随着经济水平的提高而提高，共享理念的发展促使人民对于社会公共资源的获取与使用观念发生转变，追求万物共享，从而促进共享效率指数的提升。

产业结构变量的系数在模型中未通过显著性检验，且产业结构的提升与改善依旧对社会公共资源网络化城乡共享效率指数的提高具有微弱的抑制作用，但作用不明显。原因可能在于，产业结构主要衡量的是第三产业增加值占地区国民生产总值的比重，然而第三产业包括各类服务，社会公共资源与服务只是其中一项，且产业结构的提升源自多方面影响，不确定公共资源与服务对其贡献率的大小，加之近年来如交通运输、仓储和邮政业、信息传输、计算机服务和软件业等服务行业发展飞速，在一定程度上会影响政府的行为偏好，对社会公共资源与服务的支持相对被削弱，因此产业结构的提升对社会公共资源共享效率指数的提高有微弱的消极影响。

对外贸易变量在模型中的系数为正，且通过了显著性检验，说明进出口货物贸易总额对社会公共资源网络化城乡共享效率指数有显著的正向影响。一方面我国正处于社会主义初级阶段，其社会公共资源服务质量与发达国家相比还有较大差距，还需与发达国家探讨学习，以充分发挥社会公共资源的服务价值；另一方面我国正处于高质量发展阶段，对社会公共资源的丰富度及服务质量的要求更高，而对外贸易可以在一定程度上丰富各类社会公共资源与服务。

（二）政府财政

政府影响力变量在模型中的回归系数为正，但未通过显著性检验，说明政府影响力对社会公共资源网络化城乡共享效率指数的正向影响不明显。本研究的政府影响力变量主要衡量的是政府财政能力，即地方政府汲取资源有效供给公共品的能力。政府财政能力越高，其财政收入自主支配权越大，能根据地方经济发展状况精准供给社会公共资源和服务，这意味着有效供给公共物品和公共服务的能力越高；同时，政府还能因地制宜地制定相关政策，宏观调控地区社会公共资源的均衡配置，从而提高社会公共资源网络化城乡共享效率指数，减少资源冗余与浪费。

政府支持力在模型中的回归系数为负，并且通过显著性检验，这表明政府支持力度的提高不会对社会公共资源网络化城乡共享效率指数的提高产生促进作用，反而对其效率指数的提高有显著的抑制作用。原因可能在于，一般来说，政府是从整体角度给予社会公共资源与服务进行财政支持，没有明确和具体规划，这就可能导致因为政府行为偏好而对城市社会公共资源的投入和支持大于乡村地区，使城乡在社会公共资源供给方面差距加大，从而增加了农村居民对于社会公共资源的获取及共享使用的成本。

财政支出分权变量在模型中的回归系数为负，表明了政府财政支出分权对社会公共资源网络化城乡共享效率指数的提升有抑制作用。原因可能在于，政府作为社会公共资源的主要供给方，其支出策略直接影响着社会公共资源的服务质量和效率。我国各个地区经济发展差距大，为缩小地区的贫富差距，政府对于地区经济发展的支出偏好就可能会大于对于社会公共资源及公共服务等民生性支出偏好。也就是说，政府对于地区经济发展的支出偏好越大，则对于社会公共资源及公共服务等民生性支出偏好会越小，其财政支出在相关领域的占比就越小，地区的社会公共资源效率及服务质量就越低。

财政收入分权变量的系数为正值，且通过显著性检验，表明了政府财政收入分权对社会公共资源网络化城乡共享效率指数的提升有显著的正向作用。一般来说政府存在财政支出行为偏好，政府对于社会公共资源和基本公共服务等民生性支出偏好越大，地区政府对于社会公共资源与服务等民生性相关方面的财政支出就会越高，然而政府财政支出的规模取决于财政收入，收入多支出才会多。因此，地区政府的财政收入会直接影响其对于社会公共资源供给，政府财政收入越高，对社会公共资源的供给和支持力度才会更大，进而促进社会公共资源网络化共享发展。

（三）社会发展

城镇化水平变量在模型中的回归系数为正，并且在1%的显著性水平下通过检验，这表明了城镇化对于社会公共资源网络化城乡共享效率指数的提高有显著的正向作用。城镇化水平能够较好地体现地区城市化进程与农民市民化程度，城镇化水平越高，农民市民化程度越高，意味着城乡居民的融合较好，城乡居民表达对公共资源需求的渠道就会越广，政府才能有针对性地提出相应对策，对社会公共资源进行调配与决策，充分保障城乡居民对于社会公共资源的需求，以此来提高地区社会公共资源网络化城乡共享效率指数。

人口规模变量在模型中的系数为正，但未通过显著性检验，表明了人口规模对提高社会公共资源网络化城乡共享效率指数的正向作用不明显。一般来说，人口规模反映了一个地区的人口发展情况，人口规模越大的地区人口集聚程度会越高，政府在提供社会公共资源和服务时，其成本则会相应减少，从而提高政府的供给效率，进而对社会公共资源网络化城乡共享效率指数的提高产生促进作用。

（四）科技进步

研发经费投入变量在模型中的系数显著为负，这说明研发经费投入的增加对于社会公共资源网络化城乡共享效率指数的提升产生了显著的抑制作用。这与前文假设相悖，原因可能在于，一方面，研发经费投入的增加会加速技术进步，而当前我国老年化社会现象严重，且老龄化人口众多，占比较大，而他们对于新兴技术和应用的适应性较差，且接受度不高，对于众多数字化、网络化、智能化的社会公共资源与服务的使用程度较低；另一方面，科学技术进步越快，人们对于新兴事物的热度消散越快，对于数字化、网络化的社会公共资源和服务的要求越高，而社会发展速度有限，与科技进步不能很好地契合，会降低人民对社会公共资源的获得感和满意度，进而阻碍社会公共资源的共享发展与共享效率指数的提升。

研发人员投入变量在模型中的回归系数为正，且在1%的显著性水平下通过检验，这说明研发人员投入的增加对于社会公共资源网络化城乡共享效率指数的提高产生显著的积极影响。社会公共资源的数字化、网络化、智能化共享始终离不开科技研究与发展，研发人员投入的增加加速了社会公共资源的网络化、数字化发展，在一定程度上丰富了数字化、网络化的社会公共资源数量和种类，对社会公共资源网络化共享起着重要的推动作用。

（五）网络化环境

网络基础设施水平和移动互联网建设对社会公共资源网络化城乡共享效率指数的提高具有负向作用，但变量系数均未通过显著性检验，因此其负向影响不明显。这与前文假设不一致，原因可能在于，地区网络基础设施和移动互联网的建设是为了居民能够更好地共享公共资源以服务生活，改善生活质量，然而我国老年化人口数量众多，其共享意愿和意识较为薄弱，且接受能力和学习能力较弱，因此网络基础设施水平和移动互联网建设并未对社会公共资源网络化城乡共享发展起到促进作用。

网络普及率对社会公共资源网络化城乡共享效率指数的提高具有显著的消极影响。这与前文假设不一致，原因可能在于，社会公共资源网络化城乡共享本质上是离不开社会网络化建设的，而近年国家发展重点基本在于产业行业的数字化转型与数字经济发展与建设，对于民生建设方面的力度相对较弱，因此在一定程度上抑制了社会公共资源的网络化共享发展。

社会公共资源网络化城乡共享效率影响因素分析主要结论：经济发展水平、对外贸易、财政收入分权、城镇化水平和研发人员投入能显著促进社会公共资源网络化城乡共享效率指数的提升，而政府支持力、财政支出分权、研发经费投入抑制了社会公共资源网络化城乡共享效率指数提升，产业结构、政府影响力、人口规模、网络基础设施水平、移动互联网建设和网络普及率对社会公共资源网络化城乡共享效率的影响作用不明显。

第三节　社会公共资源网络化城乡共享效率影响因素仿真分析

对社会公共资源网络化城乡共享效率指数在经济环境、政府财政、社会发展、科技进步以及网络化环境五个方面的影响因素讨论，从宏观上把握了其影响因素的作用机理。但是，各方面的影响因素对社会公共资源网络化共享效率长期动态的影响机制并不清楚，因此需要厘清在微观层面上，各影响因素如何在社会公共资源网络化城乡共享内部产生抑制或促进作用，需要建立各影响因素相互作用的模型和仿真系统来进行更深层次的探讨。建立系统动力学模型，通过控制变量来探讨不同路径下社会公共资源网络化城乡共享效率指数的未来变化趋势，为促进社会公共资源共享发展提供参考依据。

一、系统动力学概述

系统动力学起源于 1956 年，最初叫工业动态学，是 J.W.Forrester 教授为了分析解决生产库存等企业管理问题而提出的系统仿真方法。

系统动力学是在总结运筹学的基础上，因现代社会系统管理需要而发展并逐渐形成一套成熟的研究体系。主要研究步骤如下：（1）建立因果关系图和系统流图，分析系统的作用机制和逻辑关系；（2）建立变量方程式；（3）系统仿真模拟结果分析，发现问题并及时修正。

随着社会管理问题的复杂化与多样化，系统动力学建模优势逐渐突显：一是系统动力学模型可充分满足多个领域、多个复杂系统要求，建立模型时可以选择难以量化的变量因素。不仅如此，还可以借助系统动力学厘清系统各要素之间的相互关联，并基于历史数据预测动态发展趋势，能有效避免数据缺失及量化等数据问题。二是对于高阶非线性时变系统问题，系统动力学模型以定性研究为主、定量研究为辅，逐步优化不良结构。同时，对于多领域、多主体的复杂系统，可从宏、微观两个维度展开分析。三是系统动力学模型内部结构清楚明确，反馈回路简单，操作灵活易懂。在对问题进行分析时，既能分析预测系统的动态行为以及变化趋势，也能够回溯其过去状态。

二、资源共享系统分析

（一）系统构成

本研究将社会公共资源网络化城乡共享系统定义为由政府、城乡居民和社会组织构成的资源共享主体，以教科文卫和社区服务资源等公共资源为资源共享的主要内容，在政策制度、经济发展、社会发展、科技进步、网络化建设等环境中相互作用以推动社会公共资源共享发展，提升居民获得感和幸福感的网络系统。因此，本研究的社会公共资源网络化城乡共享系统主要由共享主体、共享环境和共享资源三部分构成，社会公共资源网络化城乡共享系统如图4.1所示。

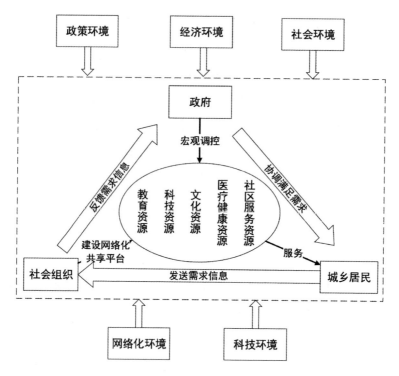

图 4.1　社会公共资源网络化城乡共享系统构成

在社会公共资源网络化城乡共享系统中，共享主体主要由政府、社会组织、城乡居民三部分组成。其中，政府在系统中作为共享资源供给方，从宏观层面引导和协调地区社会公共资源的配置，并制定相关政策法规，提高城乡居民对于社会公共资源的获取和使用。政府在共享系统中主要作用有以下三方面：一是根据地区社会经济发展以及城乡居民对社会公共资源需求的具体情况，通过政府采购、宏观调控、政策规划等方式调整城乡社会公共资源的供给结构和供给效率，改善城乡资源配置不均的现状；二是协调相邻地区间各类社会公共资源的配置，实现各类社会公共资源在各地区间的均衡发展；三是通过调整财政分权结构，适当给予财政支持，增加社会公共资源丰富度和数量，为城乡居民营造良好的共享政策环境。

社会组织在共享系统中主要承担中介角色，即资源共享平台的建设方与提供方。在系统中，政府对社会公共资源共享只进行宏观调控，而城乡居民对于社会公共资源的获取与有效使用则需要借助平台实现。因此，社会组织在共享系统中的主要作用有以下两个方面：一是以政府宏观调控为引导，根据地区经济社会发展与网络化建设情况，分别对教育、科技、文化、医疗健康、社区服务等社会公共资源搭建和提供共享平台；二是收集并向政府反馈城乡居民对各类社会公共资源服务质量评价与需求，以此为依据对资源共享平台进行调整和改进，以求为居民共享社会公共资源提供更高效便捷的服务。

城乡居民是共享系统中的资源需求方，其在共享系统中的作用主要有：一是通过共享平台获取并使用社会公共资源来服务自己的生产生活，充分发挥社会公共资源的服务价值；二是在共享平台上对社会公共资源的服务质量做出评价，并对社会组织提供的共享平台做出使用评价，为调整和改进平台服务提供参考意见。

社会公共资源是共享系统中的主要资源内容，主要包括教育、科技、文化、医疗健康、社区服务等资源。共享环境是指影响社会公共资源网络化城乡共享发展的所有外界因素的总和，主要包括政策、经济、社会、科技、网络化等环境。良好的共享环境能提升共享主体对于社会公共资源的共享意愿和共享行为，促进社会公共资源共享发展，同时，共享主体具有较高的共享意愿和频繁的共享行为，能促进共享主体注重营造良好的共享环境。因此，共享主体与共享环境之间是相互促进的关系。

(二) 动力机制

社会公共资源网络化城乡共享是一个动态发展的过程，其主要动力来源于政府政策引导和支持、社会公共资源属性与城乡配置情况，以及城乡居民在生产生活中对公共资源的需求三方面，如图 4.2 所示。

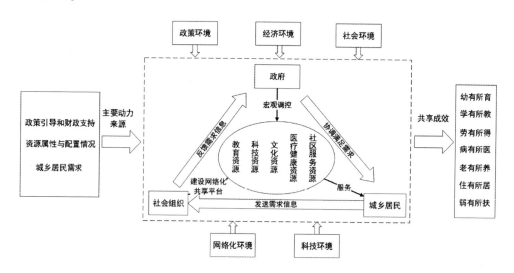

图 4.2　社会公共资源网络化城乡共享系统动力机制

一是政策引导和支持社会公共资源与服务均等化与共享发展。由于政府在共享系统中属于资源供给主体，其发布的一系列政策制度对社会公共资源与服务的配置起到宏观调控与引导支持作用，促进社会公共资源网络化城乡共享系统的发展与完善。2005 年，党的十六届五中全会首次提出公共服务均等化，加大对公共服务的财政投入，持续健全并改善基本公共服务体系。2012 年，《国家基本公共服务体系"十二五"规划》以建立健全符合国情、可持续的基本公共服务体系，提升基本公共服务水平和均等化程度，推动经济社会协调发展为目标，从实践操作层面制定了基本公共服务国家基本标准。2017 年，《"十三五"推进基本公共服务均等化规划》明确提出要推进基本公共服务均等化、标准化和法制化，统筹规划各类社会公共资源，并借助物联网、大数据、云计算等现代信息技术，推进其科学布局、均衡配置与优化整合，加大基本公共服务投入力度，积极推动公共资源与服务新业态发展，不断创新并丰富公共资源供给方式与服务模式，提升人民群众的获得感、公平感、安全感和幸福感。2021年，"十四五"规划指出要补齐基本公共服务短板，建立健全基本公共服务标准体系，推进基本公共服务设施的共建共享，并加大对基层政府提供基本公共服务的财力支持，提升公共资源与公共服务质量和水平。同年，《国家基本公共服务标准（2021年版）》，要求各地区结合本地经济发展实际制定基本公共服务具体实施标准，并充分利用政府公报、网站、新媒体平台等公开各项公共服务标准，严格监督实施，畅通建议反馈渠道，促进基本公共服务均等化发展，进而实现人人公平共享社会公共资源。由此可见，公共资源共享发展离不开政府的政策指导与财政支持，这将是社会公共资源网络化城乡共享发展重要的动力因素。

二是资源属性与配置情况驱动社会公共资源网络化城乡共享发展。由于社会公共资源的公共性与稀缺性，导致各地区社会公共资源配置失衡。如在教育经费方面，国家财政性教育经费支出最低的地区不足最高地区的6%；而在社会保障方面，我国71.1%的就业人员缺乏失业保险。然而城乡间社会公共资源的不均衡除了资源供给数量，还存在资源服务质量方面的问题。即使政府在资源供给数量方面实现了均衡，但无法保证城乡不同群体间享受到的资源服务质量是均等的。如医疗资源方面，县市以上医院提供的资源与服务明显比乡村医院提供的资源服务质量高、种类多。实际上，社会公共资源与公共服务配置不均就是社会公平正义问题，而共享发展的重点就是解决该问题。因此，建成全面小康社会，必须补齐公共资源与服务短板，充分利用现代信息技术，发展互联网+公共服务，最大限度数字化、网络化公共资源与服务，使居民能享受均等化的公共资源与服务，同时提高城乡居民的共享意识，持续推进社会公共资源的共享发展。

三是城乡居民在生产生活中对社会公共资源的需求推动社会公共资源网络化城乡共享发展，需求是社会公共资源共享的根本动力。随着经济社会高质量发展，人民可支配收入明显增加，我国居民消费渐渐从保障基本生存消费向享受高质量服务与消费进行转变，对社会公共资源与服务的质量有了更加严格的要求，这就使政府和社会组织不得不重视社会公共资源的供给质量与效率。然而，政府对于社会公共资源与公共服务的财政支持力度有限，必须对社会公共资源与公共服务的供给方式、服务模式以及居民获取途径等创新与改进。随着"创新、协调、绿色、开放、共享"新发展理念的提出，缩小城乡区域公共资源与服务质量差距，满足人民在生产生活中对于社会公共资源与服务的高质量需求有了新的方向。另外，现代信息技术为满足民众社会公共资源需求提供高效手段，也是保障国民社会"幼有所育、学有所教、劳有所得、病有所医、老有所养、住有所居、弱有所扶"基本生存需求的重要共享途径。

三、系统动力学模型构建

（一）系统目标及边界

系统动力学通过调整模型参数来预测未来动态变化趋势，为政策制定提供参考。因此，本研究基于社会公共资源网络化城乡共享系统构成，提出构建社会公共资源网络化城乡共享系统模型的目的：一是基于社会公共资源网络化城乡共享系统的内部结构和外部环境，建立系统模型，并绘制系统因果图和系统流图分析政府、社会组织、城乡居民等共享主体相互作用下的演变情况，明确社会公共资源网络化城乡共享系统影响机制；二是根据共享系统关键因素的变化规律，调整参数变量，观测不同路径下资源网络化城乡共享效率的变化趋势，为我国促进社会公共资源共享发展政策制定提供理论依据。

在构建社会公共资源网络化城乡共享系统动力学模型之前，必须明确其系统边界。社会公共资源网络化城乡共享系统是涉及多主体的开放复杂系统，系统内部除共享主体外，还包含经济发展、政府政策、社会发展、科学技术等多种环境因素。因此，根据前文影响因素分析和系统建模目的，本研究将共享主体及对主体行为有显著影响的关键因素作为社会公共资源网络化城乡共享系统的边界。

（二）因果回路图及反馈机制

以第四章对社会公共资源网络化城乡共享效率指数的影响因素分析为基础，在共享过程中，经济发展水平、对外贸易、政府财政支持、财政分权结构、城镇化水平和研发投入等因素对共享效率指数有显著作用，是共享系统模型构建的基础要素。结合共享主体行为，将社会公共资源网络化城乡共享分为 3 个子系统，分别是政府行为子系统、社会组织行为子系统、城乡居民行为子系统。政府行为子系统是指政府在宏观调控、引导实施的过程中，对共享系统运行等方面的作用行为，即相关的政府政策制定会影响社会公共资源数量及丰富度、科研经费的投入与支持，进而影响社会公共资源共享效率。一般来说，政府财政收入越多，支持力度会相应加强，资源丰富度随之提升，为资源共享提供强有力的后盾。社会组织行为子系统是指在资源共享过程中，社会组织在共享平台的建设与服务能力方面的行为效应。加强网络化共享平台建设，提高其服务能力，促进社会公共资源高效共享，提升居民满意度。城乡居民子系统是指城乡居民对于社会公共资源的需求和满意度对促进资源共享的作用效果。社会经济发展为城镇化提供原动力，对周边地区产生虹吸效应，吸引人口向经济发展水平高、城镇化水平高的地区集聚，提升地区居民对公共资源的需求，进而引起政府的重视和支持，并引导居民的共享行为，解决居民对公共资源的需求，提升民众生活的满意度和幸福感。

以上各行为子系统间相互影响，构成了复杂的社会公共资源网络化城乡共享系统，基于各子系统自身反馈机制和影响机制，构建社会公共资源网络化城乡共享系统因果回路图，如图4.3所示。

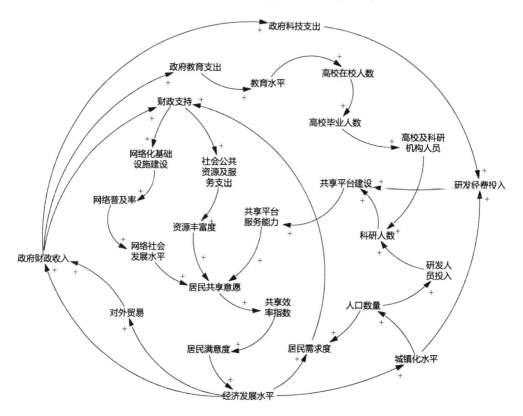

图4.3　社会公共资源网络化城乡共享系统的因果回路图

社会公共资源网络化城乡共享系统因果回路图的主要反馈回路如下：

（1）政府财政收入→政府科技支出→研发经费投入→共享平台建设→共享平台服务能力→居民共享意愿→共享效率指数→居民满意度→经济发展水平→对外贸易→政府财政收入。

（2）政府财政收入→政府教育支出→教育水平→高校在校人数→高校毕业人数→高校及科研机构人员→科研人数→共享平台建设→共享平

台服务能力→居民共享意愿→共享效率指数→居民满意度→经济发展水平→政府财政收入。

（3）政府财政收入→财政支持→网络化基础设施建设→网络普及率→网络社会发展水平→居民共享意愿→共享效率指数→居民满意度→经济发展水平→政府财政收入。

（4）经济发展水平→城镇化水平→人口数量→研发人员投入→科研人数→共享平台建设→共享平台服务能力→居民共享意愿→共享效率指数→居民满意度→经济发展水平。

（5）城镇化水平→人口数量→居民需求度→财政支持→社会公共资源及服务支出→资源丰富度→居民共享意愿→共享效率指数→居民满意度→经济发展水平→城镇化水平。

（6）研发经费投入→共享平台建设→共享平台服务能力→居民共享意愿→共享效率指数→居民满意度→经济发展水平→对外贸易→政府财政收入→政府科技支出→研发经费投入。

（7）研发人员投入→科研人数→共享平台建设→共享平台服务能力→居民共享意愿→共享效率指数→居民满意度→经济发展水平→城镇化水平→人口数量→研发人员投入。

（8）居民需求度→财政支持→社会公共资源及服务支出→资源丰富度→居民共享意愿→共享效率指数→居民满意度→经济发展水平→居民需求度。

上述八条反馈回路均为正反馈回路，其中，前五条为政府行为子系统，第六、七条为社会组织行为子系统，第八条为城乡居民行为子系统。

（三）系统流图及相关变量

基于对社会公共资源网络化城乡共享的因果关系图及反馈回路的分析，构建社会公共资源网络化城乡共享系统流图，如图4.4所示。

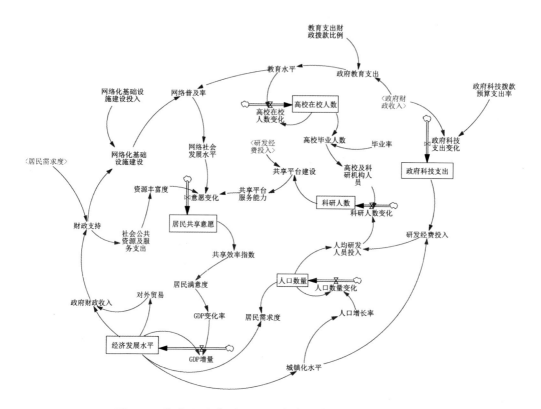

图 4.4　社会公共资源网络化城乡共享系统的结构流图

本研究建立的社会公共资源网络化城乡共享系统仿真模型涉及多种变量，其中 6 个状态变量（L）、6 个速率变量（R）、22 个辅助变量（A）、4 个常量（C），共计 38 个变量。

（四）系统结构方程

在上文系统流图的基础上，根据 2015—2020 年所有变量的数据，并结合各变量之间的关系，对各变量关系进行统计拟合，同时部分方程参考相关文献，得到社会公共资源网络化城乡共享系统各个变量的结构方程式。本研究资源网络化共享系统模型中的部分变量数据来源于 2015—2020 年《中国统计年鉴》《中国科技统计年鉴》等相关统计数据，还有部分参数无法获得公开数据，也不适合利用数学推导等方式获取，故通过咨询相关领域专家，根据经验估值确定。社会公共资源网络化城乡共享系统模型中主要变量的方程式如下：

L1　人口数量＝INTEG（人口数量变化，13.8326）

L2　居民共享意愿＝INTEG（意愿变化，0.1）

L3　政府科技支出＝INTEG（政府科技支出变化，0.5863）

L4　科研人数＝INTEG（科研人数变化，43.63）

L5　经济发展水平＝INTEG（GDP增量，68.8858）

L6　高校在校人数＝INTEG（高校在校人数变化，680.9）

R1　人口数量变化＝人口增长率＊人口数量

R2　意愿变化＝1.2＊LN（1+共享平台服务能力+网络社会发展水平+资源丰富度）

R3　政府科技支出变化＝政府科技拨款预算支出率＊政府财政收入

R4　科研人数变化＝（人均研发人员投入+高校及科研机构人员）＊0.2

R5　GDP增量＝经济发展水平＊GDP变化率

R6　高校在校人数变化＝教育水平＊高校在校人数

A1　GDP变化率＝居民满意度＊0.032+0.06

A2　人口增长率＝城镇化水平＊0.0032+0.001

A3　人均研发人员投入＝研发经费投入/人口数量

A4　共享平台建设＝LN（研发经费投入＊0.3+科研人数＊0.7）

A5　共享平台服务能力＝共享平台建设＊0.042+0.02

A6　共享效率指数＝居民共享意愿＊0.05+0.25

A7　城镇化水平＝0.003＊LN（经济发展水平）

A8　对外贸易＝经济发展水平＊0.32

A9　居民满意度＝共享效率指数＊0.03

A10　居民需求度＝经济发展水平/人口数量

A11　政府教育支出＝政府财政收入＊教育支出财政拨款比例

A12　政府财政收入＝经济发展水平＊0.1+对外贸易＊0.25

A13　教育水平＝0.003＊LN（政府教育支出）+0.06

A14　研发经费投入＝城镇化水平＊政府科技支出

A15　社会公共资源及服务支出＝财政支持＊0.09

A16　网络化基础设施建设＝0.2＊LN（网络化基础设施建设投入+财政支持）

A17　网络普及率＝教育水平＊0.03+网络化基础设施建设＊0.05

A18　网络社会发展水平＝网络普及率＊0.4

A19　财政支持＝IF THEN ELSE（政府财政收入＊0.2 ≥ 居民需求度，政府财政收入＊0.2，居民需求度）

A20　资源丰富度＝社会公共资源及服务支出＊0.2

A21　高校及科研机构人员＝高校毕业人数＊0.45

A22　高校毕业人数＝毕业率＊高校在校人数

C1　教育支出财政拨款比例＝0.025

C2　毕业率＝0.2594

C3　政府科技拨款预算支出率＝0.25

C4　网络化基础设施建设投入＝0.3

四、仿真结果及结论

（一）模型有效性检验

本研究拟采用历史检验方法进行模型有效性检验。历史检验主要是选取某一时刻作为初始点，将初始值和参数输入模型后，将模型仿真出来的结果与历史数值进行对比。若两者误差较小，则认为模型拟合效果良好；反之，则需重新调整参数及方程式，直到模型误差在合理范围内。本研究选择我国经济发展水平和高校毕业人数两个指标作为检验变量，将 2015—2020 年的预测数据与历史数据误差进行历史检验和对比分析，从而观测模型拟合效果。各观察变量拟合情况如表 4.5 所示。

表 4.5 经济发展水平和高校毕业人数模拟情况

年份	经济发展水平（万亿元）			年份	高校毕业人数（万人）		
	真实值	模拟值	误差		真实值	模拟值	误差
2015	68.8858	69.8429	1.39%	2015	680.9	709.41	4.19%
2016	74.6395	75.6902	1.41%	2016	704.2	707.57	0.48%
2017	83.2036	85.1550	2.35%	2017	735.8	756.07	2.76%
2018	91.9281	95.0191	3.36%	2018	753.3	771.59	2.43%
2019	98.6515	100.9864	2.37%	2019	758.5	793.27	4.58%
2020	101.5986	104.3756	2.73%	2020	797.2	808.43	1.41%

由表 4.5 可知，经济发展水平和高校毕业人数 2 个指标的模拟仿真值与历史值误差基本在 5% 以内。因此，本研究构建的模型与实际情况一致性较高，能够反映我国社会公共资源网络化城乡共享效率指数变化情况，模型的有效性高。

（二）仿真结果分析

社会公共资源网络化城乡共享模型通过检验后，基于前文影响因素的研究结果，选取经济发展水平、对外贸易、政府支持力、财政收入分权、城镇化水平、研发经费投入、研发人员投入和网络普及率等 8 个对共享效率指数产生显著影响的变量作为模型的主要控制变量。依据 2015—2020 年我国社会公共资源网络化城乡共享效率指数的趋势曲线，通过改变控制参数来预测不同路径下 2021—2030 年共享效率指数的变化趋势，为政策制定提供较为可靠的参考依据。

1. 提高政府财政收入，加大对社会公共资源的政府财政支持力度

政府在社会公共资源的共享过程中作为资源供给方及宏观引导者，

财政收入的增加使政府用于社会公共资源建设的资金相应提升，而政府支持力更是直接关系到社会公共资源与服务的丰富度。故在系统仿真模拟中，在确保其他变量不变的情况下，将政府财政收入和政府支持力均分别提升 10%、20% 和 40%，运行系统模拟，其共享效率指数调控前后的数据对比如表 4.6 所示。

表 4.6　政府财政收入与政府支持力调控前后数据对比

年份	预测值	政府财政收入调控值			政府支持力调控值		
		提升 10%	提升 20%	提升 40%	提升 10%	提升 20%	提升 40%
2021	0.3498	0.3545	0.3592	0.3640	0.3592	0.3687	0.3782
2024	0.4058	0.4133	0.4209	0.4284	0.4209	0.4359	0.4510
2027	0.4671	0.4777	0.4883	0.4989	0.4883	0.5095	0.5308
2030	0.5339	0.5479	0.5618	0.5758	0.5618	0.5897	0.6176

由表 4.6 可知，当政府财政收入和政府支持力提高 10% 的水平，2030 年的共享效率模拟数值分别为 0.5339、0.5618，共享效率指数的提升幅度分别约为 2.61%、5.23%；当政府财政收入和政府支持力提高 20% 的水平，到 2030 年时共享效率指数的提升幅度分别为 5.23%、10.45%；当政府财政收入和政府支持力提高 40% 的水平，到 2030 年共享效率指数的提升幅度分别为 7.84%、15.67%。随着政府财政收入的增加和政府支持力的加大，社会公共资源网络化城乡共享效率指数在逐渐上升。但对比两者变化对于共享效率指数的影响时，不难发现政府支持力对共享效率指数的影响力度大于政府财政收入，并且这两个指标对共享效率指数影响程度的差距越加明显。图 4.5 和图 4.6 直观地展现了社会公共资源网络化城乡共享效率指数变化趋势。

2. 深化经济体制，加强对外贸易，提高经济发展水平

经济发展水平可以为国家和地区提供更为优质的社会公共资源，而加强对外贸易有利于吸收和借鉴先进经验和科学技术，以丰富社会公共

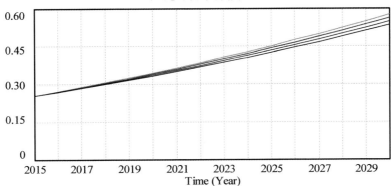

图 4.5　政府财政收入对社会公共资源网络化城乡共享效率指数影响

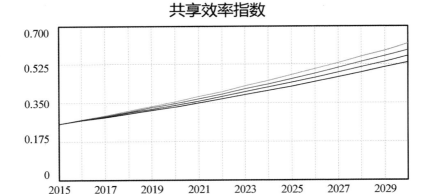

图 4.6　政府支持力对社会公共资源网络化城乡共享效率指数影响

资源的共享方法和途径，从而更好地促进我国社会公共资源的共享发展。在保证其他变量不变的情况下，提升经济发展水平和对外贸易时，其共享效率指数调控前后的数据对比如表 4.7 所示。

表 4.7 经济发展水平与对外贸易调控前后数据对比

年份	预测值	经济发展水平调控值			对外贸易调控值		
		提升 10%	提升 20%	提升 40%	提升 10%	提升 20%	提升 40%
2021	0.3498	0.3592	0.3687	0.3782	0.3687	0.3735	0.3829
2024	0.4058	0.4209	0.4359	0.4510	0.4359	0.4435	0.4586
2027	0.4671	0.4883	0.5095	0.5308	0.5095	0.5201	0.5414
2030	0.5339	0.5618	0.5897	0.6176	0.5897	0.6037	0.6316

由表 4.7 可以看出，提升经济发展水平，扩大对外贸易时，社会公共资源网络化共享效率指数有较为显著的提高。从 2030 年的模拟数值来看，经济发展水平分别提高 10%、20%、40%时，共享效率指数的提升幅度分别约为 5.23%、10.45%、15.67%；对外贸易分别提高 10%、20%、40%时，共享效率指数的提升幅度分别约为 10.45%、13.06%、18.29%。由此可知，对外贸易对共享效率指数的影响程度大于经济发展水平。图 4.7 和图 4.8 可以清晰直观地看到调控前后社会公共资源网络化城乡共享效率指数的变化情况。

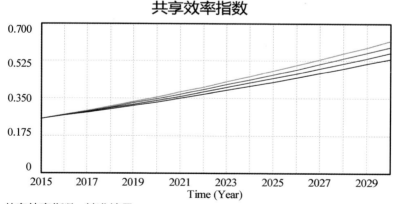

图 4.7 经济发展水平对社会公共资源网络化城乡共享效率指数影响

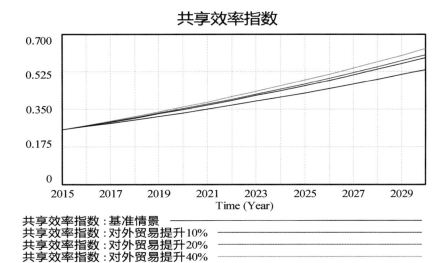

图 4.8　对外贸易对社会公共资源网络化城乡共享效率指数影响

3. 加强城镇化建设，提高城镇化水平

城镇化水平越高，居民生活环境越好，越刺激居民追求更高质量的社会公共资源与服务，进而促进居民加深对共享理念的了解和践行，从而推动社会公共资源共享。在社会公共资源网络化城乡共享系统中，保证其他条件不变的情况下，将城镇化水平调整 10%、20%、40%，运行系统模型，其共享效率指数的变化情况如图 4.9 所示。由图可知，提升城镇化水平时，共享效率指数呈现出明显的上升趋势。对比各调整水平下共享效率指数的变化幅度，不难发现，城镇化水平调整 10%时，其变化幅度最快，当继续调整城镇化水平到 20%、40%时，其共享效率指数的上升逐渐放缓，调整效益不如 10%水平。

4. 提高研发经费投入，加强科研人才建设，切实提升共享平台服务能力

在社会公共资源网络化、数字化、智能化过程中，离不开现代信息技术的广泛应用和研发，加强社会公共资源共享平台建设，提升平台服

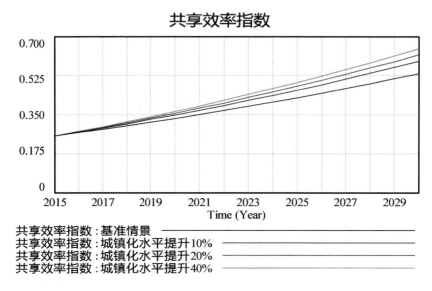

图 4.9　城镇化水平对社会公共资源网络化城乡共享效率指数影响

务能力，对社会公共资源网络化城乡共享具有重要意义。研发经费的提升有利于科研人才的聚集和建设，有利于创新建设社会公共资源网络化共享服务平台，提升其服务能力，促进社会公共资源的共享发展。保持其他条件不变，分别对研发经费和研发人员投入进行调整，其共享效率指数调控前后的数据对比如表 4.8 所示。

表 4.8　研发经费投入与研发人员投入调控前后数据对比

年份	预测值	政府财政收入调控值			政府支持力调控值		
		提升 10%	提升 20%	提升 40%	提升 10%	提升 20%	提升 40%
2021	0.3498	0.3592	0.3687	0.3782	0.3640	0.3735	0.3829
2024	0.4058	0.4209	0.4359	0.4510	0.4284	0.4435	0.4586
2027	0.4671	0.4883	0.5095	0.5308	0.4989	0.5201	0.5414
2030	0.5339	0.5618	0.5897	0.6176	0.5758	0.6037	0.6316

　　由表 4.8 可以看出，提升研发经费和研发人员投入，社会公共资源网络化共享效率指数有较为显著的提高。从 2021—2030 年的模拟数值

来看，研发经费和研发人员投入调整幅度越大，对社会公共资源网络化城乡共享效率指数的影响越显著，但对两者进行比较，可知研发人员投入对共享效率指数的影响程度更为深远。图 4.10 和图 4.11 清晰地展现了各级调整幅度后共享效率指数的发展趋势。

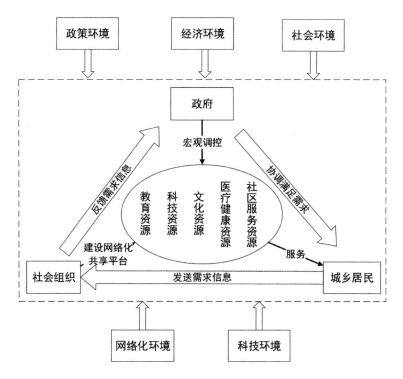

图 4.10　研发经费投入对社会公共资源网络化城乡共享效率指数影响

5. 加强共享网络环境建设，加速公共资源网络化、数字化、智能化进程

在社会公共资源网络化城乡共享系统中，保证其他条件不变的情况下，将网络普及率调整 10%、20%、40%，运行系统模型，得到调控前后共享效率指数的数据对比，如表 4.9 所示。其变化趋势如图 4.12 所示。

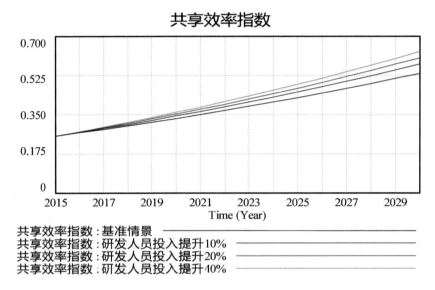

图4.11 研发人员投入对社会公共资源网络化城乡共享效率指数影响

表4.9 网络普及率调控数据前后对比

年份	预测值	提升10%	变化率	提升20%	变化率	提升40%	变化率
2021	0.3498	0.3687	5.42%	0.3877	10.84%	0.4066	16.26%
2024	0.4058	0.4359	7.43%	0.4661	14.87%	0.4963	22.30%
2027	0.4671	0.5095	9.08%	0.5520	18.16%	0.5944	27.25%
2030	0.5339	0.5897	10.45%	0.6455	20.90%	0.7013	31.35%

由表4.9可知，提升网络普及率时，共享效率指数表现出明显的上升趋势，当网络普及率调整40%时共享效率指数变化幅度最大，上升趋势最快。网络化环境的建设为城乡居民进行社会公共资源共享提供良好的共享环境，提高居民共享意愿。从2030年的模拟数值可以看出，当网络普及率调整40%时，共享效率数值可达0.7013，变化幅度达31.35%。图4.12清晰地展现了网络普及率调整前后共享效率指数的发展趋势。

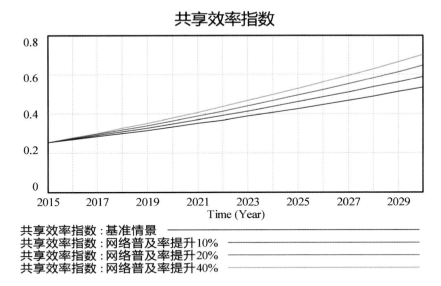

图 4.12　网络普及率对社会公共资源网络化城乡共享效率指数影响

综上所述，不同关键因子对社会公共资源网络化城乡共享效率会产生不同程度的影响，长期影响程度从大到小依次为网络普及率、城镇化水平、研发人员投入、对外贸易、政府支持力、研发经费投入、经济发展水平、政府财政收入。

社会公共资源网络化城乡共享系统动力学分析主要结论：预计未来10年，我国社会公共资源网络化城乡共享效率保持较好的发展趋势。且基于社会公共资源网络化乡共享效率指数的关键因素设置的不同路径，能够不同程度提升其效率指数，其长期影响程度从大到小依次为网络普及率、城镇化水平、研发人员投入、对外贸易、政府支持力、研发经费投入、经济发展水平、政府财政收入。

本章小结

本章首先基于对社会公共资源的相关研究文献进行影响因素梳理和

总结，然后从经济环境、政府财政、社会发展、科技进步和网络化环境五个方面，对社会公共资源网络化城乡共享效率指数的影响因素指标进行选取，简要阐述了影响因素对其的影响模式，并在此基础上对各变量指标的影响作用提出了相应假设。采用随机效应的 Tobit 面板模型对各影响因素指标的作用机制进行实证检验，并对实证结果与理论假设进行对照与分析。实证结果表明，经济发展水平、对外贸易、财政收入分权、城镇化水平、研发人员投入等影响因素变量存在显著的促进作用，政府支持力、研发经费投入、网络普及率等影响因素变量存在显著的抑制作用，其余影响因素变量对社会公共资源网络化城乡共享效率指数的提升存在或正或负的影响，但其影响作用均不明显。

在详细分析了社会公共资源网络化城乡共享系统的系统构成和动力机制后，构建社会公共资源网络化城乡共享动力学模型，并仿真模拟不同关键因素下社会公共资源网络化城乡共享效率指数的变化趋势。研究结果显示，不同的关键因素对社会公共资源网络化城乡共享效率指数产生不同程度的影响，为社会公共资源共享发展提出针对性政策建议提供参考。

第五章　社会公共资源网络化城乡共享的耦合协调机制

基于各省市发展的实际水平，依据"十四五"规划制定的相关城乡发展政策，选取网络化与城镇化两系统作为社会公共资源城乡共享的耦合协调系统，运用熵权 TOPSIS 模型测度网络化和城镇化的发展水平，运用耦合协调度模型考察社会公共资源城乡共享与城镇化、社会公共资源城乡共享与网络化两系统间的耦合协调关系，进一步对社会公共资源城乡共享、城镇化与网络化三系统的耦合协调机制进行分析，探析其相互间耦合协调机制。

第一节　社会公共资源城乡共享的协调机理分析

一、问题背景

国家统计局数据显示，截至 2019 年 6 月，我国网民规模达 8.54 亿，互联网普及率达 61.2%，其中城镇网民占 73.7%；截至 2019 年年末，城镇化率为 60.60%，城乡居民人均可支配收入比值为 2.64，城乡融合范围不断扩大。党的十九大指出我国社会主要矛盾已经转化为人民日益增长的美好生活需要和不平衡不充分的发展之间的矛盾，在城乡一体化进程中重点体现在社会公共资源城乡共享未能满足人民日益增长的生活需要；而乡村振兴最重要的目标就是实现城乡社会公共服务均等化，形成系统的城乡基本公共服务均等化制度体系。城镇化、网络化与社会公共资源城乡共享是否协调一致、共同推进，以及如何运用数字化、智能化实现三系统协同发展对实现乡村振兴和数字中国建设将有重要的现实意义。

"十四五"规划对城镇化发展提出要重塑城乡关系、坚持以人为中心，实现城乡融合发展，势必会促进社会公共资源城乡共享的均衡配置，而实现其目标就要充分利用现代信息网络技术及各类智能交互类设施，实现城乡便捷有效的信息交流和资源共享，进而推动城乡互联网建设，提升城乡网络化水平。为此，选定城镇化和网络化探析社会公共资源城乡共享的耦合协调机理，为乡村振兴的发展提出相关建议。围绕乡村振兴对社会公共资源均衡共享的时代要求，以服务农业发展、增强农村活力、提高农民根植性为导向，以现代信息网络技术为手段，整体探讨和综合设计实现面向乡村振兴的社会公共资源网络共享机制，形成促进社会公共资源网络共享的机制、模式、路径与政策体系研究成果，为着力消除城乡二元结构等问题提出相应建议，全力构建新型城乡发展，助力城乡融合。

本章从社会公共资源城乡共享的现状出发，以党的二十大报告为指引，以国家相关部门发布的文件为指导，运用相关模型，测度与城镇化和网络化的协调度，探析相互耦合的机理及其相互作用、互相协调的新发展路径，借鉴相关国家在城乡发展方面的经验，为实现乡村振兴、数字中国建设提供建设性意见。

二、社会公共资源城乡共享的条件

我国由于长期以来形成的"农民是弱势群体、农业是弱质产业、农村是弱化地区"影响，社会公共资源共享始终面临着巨大的困难。在"农业边缘化、农村空心化、农民老龄化"的现实约束下，面向乡村振兴的社会公共资源的网络共享并不会自主自动发生，也不能由市场机制来进行自发调节。推动面向乡村振兴促进社会公共资源的共享，关键就是要构建推动社会公共资源网络共享的政府主导、农民主体、企业主办、各方参与协作机制，基于乡村振兴的内在规律，结合网络化、城镇化发展的新要求进行投资、开发、配置、运行与共享社会公共资源。

如何推动社会公共资源共享的跨界整合及协同。我国城乡社会公共资源配置与共享的长期分割，在客观上形成了重城市轻农村、重城区轻乡镇、重配置轻共享、重形式轻内容的条块分割体系。由于缺乏城乡融合的资源共享机制和操作范式，导致涉及社会公共资源的建设、配置、运行、共享的各主体之间的相互孤立而不是协作，分工效率未能得到实现。在此情形下，首先需要通过以现代信息网络技术为手段，促进社会公共资源共享的跨界跨区域跨层级整合，建立起共同的价值观和组织机制，在涉及社会公共资源的建设、配置、运行、共享的各主体之间，通过"互联网+"形成相互补位和协作配合的氛围，最终实现社会公共资源共享范围的不断扩大、共享内容的日益丰富，最终达到共享程度的显著提升。

如何为社会公共资源的网络共享设计路径创新制度环境。由于城乡在财力、成本与规模经济等方面存在显著差异，实现城乡社会公共资源的共享协调与均衡面临着巨大的挑战和困难，国内社会公共资源的共享环境还欠缺支撑，对社会公共资源的网络共享重视程度不够，同时缺乏系统分担面向乡村振兴的公共资源网络共享的整体制度设计，使得这种共享投入的风险高、收益无保障，最终必然影响社会公共资源的功能与价值。为此，只有为社会公共资源网络共享设计有利于路径创新的制度环境，通过制度激励将它们的创新活力充分地释放出来。

三、社会公共资源城乡共享的耦合协调机理

社会公共资源城乡共享、网络化与城镇化的协调发展是一个相互作用的整体，各系统、各要素既相互制约又互相协调、相互作用，推动城乡发展，是一个混合度高、立体性强、层次多样、充满不确定因素的开放系统（见图 5.1）；城镇化是网络化与社会公共资源城乡共享的基础，网络化是促进城镇化与社会公共资源城乡共享的手段，社会公共资源城乡共享提升城镇化与网络化的水平，最终实现城乡融合发展、均等的信息交流和资源共享，社会公共资源城乡共享、城镇化与网络化三系统耦合协调发展路径需结合三系统的内在联系与城乡发展战略因地制宜地走"本地化"特色道路。

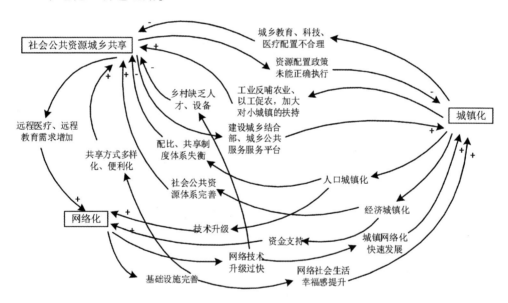

图 5.1 社会公共资源城乡共享与城镇化、网络化的耦合协调机理

城镇化是指本着绿色、智能、集约、低碳等理念，强化民生、走可持续发展和质量为内涵的发展道路，将区域统筹与协调一致、生态文明和集约高效融入城镇化发展的进程，突出人口、社会、城乡、生态与经

济之间的协调。网络化与城镇化协调一致、相互制约、相互促进，城镇化为网络化提供发展的平台、市场支撑和发展空间，社会公共资源城乡共享更具多样性；城镇化与社会公共资源城乡共享彼此促进，城镇化推动社会公共资源的合理配置与共建共享，没有城镇化的发展，社会公共资源在城乡间的优化配置与共享就无法实现。

网络化是指互联网络技术的普及应用，革新人们以往的沟通方式，转变信息交流方式，让所有人共处于信息网络之中。网络普及率对城镇化与社会公共资源城乡共享有着直接联系，网络化为城镇化的建设与发展提供着新一代互联网络技术，譬如，大数据、物联网、AI、云计算、5G 通信技术、区块链等现代信息网络技术及人才支撑，推进"数字城市"的建设，同时也为社会公共资源城乡共享提供新的路径；网络化水平是衡量城镇化率的一项决定性因素，网络覆盖率直接关系到城乡网络的互动与联系，网络化与城镇化的发展是新型城乡关系改善的有效途径，加强城乡网络化建设有助于推进城乡融合发展进程，城镇化发展的高级阶段必然是万物互联的智能网络社会。社会公共资源城乡共享不会自主、自动发生，随着网络基础设施的不断完善，城乡社会公共资源共享才能达到最优，偏远地区的乡村才可以享受到与城市同等的公共服务，城乡网络基础设施建设进一步完善。

社会公共资源城乡共享提升城镇化与网络化的水平。城乡社会公共资源的合理配置影响城镇化的质量，社会公共资源城乡共享度是否与城镇化水平相匹配、有效地服务于城镇化，对其发展起着关键性的作用。社会公共资源的配置作为保障民生、民权、实现公平正义的基本社会条件，是城镇化发展中势必要突破的一个关键点，对于城镇化的发展方向起着决定性的作用。城镇化要求重塑城乡共享，走城乡融合发展之路，就要促进城乡社会公共资源的均衡配置，而实现其目标就要充分利用现代信息网络技术及各类智能交互类设施，实现城乡间便捷有效的信息交流和资源共享，从而推动城乡互联网建设和社会公共资源共享的协同发展。

四、社会公共资源城乡共享的耦合协调分析框架

目前，对乡村振兴、公共资源、网络化和城镇化单一系统问题的研究较为全面，对于多系统的研究尤为缺乏，如社会公共资源城乡共享与网络化、城镇化的耦合协调问题，因而难以准确地理解社会公共资源共享、网络化与城镇化发展间的有机联系与内在机理。比如，城镇化的制约因素有哪些？社会公共资源有哪些？城乡网络化差异有哪些？网络化、城镇化与社会公共资源城乡共享之间有什么关系？如何破解城乡社会公共资源分配与运行的长期失衡问题？怎样通过这些资源共享促进城乡融合发展、增强乡村活力？这些问题都存在模糊之处。为此，本研究将社会公共资源城乡共享与网络化、城镇化发展相关联，探讨新发展理念下的城乡融合发展，打破城乡鸿沟阻隔的融合发展行为，从厘清基本概念出发，首先给出相关概念的科学定义，其次设计社会公共资源网络共享程度的测度量标，探讨各系统之间的耦合协调发展机理，由此确定社会公共资源城乡共享的耦合协调发展路线与范式。

在探析社会公共资源城乡共享的耦合协调关系时，结合新一代互联网的发展，融合国家发展战略，首先考察社会公共资源城乡共享与城镇化、社会公共资源城乡共享与网络化的耦合协调关系，在此基础上考察社会公共资源城乡共享与城镇化、网络化的耦合协调关系，研究如何依托现代信息网络技术，实现城乡之间在社会公共资源共享上的率先突破。审视影响城镇化的关键因素和内在机理，探讨实现社会公共资源网络共享的促进机制与实现路径。

在设计社会公共资源城乡共享的耦合协调发展路径时，其逻辑结构安排的理论依据在于：城镇化、网络化→如何对农民生产、生活环境条

件产生影响，社会公共资源城乡共享→如何对农民生产、生活行为选择产生影响，社会公共资源的城乡共享→如何促进城镇化、网络化的发展，提高城乡共享水平→如何推进城乡融合发展。

在研究社会公共资源城乡共享的保障机制时，重点研究促进社会公共资源城乡共享的推进目标、阶段与实现方式；探析构建政府主导、企事业承担、各方协同的社会公共资源共享运行机制。最终，围绕乡村振兴战略的客观要求，整体探讨和综合设计促进社会公共资源城乡共享的

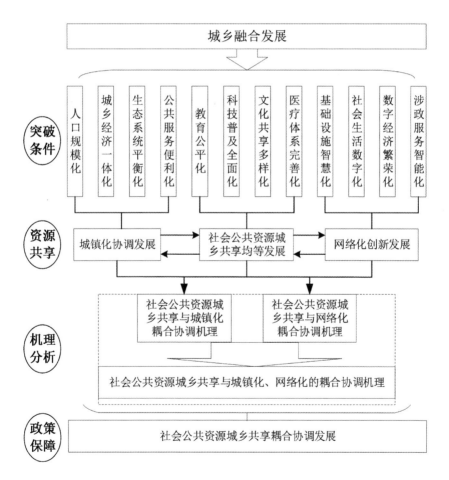

图 5.2　城镇化、网络化与社会公共资源城乡共享耦合协调框架

政策体系；研究如何采用正向激励和负向约束相结合的手段，为社会公共资源城乡共享提供收益与风险政策保障；以促进社会公共资源城乡共享的硬软环境条件建设、改善与优化政策，总体设计见图 5.2。

第二节　社会公共资源城乡共享的耦合协调模型

一、耦合协调理论

耦合的概念来自物理学，随着交叉学科的不断兴起，耦合的概念广泛应用于生物学、地理学、经济学等领域。在经济学研究中，耦合常常被应用于多个具有因果联系的子系统中，研究多个系统相互影响的程度。耦合一般具有两方面的表现，一方面如果系统间或内部各要素之间相互促进，与整个系统的发展方向相同，则具备正的外部性；另一方面，如果彼此之间相互制约，阻碍系统的发展进程，则具备负的外部性。系统耦合实质上是无序和有序的相互转化过程，充分发挥系统内各要素的协同作用，是达到系统正向耦合的关键所在。

耦合度只能用于衡量系统之间或系统内各要素之间相互作用的影响程度，并不能反映其相互之间的协调发展水平。当各子系统均处于比较低的发展水平时，那么耦合度的水平依旧会很高，但这种耦合是低水平的耦合。因此，高耦合并不代表系统协调发展的强弱，耦合既有可能是高水平的也可能是低水平的，耦合度的指标并不能全面、系统地反映系统间的协调发展水平，耦合协调度的概念应运而生。协调是指系统或要素之间通过一系列的相互作用而达到相互配合、和谐共生的协同状态，是良性的发展关系。耦合协调度是将耦合发展水平和协调水平连接在一起的综合指标，用以判断系统内各要素之间相互配合的和谐程度，更加强调在"协调"约束下的全面发展。耦合协调度的变化体现了系统由不良无序向良好有序状态变化的趋势。近年来，耦合理论由原先的定性研究逐渐转变为定量地判别系统或系统要素之间相互作用关系的研究，主要利用耦合协调度模型对系统或系统要素之间的耦合程度进行度量与评价。

社会公共资源的城乡共享不仅在各种资源之间存在协调、同步的共享，在城乡融合发展背景下，还应考虑城乡间的基础设施资源，推动城乡基建水平，完善网络化、现代化等建设，考虑不同系统间的耦合协调，用耦合协调理论研究两个或多个系统间的相互作用发展的规律，以反映各要素或系统间的相互作用。

在新发展理念被提出后，明确了今后一段时期国家要调整经济结构，着力解决城乡发展的不平衡、弥补区域差异，提出"创新、协调、绿色、开放、共享"的发展理念。其中"协调"不仅仅指各区域、各系统，更指城乡之间的相互促进、相互融合。协调发展是处理城乡发展的重要指导理念，对于城乡差距巨大的地区，应建立帮扶机制，调整城乡发展结构，发展当地特色产业，促进经济、社会、文化的同步发展，强调发展的系统性功能，从各方面提升国家的硬实力和软实力。在协调发展进程中各级部门也要加强自查频率，对发展的薄弱领域需根据实际发展增进发展后劲，加强与其他系统间协调发展的空间，推动各要素间、各系统间的自由有序流动，发挥各方的主观能动性，建立建全城乡融合机制，形成城乡基本公共服务均等化共享、城乡区域间协调稳定发展的新格局，适当建立健全推广城乡公共服务共享的责任落实机制，让城镇更多优质的基本公共服务设施设备加速向农村延伸，增进新时代中国特色社会主义新农村建设水平。

谋求协调发展，城乡应综合考量我国当前阶段发展的新趋势、新特点，提升基本基础设施的覆盖范围，建立长效机制，提升农村尤其是偏远山区的网络信息化水平，对地广人稀的地区需结合国家扶贫政策，引导城乡居民发展适合当地实情的新兴产业，以带动城乡经济社会一体化高质量、高水平发展。

二、相关模型构建

（一）熵权 TOPSIS 模型

熵权 TOPSIS 模型是基于熵值法和 TOPSIS 模型的改进，是以熵值法确定各指标的权重，运用 TOPSIS 法计算出评价对象和最优方案的贴近程度；主要是对待评价对象与最优解和最劣解的评价值公式进行改进，能够全面客观地反映各省市社会公共资源城乡共享水平。计算过程为：

（1）数据标准化处理：

$$X'_{ij} = \begin{cases} \dfrac{x_{ij} - min\,(x_{ij})}{max\,(x_{ij}) - min\,(x_{ij})} & \text{正向指标} \\[3mm] \dfrac{max\,(x_{ij}) - x_{ij}}{max\,(x_{ij}) - min\,(x_{ij})} & \text{逆向指标} \end{cases} \tag{5.1}$$

式中，i 为评价对象，j 为评价指标；X_{ij} 和 X'_{ij} 分别表示初始的和经过标准化后的相应指标值；$min(x_{ij})$ 和 $max(x_{ij})$ 分别表示最小值和最大值。通过标准化处理，得出社会公共资源的网络化城乡共享水平规范化评价矩阵 $X' = (x'_{ij})_{m \times n}$，$(m = 1, 2, \cdots, 31; n = 1, 2, \cdots)$。

（2）计算第 j 项指标的熵值 e_j：

$$e_j = -k \sum_{i=1}^{m} p_{ij} ln\, p_{ij} \tag{5.2}$$

式中，$p_{ij} = X' / \sum_{i=1}^{m} X'_{ij}$；k>0，ln 为自然对数，$e_j \geq 0$。如果 x_{ij} 对于给定的 j 全部相等，那么 $e_j = -k \sum_{i=1}^{m} \dfrac{1}{m} ln \dfrac{1}{m} = klnm$。设 $k = \dfrac{1}{lnm}$，有 $0 \leq e_j \leq 1$。

（3）计算权重 w_j：

$$w_j = \frac{(1 - e_j)}{\sum\limits_{j=1}^{n}(1 - e_j)} \tag{5.3}$$

式中，$w_j \in [0, 1]$，且 $\sum\limits_{j=1}^{n} w_j = 1$。

（4）计算加权矩阵 Z_{ij}：

$$Z_{ij} = w_j * x'_{ij} \tag{5.4}$$

（5）确定最优解 Z^+ 和最劣解 Z^-：

$$\begin{cases} Z^+ = \{\max\limits_{1 \leq i \leq 31} Z_{ij} \mid i = 1, 2, \cdots, 31\} = \{z_1^+, z_2^+, \cdots, z_{31}^+\} \\ Z^- = \{\min\limits_{1 \leq i \leq 31} Z_{ij} \mid i = 1, 2, \cdots, 31\} = \{z_1^-, z_2^-, \cdots, z_{31}^-\} \end{cases} \tag{5.5}$$

（6）计算各方案与最优解的欧氏距离 S_i^+ 和最劣解的欧氏距离 S_i^-：

$$\begin{cases} S_i^+ = \sqrt{(Z_j^+ - Z_{ij})^2} \\ S_i^- = \sqrt{(Z_{ij} - Z_j^-)^2} \end{cases} \tag{5.6}$$

（7）计算综合评价指数 C_i：

$$C_i = \frac{S_i^-}{S_i^+ + S_i^-} \tag{5.7}$$

式中，$C_i \in [0, 1]$，C_i 值越大表征评价对象越优，该评价对象的评价结果越好，即社会公共资源城乡共享水平越高；反之，社会公共资源城乡共享水平越低。

（二）耦合协调度模型

对于系统间的耦合许多学者从不同角度进行了深入、全面的研究，本研究基于相关学者的研究构建两系统耦合模型（式5.8）和三系统耦合模型（式5.9），其中，Ua、Ub、Uc 分别表示熵权 TOPSIS 模型测度的城镇化、网络化、社会公共资源城乡共享水平，C 表示耦合度，C ∈ [0, 1]，值越小说明系统内各要素的关联程度越低，彼此相互制约，整个系统向着无序的方向发展，具有负向耦合；值越大则说明关联程度越高，系统间彼此融合、互利共生，系统向着有序的方向发展。当社会公共资源城乡共享与各系统达到良性共振耦合 C=1，当社会公共资源城乡共享与系统处于无关状态 C=0（见表 5.1）。

表 5.1　耦合度等级分类

耦合度 C	0≤C<0.3	0.3≤C<0.5	0.5≤C<0.8	0.8≤C≤1
耦合等级	低度耦合	中度耦合	良性耦合	高度耦合

耦合度模型对系统间相互作用的程度能够直观反映，然而对于系统的整体"功效"与"协同"效应并不能完全显现，为此，借鉴相关学者的研究运用离差模型原理，构建测量系统间距离的大小来判断是否协调、同步发展，构建社会公共资源城乡共享、城镇化与网络化的耦合协调模型，以此反映系统间协调发展、相互促进的关系。借鉴相关学者研究，运用相关理论，构建耦合协调度模型如下：

$$C = 2 \left\{ \frac{u_a * u_b}{(u_a + u_b)^2} \right\}^{1/2} \tag{5.8}$$

$$C = \left\{ \frac{3(u_a u_b + u_a u_c + u_b u_c)}{(u_a + u_b + u_c)^2} \right\}^{1/3} \tag{5.9}$$

$$D = \sqrt{C \times T} \tag{5.10}$$

$$T = \alpha u_a + \beta u_b + \gamma u_c \ (\alpha + \beta + \gamma = 1) \tag{5.11}$$

式中，D 为耦合协调度，D ∈ [0，1]，其值越大，社会公共资源城乡共享与各系统间的协调性越高，T 为社会公共资源城乡共享、城镇化、网络化的发展综合水平指数，α、β 和 γ 为社会公共资源城乡共享、城镇化、网络化发展的待定系数，本研究认为社会公共资源城乡共享、城镇化、网络化在耦合协调中的作用同等重要，计算两系统耦合协调时取 α=β=1/2，γ=0，计算三系统耦合协调度时取 α=β=γ=1/3；并对耦合协调等参照学者研究的划分等级（见表 5.2）。

表 5.2　耦合协调度等级分类

耦合协调度 D	0.00~0.09	0.10~0.19	0.20~0.29	0.30~0.39	0.40~0.49
耦合协调等级	极度失调	严重失调	中度失调	轻度失调	濒临失调
耦合协调度 D	0.50~0.59	0.60~0.69	0.70~0.79	0.80~0.89	0.90~1.00
耦合协调等级	勉强协调	初级协调	中级协调	良好协调	优质协调

（三）数据来源

为对我国 2011—2019 年社会公共资源城乡共享程度进行评价，依据数据的全面性与可收集性，部分数据来源于《中国社会统计年鉴》《中国统计年鉴》（2012—2020）及 31 个省、自治区、市（不含港、澳、台）的统计年鉴；部分数据参考相关部门的统计报告和统计公报，如《中国信息社会发展报告》等相关统计资料，其中，个别指标依据相关数据计算得出，对个别空缺的数据由相邻年份插值处理获取。

三、指标体系构建与意义

（一）指标体系

耦合协调度不仅反映各系统间的融合发展水平，还能反映各系统的相互联系、相互协调度，对于社会公共资源城乡共享耦合协调系统的选择原则主要根据社会公共资源城乡共享的特征、共享方式及城乡协调发展等，以全面、系统地反映社会公共资源城乡共享的发展水平。其一，社会公共资源城乡共享的特征，城乡间的科教文卫等资源因其具有鲜明的个性化，不能简单一概而论，应依其特性制定相应的共享策略，或依据相应的发展政策而共享；其二，社会公共资源城乡共享的方式，城乡间因经济、产业结构布局不同，对公共资源的运用范围、运用频率等不尽相同，如通信基础设施、医疗卫生、图书等资源；其三，城乡协调发展相关政策，我国历经几十年的发展城乡差距逐渐缩小，国家对城乡发展也有相关规划设计，为此城乡社会公共资源共享应遵循相关发展战略，依据各地区实际情况对城乡社会公共资源进行共享，考虑其因素以便推进乡村振兴的发展。

基于网络化、城镇化对社会公共资源共享的影响，审视社会公共阈资源网络化共享方式，从城乡融合发展视阈考虑社会公共资源与城镇化、网络化的耦合协调发展，聚焦社会公共资源主要领域，依据社会公共资源城乡共享的特征、方式及城乡协调发展等因素，为全面考量社会公共资源城乡共享的耦合协调关系，考察城镇化和网络化两系统考察与社会公共资源城乡共享的耦合协调水平，探析其协调机理，并设计相关指标体系（见表5.3）。

表 5.3　社会公共资源城乡共享、网络化与城镇化水平评价指标

系统	一级指标	二级指标	一级指标	二级指标
社会公共资源城乡共享	教育	教育网络化学校比率(+) 教育数字资源共享率(+) 教育网络平台构建率(+)	文化	数字文化生产指数(+) 数字文化消费指数(+) 数字文化幸福指数(+)
	科技	科技信息网络普及率(+) 科技数字资源共享率(+) 科技网络平台构建率(+)	医疗卫生	远程诊疗比率(+) 医疗数字资源共享率(+) 智能医疗设备网络共享率(+)
网络化	基础设施	互联网指数(+) 移动电话指数(+) 互联网国际出口宽带(+)	网络化经济指数	数字经济产业指数(+) 信息网络消费规模(+) 电子商务交易规模(+) 网络信息研发投入指数(+)
	网络化社会指数	数字生活指数(+) 支付能力指数(+) 人力资源指数(+) 数字治理获得感(+) 生态监管数字化水平(+)	网络化服务指数	在线政府指数(+) 电子诉讼占比(+) 社会保障卡普及率(+) 基本公共服务事项网上办理率(+)

（续表）

系统	一级指标	二级指标	一级指标	二级指标
城镇化	人口	人口城镇化率(+) 外出劳动力回流率(-) 外来常住人口比率(+) 常住人口非农就业率(+)	生态	单位 GDP 能耗(-) 建成区绿化覆盖率(+) 环境空气质量优良率(+) 生活垃圾无害化处理率(+)
	经济	人均 GDP(+) 城乡居民收入比(-) 第三产业产值比重(+) 农村居民文教娱乐消费占比(+)	公共服务	义务教育均衡差异系数(-) 居民电子健康档案建档率(+) 人均公共文化体育设施面积(+) 社区公共服务中心建成率(+)

（二）选取指标意义

1. 社会公共资源方面

学界对社会公共资源共享的测评尚未有统一的指标，本研究通过查阅相关文献根据相关学者的研究，从科、教、文、卫四个层面建立相关指标。教育方面的教育网络化学校比率体现学校网络化覆盖率，教育数字资源共享率指城乡教育数字资源网络共享水平，教育网络平台构建率指教师办公、教学运用网络化水平。科技方面的科技信息网络普及率表明城乡居民从网络对科技知识获取的情况、科技数字资源共享率反映科学技术知识通过网络在城乡间共享的程度，科技网络平台构建率指科技馆等科研场所建设水平。文化方面的数字文化生产指数由数字文化相关企业数量、岗位数量及投资项目数量反映数字文化的生产投入情况，数字文化消费指数用文化类 App 活跃用户数反映数字文化消费水平，数字文化幸福指数通过新闻、论坛、自媒体等渠道对数字文化现状的正面评价占比反映民众对数字文化的幸福感体验。医疗卫生方面的远程诊疗比率衡量通过网络和移动平台等渠道对患者诊断和治疗的开展水平，智能医疗设备网络共享率和医疗数字资源共享率分别反映高水平医生、大中型智能医疗设备和医疗软件、信息系统、电子病历等医疗资源在城乡医院间共享、共用的情况。

2. 网络化方面

网络化评价指标体系的构建主要参考中国信息社会发展报告和"十三五"信息化发展评价指标，从网络化的基础设施、经济、社会、服务指数几方面反映网络化发展水平。基础设施方面建立互联网指数、移动电话指数和互联网国际出口宽带三个指标对网络化发展现状测度。网络化经济指标采用数字经济产业指数、电子商务交易规模、信息网络消费规模和网络信息研发投入指数四个指标测评网络经济的产业结构、经济规模、居民网络消费水平和下一代网络发展投入力度情况。网络社会指数方面，数字生活指数和支付能力指数反映居民网络化的认识和应用度，人力资源指数表达借助网络工具就业的情况，数字治理获得感是通过新闻、论坛、自媒体等渠道对各地的电子政务和数字治理的正面评价占比，生态监管数字化水平指通过生态数据库、业务系统、网站建设等数字化项目建设情况反映生态监管数字化完备度；网络化服务指数通过四个二级指标反映网络化在政府服务、社会保障和社区服务及网络服务水平反映网络化的应用普及度。

3. 城镇化方面

城镇化指标的设计主要依据国家标准化管理委员会颁布的就地城镇化评价指标体系，结合社会发展选择人口、经济、社会和公共服务四个一级指标反映城镇化水平。其中，人口方面，人口城镇化率反映了城乡人口的基本状况，外出劳动力回流率和外来常住人口比率反映当地经济发展对人才的吸引力，常住人口非农就业率阐释了当地居民的就业结构。经济方面，人均 GDP 和第三产业产值比反映各省市经济发展现状和产业结构，城乡居民收入比和农村居民文教娱乐消费占比表达城乡经济发展的差距及农村消费支出结构。生态方面，单位 GDP 能耗反映绿色经济发展水平，建成区绿化覆盖率等于城乡居民生活区域中绿地面积占比，环境空气质量优良率表示每年优良天气占比，生活垃圾无害化处理率体现城乡居民生活的自动化、智能设备应用水平。公共服务方面，义务教育均衡差异系数反映城乡教育的差距，居民电子健康档案建档率反映城乡社会保障发展现状，人均公共文化体育设施面积和社区公共服务中心建成率反映居民文化娱乐服务设施水平。

第三节　社会公共资源城乡共享的耦合水平分析

一、社会公共资源城乡共享、城镇化与网络化综合水平分析

（一）公共资源城乡共享发展特征

对 2011—2019 年各省市的社会公共资源城乡共享水平均值进行分段统计（见表 5.4）分析，全国社会公共资源城乡共享水平总体不高，约有 77.42% 的省市社会公共资源城乡共享水平介于 0.15~0.35，有 16 个省市位于较低水平，高于 0.35 的有 6 个省市，平均得分仅为 0.5526，低于 0.15 的仅有西藏一个省份，社会公共资源城乡共享度为 0.1491，远低于全国的平均水平，社会公共资源城乡共享水平最高的上海得分是西藏的 5 倍，由此可知，我国社会公共资源城乡共享水平省市间差距巨大，总体社会公共资源城乡共享水平不高。

表 5.4　社会公共资源城乡共享水平统计

	高	较高	中	较低	低
综合得分 C_i	1~0.55	0.55~0.35	0.35~0.25	0.25~0.15	0.15~0
省份数	2	4	8	16	1

（续表）

	高	较高	中	较低	低
所占比重	0.0645	0.1290	0.2581	0.5161	0.0323
平均得分	0.7180	0.4699	0.2857	0.2051	0.1491

从全国各年均值看公共资源城乡共享水平逐渐提高，2019 年与 2011 年相比全国均值提高 0.0305，有 22 个省市发展水平显著提升（见图 5.3），归因于各省市积极推进区域协调、城乡统筹，着力解决发展不平衡不充分问题等政策的推广实施，如行政村高速宽带及 4G 网络全覆盖，医疗方面推进"三医联动"改革，开展县域紧密型医共体试点，部分省市受益于国家推进乡村振兴战略，不断提升城乡基本公共服务均等化水平，科教文卫等方面都有显著提升。与 2011 年相比，2019 年公共资源城乡共享水平值下降的省市有 9 个，其中北京、上海、天津三省虽然有所下降，仍领先全国大部分省市，主要在于 2012 年党的十八大将提升城乡公共服务均等化水平、统筹城乡发展、全面实现小康社会作为重点工作，各省市在各方面不断优化结构、调整产业，表现出一定的下滑现象，总体呈现波动性发展势态。

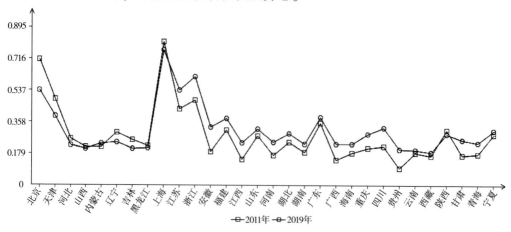

图 5.3　各省市 2011 年与 2019 年公共资源城乡共享水平

　　按通常区域的划分将我国分为东、中、西、东北四大区域对2011—2019 年公共资源城乡共享的均值分析（见表 5.5），社会公共资源城乡共享水平区域差异显著，东部省市公共资源城乡共享水平总体大于其他区域且高于全国平均水平，主要在于东部沿海省份具有优良的地理区位，不但地势平坦土地价值高，且水资源丰富，人口集聚效应突出，城市化水平高，有其独特的优势（相对而言甘肃、贵州等西部地区发展受自然地理、人口等因素的限制就较突出）；东北和中西部都低于全国均值水平，但东北要高于中西部区域，西部总体上高于中部，首先在于国家近些年对东北和西部发展不断给予政策倾斜，东北和西部的公共资源城乡共享水平势必发展强劲；其次与国家相关政策的倾斜有一定联系，比如，作为国家城乡综合配套改革试验区的川渝两省市，在加快建设新型农业化、新型城镇化、新型工业化进程中，势必要促进科教文卫等方面公共资源的各要素在城乡间的流动。总体来看，社会公共资源城乡共享水平整体偏低，社会公共资源城乡共享水平与地区经济发展水平存在正相关关系。

表 5.5　分区域公共资源城乡共享均值

	全国	东部	中部	西部	东北
2011 年	0.2786	0.4313	0.1908	0.2002	0.2588
2012 年	0.2678	0.4391	0.1724	0.1936	0.2102
2013 年	0.2617	0.4300	0.1736	0.1865	0.1980
2014 年	0.2930	0.4577	0.2006	0.2223	0.2511
2015 年	0.2969	0.4502	0.2112	0.2333	0.2442
2016 年	0.3082	0.4595	0.2158	0.2433	0.2799
2017 年	0.3085	0.4554	0.2235	0.2387	0.2934
2018 年	0.2986	0.4078	0.2571	0.2472	0.2233
2019 年	0.3090	0.4381	0.2566	0.2501	0.2195

（二）网络化发展特征

从 2011—2019 年全国网络化均值看，网络化水平呈现波动性增长，因各省市基础条件差异，发展中投入的强度各有不同，各省市整体发展水平参差不齐；2019 年与 2011 年相比有 19 个省市发展水平进步明显，各省市在实施乡村振兴战略进程中，不断完善相关的制度和政策体系，推进数字乡村建设，加大城乡网络基础设施建设，网络化向着高水平、高质量发展，部分省市发展缓慢在于发展结构不断优化，协调相关的产业同步发展，各方面进展缓慢。对 2011—2019 年各省市的网络化水平均值得分进行分段统计（见表 5.6），有 23 个省市网络化水平低于0.25，较低水平的约占 41.94%，各省市网络化水平较低，高水平的仅有北京和广东两个省市，且网络化处于低水平的省市均值约为高水平省市均值的 19.20%，各省市间差异凸显。

从四大区域看，全国均值发展呈"W"形增长，东部遥遥领先，高于其他区域和全国均值，东部与全国均值、中西部发展势态表现同步化特征，东北和中西部地区都低于全国均值（见图 5.4），东北地区网络化发展不同年份跳跃性较大，可能在产业调整进程中未能清晰地对网络化发展进行布局谋划，但总体还是要高于中西部地区，中西部地区网络化水平发展步调一致，但中部发展水平要高于西部，不仅与东西部的经济发展水平相关，地理环境对其发展也有决定性作用，西部地广人稀，自然环境差，其发展需要统筹考虑，发展进程会有所迟缓；且历年网络化水平最高的省市全为北京、上海和广东，最低的省份大多为西藏、云南和贵州。总体上，各省市网络化水平不断发展与完善。

表 5.6　网络化水平统计

	高	较高	中	较低	低
综合得分	1～0.55	0.55～0.35	0.35～0.25	0.25～0.15	0.15～0

（续表）

	高	较高	中	较低	低
省份数	2	5	1	13	10
所占比重	0.0645	0.1613	0.0323	0.4194	0.3226
平均得分	0.6244	0.4496	0.3481	0.1820	0.1199

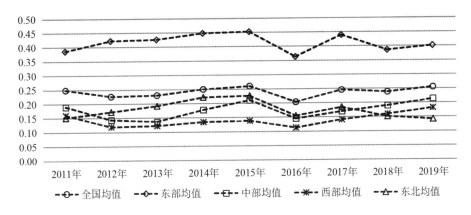

图 5.4 分区域网络化水平均值

分区域网络化均值

	2011 年	2012 年	2013 年	2014 年	2015 年	2016 年	2017 年	2018 年	2019 年
全国均值	0.2481	0.2251	0.2288	0.2495	0.2600	0.2032	0.2450	0.2373	0.2542
东部均值	0.3855	0.4216	0.4255	0.4472	0.4519	0.3630	0.4386	0.3855	0.4010
中部均值	0.1892	0.1428	0.1365	0.1772	0.2102	0.1448	0.1690	0.1892	0.2127
西部均值	0.1595	0.1184	0.1218	0.1342	0.1377	0.1127	0.1404	0.1595	0.1809
东北均值	0.1509	0.1710	0.1914	0.2211	0.2256	0.1546	0.1840	0.1509	0.1413

（三）城镇化发展特征

对城镇化水平分析发现，2011—2019 年全国城镇化均值提升 0.0183，各省市城镇化水平不断提高，江苏省城镇化水平增长最快，北京、上海、天津和广东城镇化水平一直领先全国其他省市，而西藏、贵州、云南和甘肃城镇化排名一直处于末位，区域差距仍然存在，但省市区城镇化发展差距在不断缩小，2019 年与 2011 年对比分析 23 个省市城镇化水平显著提升，最低的西藏提高 0.0415，高于其他省市增长水平，与各地区的发展基础设施资源密切联系。

从 2011—2019 年网络化的均值看（见表 5.7），各省市城镇化水平主要集中于 0.15~0.35，占 74.19%，所有省市城镇化均值得分都高于 0.15，表明各省市城镇化水平达到了新的起点并向着更高水平迈进，高水平和较高水平各有四个省市，但其城镇化水平较大，较高水平省市要发展到高水平级别的城镇化需要投入更多的物力和财力，中水平和较低水平的省市内部之间差距要小于高水平和较高水平等级的省市，一定程度上表明省市城镇化发展的"两极现象"严重，在今后发展进程中要给予落后省市更多的政策性支持。

对四大区域分析发现东部地区城镇化水平最高且发展趋势与全国均值同步，东北地区城镇化在全国均值附近波动且都高于中西部地区，中西部城镇化水平不相上下且远低于东部区域城镇化水平（见表 5.8），需进一步探索符合本省市的发展战略，因地制宜制定城乡融合发展体系；各区域内 2011—2019 年城镇化均值各省份之间差别差距最大的为东部，最高的北京和最低的河北差距为 0.4657，东北、中部和西部分别为 0.0813、0.1031 和 0.1388，区域内部省份之间也需进一步加强相互协作，以城市群为中心带动更多的周边省市发展，降低区域间的交流沟通的物理性障碍，建立一体化、全面化联动机制。

表 5.7　网络化水平统计

	高	较高	中	较低	低
综合得分	1~0.55	0.55~0.35	0.35~0.25	0.25~0.15	0.15~0
省份数	4	4	13	10	0
所占比重	0.1290	0.1290	0.4194	0.3226	0.0000
平均得分	0.6386	0.4320	0.2981	0.2203	0.0000

表 5.8　分区域城镇化均值

	2011 年	2012 年	2013 年	2014 年	2015 年	2016 年	2017 年	2018 年	2019 年
全国均值	0.3142	0.3256	0.3177	0.3366	0.3316	0.3601	0.3549	0.3346	0.3325
东部均值	0.4506	0.4761	0.4768	0.4907	0.4818	0.5131	0.5027	0.4685	0.4617
中部均值	0.1923	0.2774	0.2356	0.2637	0.2644	0.2832	0.2755	0.2748	0.2686
西部均值	0.2246	0.2466	0.2413	0.2579	0.2534	0.2806	0.2778	0.2604	0.2526
东北均值	0.3973	0.2908	0.3060	0.3228	0.3056	0.3669	0.3593	0.3046	0.3492

二、社会公共资源城乡共享两系统间耦合协调水平分析

（一）社会公共资源城乡共享与城镇化耦合协调水平

从时序上看，对全国 2011—2019 年社会公共资源城乡共享与城镇化的耦合协调度均值分析有以下特征：全国社会公共资源城乡共享与城镇化的耦合协调度最高的年份水平为 0.5648，最低的年份水平为 0.5198（见表 5.9），都属于勉强协调型，耦合协调水平整体上不高但

呈波动性发展，与城镇化的发展战略密切联系，随着近些年数字城市和新一代互联网技术的普及应用，社会公共资源城乡共享与网络化的耦合协调度将会逐年提升。社会公共资源城乡共享与城镇化的耦合协调水平在 2011 年为轻度失调的省份到 2019 年已发展为濒临失调型，社会公共资源城乡共享与城镇化两系统的耦合协调度有 77.42% 的省市位于濒临失调和勉强协调区间，各省市在布局新型城镇化的基础上需要统筹规划与社会公共资源城乡共享的协同发展。

表 5.9 2011—2019 年各省市社会公共资源城乡共享与城镇化耦合协调度

	2011	2012	2013	2014	2015	2016	2017	2018	2019	均值
北京	0.8664	0.8577	0.8395	0.8426	0.8286	0.8275	0.8371	0.7676	0.7776	0.8272
天津	0.7180	0.7408	0.7309	0.7580	0.7539	0.7724	0.7621	0.6712	0.6739	0.7313
河北	0.4864	0.4375	0.4477	0.4687	0.5052	0.5301	0.5546	0.4862	0.4958	0.4902
山西	0.4739	0.4397	0.4618	0.4755	0.4910	0.5165	0.5559	0.4820	0.4930	0.4877
内蒙古	0.5186	0.4863	0.4667	0.5054	0.5085	0.5488	0.6084	0.5537	0.5260	0.5247
辽宁	0.6231	0.5143	0.5266	0.5667	0.5563	0.6106	0.6209	0.5514	0.5776	0.5719
吉林	0.5277	0.4838	0.4702	0.5009	0.4967	0.5314	0.5389	0.4891	0.4856	0.5027
黑龙江	0.5406	0.4861	0.4847	0.5270	0.5106	0.5525	0.5453	0.4887	0.5088	0.5160
上海	0.8744	0.8640	0.8436	0.8489	0.8494	0.8539	0.8336	0.8676	0.8757	0.8568
江苏	0.6279	0.6698	0.6698	0.6782	0.6883	0.7057	0.6769	0.6972	0.7099	0.6804
浙江	0.6895	0.7276	0.7420	0.7439	0.7338	0.7499	0.7302	0.6802	0.7087	0.7229
安徽	0.4446	0.4312	0.4444	0.4794	0.4982	0.5092	0.5046	0.5157	0.5396	0.4852
福建	0.5928	0.5665	0.5701	0.6045	0.5974	0.6111	0.5944	0.6285	0.6080	0.5970
江西	0.4213	0.4416	0.4089	0.4498	0.4688	0.4798	0.4589	0.4935	0.5001	0.4581
山东	0.5199	0.5659	0.5700	0.5856	0.5735	0.5736	0.5882	0.5450	0.5770	0.5665
河南	0.4249	0.4541	0.4173	0.4452	0.4339	0.4465	0.4329	0.4728	0.4853	0.4459
湖北	0.5061	0.5445	0.5261	0.5563	0.5519	0.5475	0.5409	0.5427	0.5514	0.5408

（续表）

	2011	2012	2013	2014	2015	2016	2017	2018	2019	均值
湖南	0.4503	0.4734	0.4217	0.4585	0.4597	0.4713	0.4764	0.5695	0.4948	0.4751
广东	0.6400	0.6734	0.6812	0.7025	0.6977	0.7057	0.6932	0.6392	0.6584	0.6768
广西	0.4034	0.3937	0.4070	0.4412	0.4750	0.4834	0.4472	0.4740	0.4756	0.4445
海南	0.4728	0.5015	0.4870	0.5279	0.4673	0.5356	0.5574	0.5206	0.5087	0.5088
重庆	0.5025	0.5229	0.5163	0.5317	0.5483	0.6019	0.5781	0.5756	0.5683	0.5495
四川	0.4648	0.4715	0.4708	0.5065	0.4985	0.4913	0.4969	0.5207	0.5316	0.4947
贵州	0.3625	0.3844	0.4131	0.4445	0.4527	0.4505	0.4435	0.4563	0.4612	0.4299
云南	0.4297	0.4756	0.4078	0.4524	0.4468	0.4816	0.4711	0.4762	0.4411	0.4536
西藏	0.3940	0.4092	0.3814	0.4112	0.4056	0.4195	0.4133	0.4147	0.4305	0.4088
陕西	0.5231	0.5268	0.5363	0.5578	0.5467	0.5656	0.5528	0.5317	0.5322	0.5414
甘肃	0.4303	0.3995	0.3933	0.4195	0.4498	0.4474	0.4593	0.4789	0.4813	0.4399
青海	0.4487	0.4006	0.4098	0.4282	0.4376	0.4558	0.4685	0.4839	0.4901	0.4470
宁夏	0.5208	0.5174	0.5158	0.5444	0.5436	0.5587	0.5456	0.5585	0.5559	0.5401
新疆	0.4691	0.4452	0.4510	0.4674	0.4790	0.4729	0.4755	0.4879	0.4913	0.4710
均值	0.5280	0.5260	0.5198	0.5461	0.5469	0.5648	0.5633	0.5523	0.5553	0.5280

从区域板块看，对各省市 2011—2019 年社会公共资源城乡共享与城镇化耦合协调度均值分析，东部十省社会公共资源城乡共享与城镇化耦合协调水平最高，初级协调、中级协调和良好协调的省市全都位于东部，但东部地区省市间的差距也巨大，耦合协调度最高的上海与最低的河北相差 0.3665，且河北社会公共资源城乡共享与城镇化耦合协调属于濒临失调型，整体上东部区域还是要高于其他地区（见表 5.10）。东北三省社会公共资源城乡共享与城镇化耦合协调度差距不大，各省在波动中发展，均值都为勉强协调型，整体上，历年区域均值水平与全国均值不差上下且高于中西部地区。中部地区的湖北耦合协调度为勉强协调

型，其余五省都属于濒临失调型，整体社会公共资源城乡共享与城镇化的耦合协调水平不高，最高的湖北为 0.5408，与最低的河南差距仅为 0.0950，各省份耦合协调水平基本一致。西部地区因地理环境影响社会公共资源城乡共享与城镇化耦合协调水平最低，但部分省市还是要高于中部一些省份，比如，重庆 2011—2019 年耦合协调度均值要高于同为濒临失调的中部的河南等五个省份，且高于西部耦合协调度最低的西藏 0.1407，区域内部发展不均衡势态显著，但历年均值发展趋势与全国均值基本同步。总体上，各区域公共资源城乡共享与城镇化耦合协调水平与区域经济发展水平呈一致性特征。

表 5.10　分区域社会公共资源城乡共享与城镇化耦合协调水平均值

	全国	东部	中部	西部	东北
2011 年	0.5280	0.6488	0.4535	0.4499	0.5638
2012 年	0.5260	0.6605	0.4641	0.4497	0.4947
2013 年	0.5198	0.6582	0.4467	0.4457	0.4938
2014 年	0.5461	0.6761	0.4774	0.4732	0.5315
2015 年	0.5469	0.6695	0.4839	0.4803	0.5212
2016 年	0.5648	0.6866	0.4951	0.4935	0.5648
2017 年	0.5633	0.6828	0.4949	0.4865	0.5683
2018 年	0.5523	0.6503	0.5127	0.4962	0.5097
2019 年	0.5553	0.6594	0.5107	0.4963	0.5240

从省域层面看，各省市社会公共资源城乡共享与城镇化耦合协调度发展显著提升，2019 年与 2011 年相比发现，江苏和浙江两省耦合协调水平进一步提升为中级协调，由濒临失调发展为勉强协调型的省份为四川、海南、安徽和江西，福建由勉强协调升级为初级协调，贵州和西藏由轻度失调发展为濒临失调，其余省市也在缓慢发展，在逐渐探索契合当地的发展策略。2011 年和 2019 年社会公共资源城乡共享与城镇化耦

合协调水平最高的省份基本全为上海，最低的省份一般为西藏、贵州和云南，极差在 2011 年为 0.5118，到 2019 年降低为 0.4452，各省市间的差距越来越小，省域间的联动作用逐渐加强，与国家布局发展城市群以打破地域界限发展相联系，比如，"成渝双城经济圈"的建设，对两城市交界区域的城乡发展将有很强的带动作用。

（二）社会公共资源城乡共享与网络化耦合协调水平

从时序上看，对全国 2011—2019 年社会公共资源城乡共享与网络化的耦合协调度均值分析有以下特征：全国社会公共资源城乡共享与网络化耦合协调度介于 0.4890～0.5148，由濒临失调型发展为勉强协调型（见表 5.11），系统间相互作用进一步加强，网络化发展为社会公共资源城乡共享的进一步发展提供了保障，促进城乡间社会公共资源更大范围的共享。2019 年与 2011 年对比虽然中度失调的省市已经发展为轻度失调型，仍有 23 个省市处于濒临失调和勉强协调（见表 5.12），社会公共资源城乡共享与网络化耦合协调发展的宽度与广度还需不断完善，需进一步探索以网络化发展带动社会公共资源城乡共享的机制体系。

表 5.11 2011—2019 年各省份社会公共资源城乡共享与网络化耦合协调度

	2011	2012	2013	2014	2015	2016	2017	2018	2019	均值
北京	0.8375	0.8173	0.8071	0.8311	0.8261	0.7745	0.8205	0.7256	0.7347	0.7971
天津	0.6579	0.6259	0.6500	0.6900	0.7055	0.6547	0.6740	0.5624	0.5745	0.6439
河北	0.4753	0.4264	0.4151	0.4697	0.5167	0.4611	0.5078	0.4478	0.4718	0.4657
山西	0.4357	0.4066	0.4237	0.4531	0.4635	0.4308	0.4804	0.4093	0.3924	0.4328
内蒙古	0.4586	0.4259	0.4410	0.5067	0.4846	0.4652	0.5217	0.4711	0.4649	0.4711
辽宁	0.5421	0.5038	0.4999	0.5501	0.5452	0.5197	0.5490	0.4771	0.4639	0.5167
吉林	0.4515	0.4030	0.4076	0.4448	0.4561	0.4269	0.4577	0.4085	0.4031	0.4288

（续表）

	2011	2012	2013	2014	2015	2016	2017	2018	2019	均值
黑龙江	0.4332	0.3894	0.4089	0.4539	0.4452	0.4127	0.4303	0.3948	0.3855	0.4171
上海	0.8596	0.8267	0.8049	0.8352	0.8267	0.7840	0.8035	0.7424	0.7698	0.8059
江苏	0.6762	0.6803	0.6860	0.6944	0.7023	0.6649	0.6791	0.6882	0.7158	0.6875
浙江	0.7227	0.7538	0.6871	0.6811	0.7051	0.6666	0.6748	0.6747	0.7172	0.6981
安徽	0.4017	0.3987	0.4040	0.4418	0.4843	0.4438	0.4531	0.4777	0.5098	0.4461
福建	0.5889	0.5594	0.5496	0.5847	0.5814	0.5851	0.6304	0.6332	0.6284	0.5934
江西	0.3473	0.3427	0.3111	0.3722	0.4425	0.3918	0.3808	0.4132	0.4444	0.3829
山东	0.5727	0.5586	0.6333	0.6211	0.5992	0.5657	0.6050	0.5701	0.5852	0.5901
河南	0.4123	0.3741	0.3771	0.4132	0.4236	0.3949	0.4066	0.4776	0.5078	0.4208
湖北	0.4711	0.4541	0.4455	0.4888	0.4930	0.4390	0.4674	0.4821	0.5169	0.4731
湖南	0.4204	0.3872	0.3752	0.4220	0.4377	0.4126	0.4371	0.5312	0.5020	0.4362
广东	0.6879	0.6956	0.6978	0.7126	0.6943	0.6708	0.6940	0.6856	0.7072	0.6940
广西	0.3516	0.3239	0.3237	0.3783	0.4185	0.3875	0.3877	0.3949	0.4455	0.3791
海南	0.4271	0.4289	0.4294	0.4589	0.4281	0.4389	0.4671	0.4064	0.4378	0.4358
重庆	0.4394	0.4444	0.4333	0.4577	0.4781	0.4720	0.4798	0.4739	0.4820	0.4623
四川	0.4325	0.4061	0.4101	0.4475	0.4542	0.4202	0.4436	0.5077	0.5388	0.4512
贵州	0.2742	0.2772	0.2979	0.3390	0.3568	0.3467	0.3711	0.4224	0.4392	0.3472
云南	0.3559	0.3618	0.3199	0.3680	0.3669	0.3679	0.3562	0.3984	0.4153	0.3678
西藏	0.3518	0.3260	0.3157	0.3306	0.3362	0.3067	0.3448	0.4449	0.4736	0.3589
陕西	0.4882	0.4583	0.4583	0.4632	0.4703	0.4605	0.4747	0.4781	0.4755	0.4697
甘肃	0.3239	0.3288	0.3318	0.3355	0.3683	0.3730	0.3832	0.4199	0.4423	0.3674
青海	0.3880	0.3812	0.3908	0.3699	0.3844	0.3826	0.3997	0.4184	0.4353	0.3945
宁夏	0.4410	0.4115	0.4179	0.4150	0.4171	0.4160	0.4339	0.4658	0.4768	0.4328
新疆	0.4315	0.4035	0.4135	0.4014	0.4132	0.3872	0.4189	0.3971	0.4002	0.4074

（续表）

	2011	2012	2013	2014	2015	2016	2017	2018	2019	均值
均值	0.4890	0.4704	0.4699	0.4978	0.5073	0.4814	0.5043	0.5000	0.5148	0.4928

表 5.12　社会公共资源城乡共享与网络化耦合协调类型统计

	中度失调	轻度失调	濒临失调	勉强协调	初级协调	中级协调	良好协调
2011 年	1	6	15	3	3	1	2
2012 年	1	10	11	3	3	1	2
2013 年	1	8	14	1	5	0	2
2014 年	0	7	14	3	4	1	2
2015 年	0	5	16	4	1	3	2
2016 年	0	9	13	3	4	2	0
2017 年	0	7	13	3	6	0	2
2018 年	0	4	17	4	4	2	0
2019 年	0	2	16	7	1	5	0
均值	0	7	15	3	4	1	1

从区域板块看，各区域社会公共资源城乡共享与网络化耦合协调均值的增长呈"W"形（见图 5.5），西部虽然社会公共资源城乡共享与网络化耦合协调度最低但增长幅度最大，由轻度失调发展为濒临失调，东部地区一直遥遥领先，在初级协调范围内缓慢发展，中部发展进程中波动性最大，但总体上还是处于濒临失调范围未向更高级别发展，东北地区则一直在濒临失调范围内不断优化社会公共资源城乡共享与网络化的协调程度。从耦合协调度均值看，属于良好协调、中级协调和初级协调的省市全都位于东部区域，东北地区两个濒临失调和一个勉强协调型，中部地区大都属于濒临失调型，仅有一个省份位于轻度失调型，而西部地区轻度失调型和濒临失调型各有六个省市，在四大区域中社会公共资源城乡共享与网络化的耦合协调度最低，与该地区社会公共资源城

乡共享和网络化水平发展滞后呈正相关关系。各区域社会公共资源城乡共享与网络化的耦合协调均值与全国均值对比，东北地区与全国均值差距最小但低于全国均值，东部地区均值最大且高于全国均值，中西部低于全国均值水平但发展势态与全国均值一致，整体上，四大区域社会公共资源城乡共享与网络化的耦合协调都有进步。

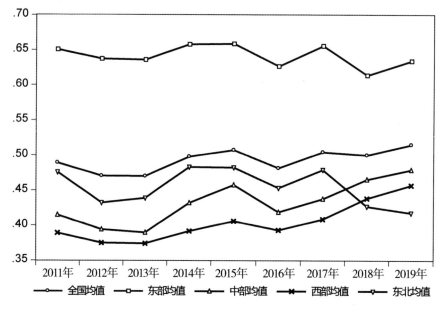

图 5.5　分区域社会公共资源城乡共享与网络化耦合协调均值

　　从省域层面看，各省市社会公共资源城乡共享与网络化耦合协调差异较大，上海等地区早已达到协同发展的最优耦合阶段，其他省市近些年向着更高阶段发展的同时也在提高优化公共资源城乡共享和网络化水平，加速新一代互联网基础设施的建设，而西藏、云南和贵州等地不但社会公共资源城乡共享和网络化水平不高，相互间协同力度也不足，一直处于轻度失调区间，为此，西部等边疆地区需强化社会公共资源城乡共享与网络化协调的幅度，共享共用社会公共资源与网络化的相关设施设备。从 2011—2019 年各省市社会公共资源城乡共享与网络化耦合协调均值看，耦合协调度最高的上海得分 0.8059 比最低的贵州高出 0.4587，贵州要到达良好协调的发展格局还需投入更多资源建设地区经济。总体上看，社会公共资源城乡共享与网络化耦合协调水平极低，初级协调及以上水平的省市占比不高。

三、社会公共资源城乡共享、城镇化与网络化的耦合协调水平分析

对社会公共资源城乡共享、网络化和城镇化水平分析发现，社会公共资源城乡共享、城镇化、网络化发展的综合水平呈现出一致的分层现象，都可划分为三大梯队：北京、上海、广东属于发展的第一梯队，各方面都领跑全国；天津、浙江、江苏、辽宁等沿海省市位于第二梯队，发展水平高于全国均值；其余省市属于第三梯队，基本上低于全国平均水平。这一定程度上说明社会公共资源城乡共享、网络化与城镇化的发展在空间上存在较大差距，同时，也反映社会公共资源城乡共享、网络化发展与城镇化建设之间具有较高的关联性，在推进城乡融合进程中应注重各要素间的协同发展。

从时序上看，我国社会公共资源城乡共享、网络化与城镇化耦合协调度均值由 2011 年的 0.5106 发展到 2019 年的 0.5348（见表 5.13），保持平稳、缓慢上升势态，互相间的协调有所加强，介于勉强协调区间，没有显著提升；2019 年与 2011 年对比分析，轻度失调的省市已经全部消失，濒临失调的省份与 2011 年相比大体相当，东部仅有一个河北，其他均位于东北、中部和西部，勉强协调的省份新增 7 个，而初级、中级、良好协调的省份全由东部沿海省份占据，各省市因政策、制度调整发展呈现出波动性，社会公共资源城乡共享与网络化、城镇化的耦合协调水平整体有所提升，向着城乡融合方向发展。总体来看，各省市应继续加强完善社会公共资源城乡共享、网络化与城镇化协调发展的

制度体系，着力解决相互融合力度不足、互动频率低、协同效应差等凸显问题。

表 5.13　2011—2019 年各省份社会公共资源城乡共享、网络化与城镇化耦合协调度

地区	2011	2012	2013	2014	2015	2016	2017	2018	2019	均值	排序
北京	0.8550	0.8310	0.8223	0.8408	0.8314	0.7988	0.8293	0.7547	0.7651	0.8143	2
天津	0.6862	0.6856	0.6876	0.7211	0.7233	0.7068	0.7112	0.6188	0.6283	0.6855	5
河北	0.4722	0.4314	0.4407	0.4796	0.5183	0.4913	0.5202	0.4696	0.4874	0.4790	15
山西	0.4529	0.4279	0.4452	0.4718	0.4855	0.4730	0.5079	0.4521	0.4460	0.4625	20
内蒙古	0.4997	0.4660	0.4560	0.5036	0.4893	0.4963	0.5559	0.5125	0.5010	0.4978	13
辽宁	0.5996	0.5070	0.5178	0.5571	0.5529	0.5633	0.5817	0.5159	0.5379	0.5481	9
吉林	0.4884	0.4486	0.4457	0.4755	0.4771	0.4803	0.4980	0.4522	0.4458	0.4680	18
黑龙江	0.4985	0.4527	0.4701	0.5035	0.4884	0.4879	0.4900	0.4462	0.4531	0.4767	16
上海	0.8564	0.8275	0.8072	0.8259	0.8256	0.8038	0.8071	0.7947	0.8117	0.8178	1
江苏	0.6519	0.6695	0.6719	0.6829	0.6910	0.6770	0.6786	0.6920	0.7066	0.6801	6
浙江	0.7106	0.7503	0.7147	0.7117	0.7187	0.7079	0.7068	0.6610	0.6947	0.7085	4
安徽	0.4209	0.4131	0.4180	0.4551	0.4848	0.4686	0.4739	0.4888	0.5125	0.4595	22
福建	0.6026	0.5684	0.5653	0.5934	0.5916	0.6044	0.6327	0.6519	0.6196	0.6033	7
江西	0.3897	0.4014	0.3729	0.4187	0.4637	0.4350	0.4262	0.4500	0.4686	0.4251	25
山东	0.5548	0.5717	0.6268	0.6194	0.5900	0.5739	0.6060	0.5760	0.5872	0.5895	8
河南	0.4216	0.4343	0.4027	0.4391	0.4428	0.4310	0.4316	0.4866	0.4979	0.4431	23
湖北	0.4882	0.5043	0.4896	0.5253	0.5256	0.5012	0.5101	0.5120	0.5326	0.5099	10
湖南	0.4375	0.4541	0.4066	0.4484	0.4572	0.4480	0.4622	0.5353	0.5048	0.4616	21
广东	0.6955	0.7245	0.7339	0.7427	0.7308	0.7157	0.7298	0.6936	0.7095	0.7196	3
广西	0.3802	0.3597	0.3713	0.4124	0.4452	0.4272	0.4141	0.4336	0.4552	0.4110	27
海南	0.4595	0.4688	0.4603	0.4883	0.4612	0.4861	0.5114	0.4676	0.4735	0.4752	17
重庆	0.4781	0.4771	0.4716	0.4884	0.5034	0.5340	0.5327	0.5236	0.5252	0.5038	11

（续表）

地区	2011	2012	2013	2014	2015	2016	2017	2018	2019	均值	排序
四川	0.4434	0.4351	0.4349	0.4678	0.4702	0.4542	0.4670	0.5071	0.5253	0.4672	19
贵州	0.3282	0.3483	0.3656	0.3953	0.4040	0.3962	0.4034	0.4320	0.4510	0.3916	30
云南	0.3874	0.4156	0.3689	0.4098	0.4061	0.4244	0.4098	0.4343	0.4228	0.4088	28
西藏	0.3650	0.3699	0.3564	0.3732	0.3707	0.3675	0.3808	0.4463	0.4618	0.3880	31
陕西	0.4928	0.4905	0.4935	0.5060	0.5006	0.5076	0.5097	0.4951	0.4963	0.4991	12
甘肃	0.3767	0.3616	0.3570	0.3743	0.4016	0.4029	0.4141	0.4413	0.4513	0.3979	29
青海	0.4209	0.3878	0.4028	0.4016	0.4169	0.4190	0.4379	0.4496	0.4568	0.4215	26
宁夏	0.4710	0.4687	0.4730	0.4824	0.4794	0.4902	0.4914	0.5031	0.5087	0.4853	14
新疆	0.4424	0.4203	0.4283	0.4322	0.4466	0.4324	0.4490	0.4348	0.4389	0.4361	24
均值	0.5106	0.5024	0.4993	0.5241	0.5288	0.5228	0.5349	0.5269	0.5348	0.5205	

从区域板块看，我国幅员辽阔，四大区域耦合协调度差异显著，表现为东部发展最好，东北随后，中西部最差。从各区域均值变动趋势看四大区域具有相似性，呈逐步上升的"W"形（见图5.6）。具体来看，东部和东北发展趋势一致，东部均值远远高于全国均值，东北均值略低于全国均值，中部与全国发展趋势呈同步化特征，但低于全国耦合协调度，西部缓慢增长，与其他区域的差距逐渐缩小。从起止两个年度看（见图5.7），东部省市耦合协调发展从濒临失调按等级到良好协调的省市分别为维持不变、维持不变、减少1个、增加2个和减少1个，与国家不断调整发展政策，不断优化经济结构和发展方式直接相关；东北仍然是一个勉强协调型和两个濒临失调型省份；中部省份耦合协调等级从轻度失调等级到勉强协调的省市变化为：减少1个、减少2个和增加3个；西部省市社会公共资源城乡共享、网络化与城镇化耦合协调度发展等级变化为：濒临失调型增加1个，勉强协调型增加4个，轻度失调型的省份全部转化为濒临失调型。总体上，各区域耦合协调作用进一步加

强，但从东至西社会公共资源城乡共享与城镇化、网络化的耦合协调水平依次减弱的势态依旧凸显，除个别省市外，四大区域的相对差异并没有根本改善，且区域内省市间的差异也很显著。

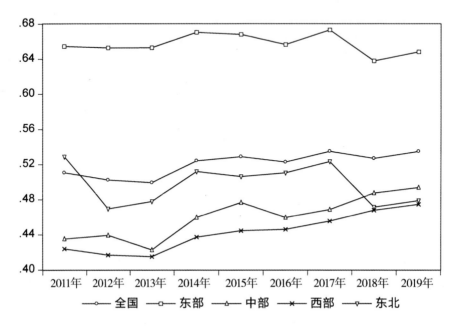

图 5.6 分区域社会公共资源城乡共享、网络化与城镇化耦合协调度

从省域层面看，社会公共资源城乡共享、网络化与城镇化耦合协调度呈现明显上升的省市有 22 个，占 66.67%，其中，轻度失调型的省份逐渐消失（见图 5.7），广东、江苏由初级协调发展为中级协调，内蒙古、安徽、宁夏、湖北、湖南和川渝 7 省由濒临失调发展为勉强协调，轻度失调的 6 个省份全部升级为濒临失调型；其余省份基本上在波动中发展，各省市因相关政策及地理、人口等限制，发展速度与规模各有不同。从均值看，濒临失调的有 17 个省市（见表 5.12），占 54.84%，轻度失调和初级协调的各有三个省市，勉强协调的有山东、辽宁、湖北和重庆四个省市，四大区域均有一个，中级协调的两个省份为广东和浙江，都位于东部经济发展较高地区，区位优势显著，良好协调的有北京

和上海两个城市，大型互联网等新型轻资产型公司大都位于这两个城市。总体来说，各省市都在波动中发展。

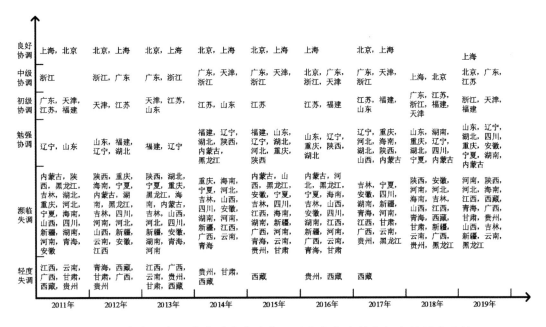

图 5.7　省域社会公共资源城乡共享、网络化与城镇化耦合协调度统计

第四节　社会公共资源城乡共享协调发展的建议

一、优化城乡发展布局，保障社会公共资源城乡共享协调发展

（一）统筹设计城乡协调发展

充分发挥城镇化、网络化与社会公共资源共享间的互补优势。利用城镇化为网络化和城乡社会公共资源共享提供的政策支持，发挥网络化在城镇化与社会公共资源共享进程中的"催化剂"作用，用社会公共资源城乡共享促进和优化城镇化与网络化的发展。善于利用数字化、网

络化与智能化手段切实解决社会公共资源城乡共享耦合协调发展中的"难、少、慢、乱、低"现象，让城镇化为网络化与社会公共资源共享做好保障，统筹发展城乡关系，促进城乡社会公共资源的最优配置，注重三系统之间的互动性和协调性，以防出现过度重视单方面的发展而忽略与其他方面的协同，最终使城乡发展成为"无源之水，无本之木"。在新发展理念下，推动西部大开发形成新格局，东北振兴取得新突破，促进中部地区加快崛起，鼓励东部地区加快推进现代化。健全区域战略统筹、市场一体化发展、区域合作互助、区际利益补偿等机制，更好地促进发达地区和欠发达地区、东中西部和东北地区共同发展。

（二）加强乡村公共基础设施建设

在推进社会公共资源城乡共享与城镇化、网络化耦合协调发展的进程中应将公共基础设施建设的重点放在农村，全力推进城乡公共资源向村覆盖、往户延伸。实施数字乡村建设发展工程，推动农村千兆光网、新一代移动通信、移动物联网与城市同步规划建设，完善农村及偏远贫困地区信息通信基础设施建设，加强乡村社会治理的数字化智能化建设。实施村级综合服务设施提升工程，加强村级客运站点、文化体育等服务设施建设，推广健全城乡公共服务线上线下一体办理机制。加快完善县、乡、村三级农村物流体系，改造提升农村现有寄递物流基础设施，推动城乡生产与消费有效对接，完善农村生活性服务业支持政策，发展线上线下相结合的服务网点，推动便利化、精细化、品质化发展，满足农村居民消费升级需要，吸引城市居民下乡消费，逐步建立系统完备、高效实用、智能绿色、安全可靠的现代化基础设施体系。

（三）扩大数字经济产业在城乡间布局

发展数字经济，推进数字产业化和产业数字化，推动数字经济和实体经济深度融合，打造具有国际竞争力的数字产业集群。加强数字社会、数字政府建设，提升公共服务、社会治理等数字化、智能化水平。

建立数据资源产权、交易流通、跨境传输和安全保护等基础制度和标准规范，推动数据资源开发利用。扩大基础公共信息数据有序开放，建设国家数据统一共享开放平台。保障国家数据安全，加强个人信息保护。提升全民数字技能，实现信息服务全覆盖。深入实施"互联网＋"行动，推动互联网、大数据、人工智能和实体经济深度融合，加快制造业、农业、服务业数字化、网络化、智能化。积极推动公共基础设施的数字化管理与智慧化改造，发展智慧农业，深化农业物联网试点示范，推动农业农村大数据应用，建立农业全产业链信息服务体系，加强先进数字技术和数据资源在各领域各环节深度应用。

（四）因地制宜地制定促进城镇化、网络化与社会公共资源城乡共享的政策措施

各省市耦合协调度低的内在机理各有千秋，应本着"一切从实际出发"的理念，要充分考虑不同地区城乡发展的真实状态与分类情况，切忌"一刀切"与"大一统"，设计社会公共资源城乡共享与网络化、城镇化耦合发展的政策，使网络化与社会公共资源城乡共享的发展过程同城镇化的进程实现协同演进。比如，西部边远地区由于地貌复杂、气候恶劣等地理条件限制，可以按照民族风俗、地域文化特色打破原有的村庄界限，调整产业布局，重构原有状态、建设更加完备的农民生产、生活共同体；东部区域资源丰富、交通便捷，城镇化、网络化水平高于其他地区，应该在加速发展特大型城市的同时，加大对乡村的投资，使社会公共资源在城乡间的共享达到最优；而中部地区要依托国家发展的政策，把握城乡发展的时代趋势，充分利用区位优势加快城乡发展的进程，如有"中国交通枢纽"之称的河南省，在建设国内首个"米"字形高铁网的同时，注重偏远地区的出行，争取实现每个市县都有高铁站，构建快捷高效的"省内一小时经济圈"。

二、完善数字社会建设，推动社会公共资源城乡共享的多样化

（一）统筹发展数字乡村与智慧城市

强化一体设计、同步实施、协同并进、融合创新，促进城乡生产、生活、生态空间的数字化、网络化、智能化发展，加快形成共建共享、互联互通、各具特色、交相辉映的数字城乡融合发展格局。鼓励有条件的小城镇规划先行，因地制宜发展"互联网+"特色主导产业，打造感知体验、智慧应用、要素集聚、融合创新的"互联网+"产业生态圈，辐射和带动乡村创业创新。分类推进数字乡村建设，引导集聚提升类村庄全面深化网络信息技术应用，培育乡村新业态，引导城郊融合类村庄发展数字经济，不断满足城乡居民消费需求。建设互联网特色乡村，引导搬迁撤并类村庄完善网络设施和信息服务，避免形成新的"数字鸿沟"。依托国家数据共享交换平台体系，推进各部门涉农政务信息资源共享开放、有效整合。统筹整合乡村已有信息服务站点资源，推广一站多用，避免重复建设。

（二）加大对乡村地区的数字化、网络化与智能化改造与提升力度

整体来看，广大的乡村地区在各方面并不能享受到与城市同样的公共服务，直接原因在于城乡公共资源的供给长期失衡，而如果采取传统的投入建设与运行模式，显然在短期内要实现大的改观将是很困难的。利用现代信息技术所具有的快速、高效、便捷、远程、虚拟、持续与动态特质，能够迅速以最经济、可靠、有效的方式促进公共资源在配置、利用、管理与服务等领域，扩大共享范围、共享领域，提升共享程度与共享水平。由此，应当加快对广大乡村地区的数字化、网络化与智能化改造与提升，使广大落后乡村地区能够同步跟上"地球的转动脉搏"，实现社会公共资源的城乡共享。

（三）深入推进"互联网+服务"

构建全流程一体化在线服务平台，加快推动线上线下融合，实现政务服务一网通办，更好地解决企业和群众反映强烈的办事难、办事慢、办事繁的问题。大力发展教育信息化，加快推广大规模在线开放课程，通过教育信息化加快优质教育资源向偏远地区覆盖，深入开展"一师一优课、一课一名师"活动，实行义务教育学校教师"县管校聘"。推动文化信息资源库建设，推动网络文艺精品创作，支持优秀作品网络传播，增强优秀网络文化产品创新和供给能力。推广在线医疗卫生新模式，推进就业、社会保险、教育、职业培训、技能人才评价、法律服务等信息全国联网，构建线上线下相衔接的信息服务体系，研究推动乡村医生"乡聘村用"，通过稳步提高待遇等措施增强乡村岗位吸引力。加快推进城乡居民医保制度整合，尽快建立全国一体的城乡基本医保联网和异地就医结算网络；完善城乡间网络化公共服务平台运行机制，鼓励城市中心医院、县域医院与乡镇卫生院建立网络医疗资源共享平台，推动城市大医院与县域医院建立对口帮扶、巡回医疗和在线医疗机制；因地制宜逐步健全城乡间科技资源服务共享体系，建立促进产业升级、公共服务的科技资源网络共享平台，满足生产生活中的科技资源网络化共享保障需求，引导和推进城市公共科技资源向农村延伸，促进城市科技服务网络资源向农村覆盖，以此提高农村地区生产生活的科技含量。

（四）升级社会公共资源城乡共享的方式

借助信息技术平台构建新型网络社会治理与公共服务体系，实现社会公共资源共享体系的智能化和高效化。新型网络化时代，需要将城乡社会公共资源共享的路径由网格化管理转换到网络化治理，实现城乡间社会公共资源共享的多元化和网络化。要对城乡间的网络化现状、基层治理中的问题有清晰的认识，使网格化管理与城乡社会公共资源配置实现有机融合，不断创新基层社会治理。不仅要强化统筹城乡发展和提升政府治理能力，还需要释放市场力量在公共服务体系中的活力，更要为社会力量赋权增能，构建政府、市场和社会之间的良性互动、相互赋权、彼此增能的制度化互动格局，不断创新和优化城乡间社会公共资源的网络化共享机制，强化顶层设计和重大政策对城乡间发展的引导作用。推动面向包括农村地区在内的公共数据资源开放宽度，创新公共服务供给体系，优化城乡间公共服务资源配置，建立健全服务于公众的一站式在线公共服务体系；推动具备条件的服务事项实行网上受理、网上办理、网上反馈、实时查询，对暂不具备条件的事项提供全程在线咨询服务。分级分类推进新型智慧城市建设，实现从以政府为中心向以人民为中心的建设理念和服务方式的转变，深化和拓展智慧生产、智慧生活、智慧治理、智慧生态等服务，满足人民群众对美好生活的新期待。

三、深化城乡融合发展，促进社会公共资源城乡共享的均等化

（一）完善城乡社会公共资源共享配置体系

建立城乡公共资源均衡配置机制，强化农村基本公共服务供给县乡村统筹，逐步实现标准统一、制度并轨。提高农村教育质量，多渠道增加农村普惠性学前教育资源供给，改善乡镇寄宿制学校办学条件，保留并办好必要的乡村小规模学校，在有条件的县城和中心镇新建改扩建一批高中和中等职业学校。推进县域内义务教育学校校长教师交流轮岗，支持建设城乡学校共同体。面向农民就业创业需求，发展职业技术教育与技能培训，建设一批产教融合基地。全面推进健康乡村建设，提升村卫生室标准化建设和健康管理水平，推动乡村医生向执业（助理）医师转变，采取派驻、巡诊等方式提高基层卫生服务水平。提升乡镇卫生院医疗服务能力，选建一批中心卫生院。加强县级医院建设，持续提升县级疾控机构应对重大疫情及突发公共卫生事件能力。加强县域紧密型医共体建设，健全统筹城乡的就业政策和服务体系，推动公共就业服务

机构向乡村延伸。完善统一的城乡居民基本医疗保险制度,健全重大疾病医疗保险和救助制度。

（二）健全多层次社会保障体系

健全覆盖全民、统筹城乡、公平统一、可持续的多层次社会保障体系。推进社保转移接续,健全基本养老、基本医疗保险筹资和待遇调整机制。实现基本养老保险全国统筹,发展多层次、多支柱养老保险体系。推动基本医疗保险、失业保险、工伤保险省级统筹,健全重大疾病医疗保险和救助制度,落实异地就医结算,稳步建立长期护理保险制度,积极发展商业医疗保险。健全灵活就业人员社保制度,健全退役军人工作体系和保障制度,健全分层分类的社会救助体系。完善全国统一的社会保险公共服务平台,健全老年人、残疾人关爱服务体系和设施,完善帮扶残疾人、孤儿等社会福利制度。

（三）促进社会公共资源城乡共享的均等化

城乡的现代化建设步伐应适应全球新技术革命的新趋势,着力点是解决城乡社会公共资源网络化共享的问题。对于我国数字化、网络化与智能化率低的中西部地区应当加强现代信息技术基础设施的建设,让乡村和城市享受同等的现代信息网络服务;而对于东部地区则应加快现代信息网络的创新应用,全面缩小城乡间的差距,实现最大程度的社会公共资源网络化城乡共享。以"因地施策"的方式,加快形成城乡社会公共资源的网络化共享生态体系,比如,在东中部区域,应更多地聚焦于城乡社会公共资源的网络化共享质量与深度问题,以城乡融合发展、一体发展为目标,加快实现城乡社会公共资源的网络化全方位、全领域、无差别、高质量共享。而对于西部地区,则应关切城乡社会公共资源的网络化共享范围与领域失衡问题,深化各级政府的统筹职能,对区域内社会公共资源共享度低的地区,建立事权划分制度精准扶持,健全转移支付标准体系等措施,切实缩小县域间、地市间十分显著的城乡共享差距，加大对欠发达地区财力支持，逐步实现基本公共服务均等化。

本章小结

本章依据城乡发展相关政策考察网络化、城镇化与社会公共资源城乡共享的耦合协调发展的相关机理，首先考察社会公共资源城乡共享与城镇化、社会公共资源城乡共享与网络化两系统间的耦合协调关系，进一步对社会公共资源城乡共享、城镇化与网络化三系统耦合协调关系进行分析，探析其相互耦合协调机理。其次，结合当前国家相关发展规划提出相关的社会公共资源城乡共享协调发展的参考建议。

第六章 公共资源新型网络化城乡共享的供给机制

第一节 社会公共资源新型网络化城乡共享的供给分析

一、社会公共资源新型网络化城乡共享的供给背景

当前，我国发展最大的不平衡是城乡发展的不平衡，最大的不充分是农村发展的不充分。物联网、大数据、云计算、人工智能、5G 通信等现代信息技术的迅猛发展和广泛应用，极大地推动了社会网络化、数字化和智能化进程。利用数字网络技术，推动社会公共资源的数字化共享，对于均衡社会公共资源配置，促进城乡社会经济健康持续发展，提升民众生活水平与民生福祉具有重要的现实意义。近年来，科技人才联盟、医疗联合体、在线教育、电子政务等一系列的社会公共平台建设，目的就在于促进教育、科技、医疗卫生等公共资源数字化共享，不断提升公共资源的均衡配置与利用效率，促进社会经济水平提升。社会公共资源数字化城乡共享是指将教育、科技、文化、医疗以及社会保障和服务等能为全社会创造价值与财富的公共产品或服务资源，利用先进的数字化技术，按照一定的组织方式在城乡各主体间进行共享。这是一项由

多主体共同参与的系统工程，主要涉及政府部门、教育机构、医疗机构、文化组织、平台企业、服务机构等。由于各参与主体的利益诉求差别，个体或群体的信息不对称和非理性等因素的影响，共享的程度和效益取决于参与主体的策略博弈。因此，研究社会公共资源数字化城乡共享系统参与主体的策略选择及其动态调整规律和影响因素，对于进一步推进社会公共资源城乡共享，实现城乡资源均衡配置，促进城乡经济社会融合发展具有重要的现实意义。

目前学者们对于社会公共资源数字化城乡共享的研究，主要集中在共享水平测度、共享影响因素、供需匹配机制等方面。例如，使用分布式协同调度（DCS）机制，解决公共资源共享的供需匹配问题；利用熵权 TOPSIS 模型测度中国各省市公共资源城乡共享水平以及测算人口聚集度和公共资源配置的匹配度，从而优化公共资源供给。Wang 分析了网络的动态演进过程，提出基于演化博弈论的网络资源共享机制，发现共享的效益、成本和风险将影响演化博弈结果。Chao 分析了农业转移人口在城市融合中的基本公共服务需求并进行案例分析，指出城市公共设施服务的规划有利于城乡融合。Zhang 基于演化博弈，分别构建两组博弈模型，探索政府、企业和科研院所三方各自的策略选择对科技公共服务平台资源共享的影响。田旭运用价值、能力和支持构成的"三圈理论"分析框架探究其在公共服务共建共享中的作用机制。

进化博弈论是在博弈论的基础上发展起来的。在传统的博弈论中，参与者必须是理性的，在博弈的每个过程中，参与者在做决定时也应该是理性的，不允许犯错。然而，当社会经济和参与者要解决的问题很复杂时，人们很容易看到参与者的理性局限。因此，人们必须对有限的参与者之间的博弈进行分析。进化博弈的演变过程主要包括两种机制：变异机制和选择机制。由于其局限性，变异机制一般是指既定策略空间中单个策略的随机变化（不包括新策略的制定）。Kaniovski 认为，在进化博弈中，变异机制可以检验进化均衡的稳定性。因此，进化过程的建模主要取决于机制的选择。而对群体间的进化博弈的探索已经出现在国内外的一些文献中。其实，进化博弈的思想是源于生物学的。1973 年，一篇名为《动物冲突的逻辑》的论文发表在国际知名期刊《自然》上。在这篇论文中，Smith 运用博弈论，在谈到动物之间为争夺食物、领地或配偶等有限资源的冲突时，从个体选择的角度提出了进化的稳定策略。Harper、Jacek 等人也在进化博弈的基础上解释了一些生物行为。随后，进化论博弈被广泛地应用于经济管理的各个领域。Marcin 利用进化博弈论探讨了城域网中的合作问题。Jin 在研究多目标优化问题时，利用演化博弈理论将优化问题转化为博弈策略的使用，并通过应用适应性模拟动态演化过程，得到优化策略。Liu 研究了中国煤矿安全监管问题，建立了政府与煤矿行业之间的进化博弈模型。Zhang 利用进化博弈为不同记忆容量的多 Agent 系统提供了合作困境的解决方案。Fan 假设移动支付产业链上的移动运营商和金融机构是有限理性博弈的主题，利用演化博弈理论分析了移动支付商业模式的问题。从以上分析可以看出，政府政策在引导消费者进行绿色消费方面发挥着重要作用，而进化博弈论是分析消费者行为的有效方法之一。本研究参考上述成果，将随机变量引入"进化稳定策略"和"复制动态方程"。考虑到政府、资源共享方、资源需求方的补贴和协同收益等因素，建立三者之间的演化博弈模型，找出博弈中的进化均衡，分析均衡解的稳定条件，最终确定演化的结果。

本章节基于演化博弈论，针对社会公共资源数字化城乡共享中参与主体的策略选择及其演化和影响因素，构建涉及政府部门、共享供给方和需求方三方演化博弈模型，运用系统动力学方法对博弈三方的策略组合进行仿真分析，为社会公共资源数字化城乡共享的长期稳定发展提供参考。

二、社会公共资源新型网络化城乡共享的供给特征

随着现代城市的加速推进，大量社会职能从政府中剥离，社区成为承接和参与公共资源共享的主要场所。而公共资源共享作为政府职能，其履职方式就是积极推动和创新社会治理，满足人们日益增长的物质文化需求。因此，在社会治理创新，尤其在网络化治理创新的背景下，我国公共资源共享实践取得了革故鼎新的经验和成效，探索出了多元社区公共资源供给模式。在这一过程中，不同社区公共资源治理模式则反映出政府、社区组织、非营利组织、辖区单位、居民合作供给社区公共产品、优化社区秩序、推进社区持续发展的运作机制与互动关系。换言之，实现国家治理体系和治理能力现代化，具体到社会公共资源共享领域，更为核心的是实现社会公共资源网络化主体的多元参与和协作化。鉴于此，笔者选取了近年来我国社区治理十大创新成果及其提名奖中的部分典型案例作为本研究的分析对象。

（一）公共资源城乡共享供给的实践及其特征

1. 社会协同："三社联动"与"三工互动"

四川省成都市武侯区的"三社联动"模式，以"网格立体化、主体多元化、服务社会化"为核心，通过下沉社区政务服务事项、开放社区服务资源、加大财政投入力度等方式，积极搭建社会化参与平台。与此同时，通过积极培育和发展公益类、服务类社区社会组织，积极引进品牌社会组织，大力加强社工人才队伍建设，积极搭建"社会化"服务网络平台，实现了参与主体的社会化培育。整体上通过社区、社会组织和专业社会工作服务机构的"三社联动"模式，广泛参与社区公共资源城乡共享，初步形成了政府购买引导、社会多元参与、专业组织服务的社区服务供给新格局。内蒙古包头市青山区的"三工互动"模式，以"精街道、强社区、促服务"社会治理体制改革为基础，以

"社工为示范、助工为主体、义工为辅助"的"三工"人才队伍建设为支撑，以孵化的社会组织为载体，通过构建社会资源支持网络，增强社区平台综合服务能力，通过构建人才队伍层次网络，增强社工专业服务能力，通过构建社会组织孵化网络，增强社团协同服务能力，从而促进了社区公共资源城乡共享的专业化、本土化、项目化、标准化、精细化发展。总的来看，两地社区公共资源城乡共享的鲜明特征在于采用社会协同服务模式来提高社区公共资源城乡共享能力与服务水平。

2. 政社互动："十大服务体系"与"365 社区工作服务体系"

天津市和平区的"十大服务体系"建设，通过积极推动社区减负增效，梳理社区居委会依法开展工作清单，厘清政府职能部门与自治组织职责，建立政府购买服务机制，落实"权随责走、费随事转"，以提高居委会服务效率。与此同时，按照"三一三全"（一门管理、一头管理、一口受理，全人群覆盖、全口径集成、全区域通办）原则，成立街道社区事务受理服务中心，承接政府下沉和回收社区的 120 项事务，从而探索"一支队伍管全部、一个中心管服务"的做法。在党委、政府进行财政、政策、人员支持和保障的基础上，初步形成了社区长效救助、社区物业管理、社区标准化管理、社区志愿者、社区卫生、社区再就业保障、社区便民、社区精神文化、养老服务体系和社区服务综合信息平台。辽宁省大连市西岗区的"365 社区工作服务体系"则通过 365 天 24 小时不间断运转，"全天候、全方位、全覆盖"为居民提供服务。西岗区通过建立 365 市民大楼（区委区政府直属），在全区 7 个街道建立 365 市民中心，45 个社区分设 365 工作站，构建区—街—社区垂直化三级服务组织体系。通过建立协同化联席处理体系、常态化居民听证议事制度、项目化社会组织参与模式，实现政府与社区互联互建。同时，整合辖区公共资源，建立 365 社区家园，以常态化长者日间照料、定制化家政服务、母婴关怀及幼儿早教、少儿托管等服务内容为主，将社区打造为"居民之家"。总体而言，两地社区公共资源城乡共享的典型特征在于采用政府与社会协同配合、良性互动治理模式，以政社互动为导向，实现社区公共资源城乡共享供给的扁平化和精细化发展。

（二）政社合作：网络化治理趋势下社区公共资源城乡共享供给的共性选择

1. 社会力量的补充发展

在网络化治理趋势下，社区公共资源城乡共享的多元合作供给模式成为必然发展趋势。同时根据社区公共资源城乡共享的属性差异分类，公共资源城乡共享可分为行政性公共资源城乡共享、商业性公共资源城乡共享、自治性公共资源城乡共享和公益性公共资源城乡共享四类。根据不同的服务类型，对应不同的服务供给主体。从上述案例可以看出，行政性公共资源主要由政府组织生产，其他三类则主要是由市场组织、社区组织、志愿组织等提供，多元行动者合作构成了社区公共资源城乡共享体系。但是长期以来社区公共资源城乡共享供给处于"强政府、弱社会"的状态，力量对比悬殊。因此，社会力量的增长成为政社合作选择的前提条件，而社会力量的成长主要指政府以外的治理力量不断成熟完善的过程。在公共资源城乡共享供给领域由单一供给向多元合作供给转变的过程中，不断助推社会力量的成长，培养多元主体，实现"政社合作"，也是当前公共资源城乡共享供给转型发展和实践创新的主要着力点。其主要表现为：公民意识的培育、社区自治组织的发展、社会组织的孵化、社工的引入、群团组织及企事业单位的参与等。

2. 政社关系的整合式重构

传统的单一供给模式，政府处于主导地位，政社关系处于完全不对等的全面管控、僵化的状态。而政社关系的断裂与重构本质是社会治理资源在政府和社会之间的重新配置与整合。网络化理论导向下的"政社合作"选择，倡导政府在政社合作中居于指导地位，同时亦倡导政社双方的独立性。但现实中，由于社区事务的繁杂性、应然与实然之间的差距性导致各类服务供给主体的关系仍处于不断的探索过程之中。从实践来看，政社关系新探索主要表现为：基层政府直接指导下的社区公共资源城乡共享供给中，政府认真梳理和严格审核社区政务服务，一方面，通过建立责任清单的方式，合理划分基层政府与社区的服务事项，厘清政社边界，促使政社分离，推动社区"还权""赋能""归位"；另一方面，政府职能转移过程中的政务服务逐步下沉，通过政府购买服务等方式，转接给社会组织，社区成为购买服务的委托实施主体。与此同时，政府通过赋权转能、孵化与扶持等手段，促使社会力量参与公共资源城乡共享的空间逐步拓展，社会化主体快速发展。

三、社会公共资源新型网络化城乡共享的供给主体场域分析

法国社会学家皮埃尔·布迪厄（Pierre Bourdieu）对网络治理专门做过研究，其建构的场域理论对这一问题有较强的解释力。根据布迪厄的解释，一个场域可以被定义为在各种位置之间存在的客观关系的一个网络或一个型构。这一概念意味着社会分析的视角已经进化，如果说科学只承认法则构成的系统，那么概念只有在各种关系中才能获得它们的意涵。由此看来，正是位置与关系决定了场域的理论品格。网络治理有两个核心概念，即政策网络的结构与网络治理主体的互动。从社会学视野来看，网络治理核心概念主要关注的是公共服务中的"结构与能动性"问题。在社会公共资源网络化城乡共享的供给体系中，同样存在着政府组织、市场组织、社会组织三大服务供给主体，至于网络治理理念下三大服务供给主体之间互动的场域逻辑如何，需要做出进一步探讨。

（一）社会公共资源新型网络化城乡共享供给主体的合作场域

网络治理的合作模式以人类生活在一个相互依赖的环境中和资源稀

缺为分析的事实假设。因此，公共资源共享网络化供给是相互依存的供给主体通过交换资源、共享知识和谈判目标而展开的有效的集体行动过程，公共资源共享已经演化成由政府部门、共享供给方（市场、非政府组织）以及共享需求方（城乡居民）组成的公共行动体系。在这一行动体系中，由于政府承担治理责任以及各行动主体存在自组织过程，从而使得这一体系的合作管理体现为一主多元的合作模式（如图 6.1）。

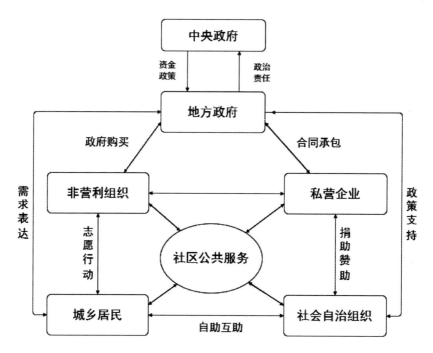

图 6.1　一主多元模式下城乡公共资源供给路径图

在一主多元的合作模式下，政府部门虽然处于较为主导的地位，但已不是完全支配或控制的形态；共享供给方（市场组织和社会组织）虽然处于配合地位，但并不是处于完全服从或无意义的地位。一主多元的合作关系反映在城乡公共资源共享体系的建构上，就意味着公共资源共享体制的经营已不再由政府独自承担指导，市场和社会部门尝试发挥力量与政府共同为城乡居民营建防护体；城乡居民也透过公民参与的机会表达自身的利益诉求及监督公私部门的运作。随着公共资源共享下沉到基层社区，与中央政府相比，地方政府对本地社区公共资源共享的情况比较了解，而且可以对城乡居民公共资源共享需求的变化迅速做出反应。因此地方政府在公共资源共享中的地位和作用越来越突出。而地方政府在公共资源共享中的重要地位客观上需要纵向间政府的权力结构做出调整，从而使得政府更好地履行职责。纵向间政府权力结构的调整主要表现为公共资源共享责任上移和公共资源共享权力下移。公共资源共享责任的上移意味着上级政府主要扮演服务安排者的角色；公共资源共享权力下移是指地方政府在执行公共资源共享政策时，需要上级政府赋予与其承担的责任相匹配的公共资源共享能力。政府纵向间权力结构的调整使得城乡公共资源共享供给网络更加扁平化，这种扁平化一方面使得处于中间层级的地方政府再也不能垄断上级政府关于公共资源共享的政策信息，从而使得上级政府与基层民众能够对中间层级的政府进行双向监督，有利于公共资源共享政策执行的公开透明化；另一方面，这种扁平化消减了自上而下积累而成的权力势能落差，从而使得基层政府在公共资源共享的政策框架内，根据地方的实际情况做出选择。在公共资源共享网络化供给体系内，一主多元合作模式的实现还需要解决治理主体的自利与课责问题。作为法人行动者，公共资源城乡共享供给主体拥有自己的利益偏好与行动逻辑，这种性情倾向系统被布迪厄理解为行为主体的惯习。布迪厄认为，行动者的惯习不断地被结构形塑而成，又不断地处在结构生成过程之中。作为一种生成性结构，行为者的性情倾向系统是由社会加以组织构建的，它是可以被置换的。从这个意义上讲，公共资源共享网络治理主体对自身利益的追求能够统一于公共资源共享网络供给体系中。在公共资源共享多重委托与代理关系中，一方面，政府与人民处于共同的权威关系中，政府全心全意为人民服务的宗旨使其在公共资源共享政策的制定和执行过程中体现出人民的利益；另一方面，政府与市场、社会处于分离的权威关系中，只有额外补偿才能使市场与社会留在服务体系中提供农民所需的公共资源共享。这种额外补偿实质上就是允许市场与社会组织追求自身的利益，只不过这种利益的追求是在政府及其他治理主体的监督下进行的。

与此同时，网络治理下多重委托与代理关系的形成促使城乡公共资源共享"安排者"与"生产者"分离，这种分离使得城乡公共资源共享责任主体多元化。一般来讲，公共资源共享安排者主要承担管理和监督的责任。作为独立的行动单位，公共资源共享生产者对于公共资源共享供给过程中出现的问题应负起责任。而此时，公共资源共享安排者（国家）以服务监督者或服务仲裁人的身份出现在农民与公共资源共享生产者之间，而非直接当事人。综上所述，城乡公共资源共享网络化供给主体间一主多元合作模式的形成，一方面使得服务供给主体在公共资源共享的政策框架内合理追求自身的利益，另一方面又从制度上划分服务供给主体的责任分担。进而使得整个公共资源共享网络在政府的引导下实现有效供给的目标。可以推出，一主多元合作模式通过强调公共资源共享供给主体主客观的一致性，充分说明了城乡公共资源共享网络结构的两重性。

在城乡公共资源共享治理场域内，一主多元合作模式说明的只是公共资源共享供给主体在公共资源共享体系内职责分工的不同和功能作用的差异，各治理主体拥有性质均等的"治理权"。而这种治理权的获得有赖于一系列互动性规则的展开，基于合作的价值观念，互动性规则体现为相互承认的法权、相互承诺的信任以及相互尊重的规制。首先，相互承认的法权作为一种合作治理的政治伦理，反映的是以公共资源共享供给主体权利平等为依据的公共资源共享观念，这种公共资源共享观念特别强调公共资源共享权利对公共资源共享权利的优先性。公共资源共享权利是指通过法律途径赋予公共资源共享供给主体的一种权利资格，公共资源共享供给主体在自己的权利与义务范围内行使公共资源共享权利。而公共资源共享权利的相互承认意味着城乡公共资源共享一主多元合作模式的有效运作,是政府组织、共享供给方(市场组织、社会组织)及共享需求方(城乡居民)通过各种形式的沟通与互惠,进而取得"共意"前提下建构起来的集体行为。

进一步分析,对于城乡公共资源共享供给主体而言,相互承认的关系不再是支配者与被支配者之间围绕服务资源展开的斗争关系。而是变成了一种通过服务资源的分配与交换以实现每个城乡公共资源共享供给主体服务价值的合作关系。综上所述,相互承认的法权特别强调蕴含于公共资源共享中的法治性与正义性:一方面公共资源共享供给主体拥有参与公共资源共享的权利——这种权利受到国家法律的保护;另一方面基于相互承认的平等原则,公共资源共享供给主体尊重彼此在公共资源共享上体现出的价值,这种相互尊重最终会演变成政治上的认同,从而为城乡公共资源共享网络化供给提供合法性基础。其次,相互承诺的信任作为网络治理的合作伦理,反映的是以公共资源共享供给主体互惠协作为依据的公共资源共享观念。

网络治理理论认为,公共资源共享供给主体对于共同利益的认同和规范的执行在公共资源共享网络供给体系建构之初有所帮助,但是公共资源共享网络供给体系的扩大与维系则要靠互惠性原则。而城乡公共资源共享供给主体间持续的互惠行动,一方面可以使其他供给主体意识到自己是愿意投入的、是值得信任的;另一方面,也可以从其他供给主体的反馈行动中,取得必要的信任与资讯。信任与互惠是一组正向反馈的关系,作为关系性社会资本,嵌入公共资源共享网络关系中的信任促进了互惠性的产生,而承诺是信任的生成方式,因此信任的核心是一种相互的承诺。伴随着相互承诺,公共资源共享供给主体会对他人的行为产生明确的预期。进而会对他人的行为产生信赖感,即便自己付出成本且在可预期的时间内得不到利益回报，却仍能发展出互惠协作与公共资源共享取向的规范。相互尊重的规制作为合作治理的制度伦理，反映的是以公共资源共享供给主体反思性调适为依据的公共资源共享观念。

公共资源共享的规制是指公共资源共享相关规范的制定、监督以及执行。在这一过程中，规制并不只是对公共资源共享供给主体如何行动做出概括，它们还是公共资源共享供给主体实践活动的生产与再生产以及整个公共资源共享体系再生产的条件和中介。也就是说，规制并不只是带有否定性意义的禁令或限制，它也是建设性的，是对行动意义的积极建构。因此，公共资源共享规制问题的核心是公共资源共享供给主体自由与控制之间的方式选择问题。城乡公共资源共享网络化供给既是公共资源共享供给主体承担公共责任的过程，也是他们追求自身利益的过程。为了防止公共资源共享供给主体以牺牲公共利益的方式来实现自身利益的最大满足，必须通过公共资源共享网络关系的协调来对公共资源共享主体的行为意义进行积极建构。而规制的建构需要公共资源共享供给主体在没有内外制约之下达至相互理解的沟通，为了协调相互的行动而进行理解式的沟通意味着公共资源共享供给主体间履行相互尊重的理念。由此看来，相互尊重的规制不会屈从于任何公共资源共享供给主体的优先性，相反，公共资源共享的规制以治理主体双向理解的沟通为起点，基于相互尊重的理念，经由一个有认受性的程序而制定。它在保障每个公共资源共享供给主体享有平等权利的同时，也会使他们自发地予以接受并内化，从而使公共资源共享供给主体实现对自己行动过程的反思性调控。

（二）社会公共资源新型网络化城乡共享供给主体的资本场域

一主多元合作模式下的城乡公共资源共享网络结构的两重性表明：在城乡公共资源共享网络化供给过程中，公共资源共享供给主体都是在一定场域中，在某种位置上利用某种资源来展开公共资源共享实践活动。也就是说，城乡公共资源共享供给主体占有了某种位置上的资源，并通过个别的、具体的劳动资源被带入关系网络，引入城乡公共资源共享实战之中。资源转变成实践根据和场域运动能量的资本。因此，资本概念在城乡公共资源共享场域分析中占有重要地位。

按照布迪厄的解释，资本体现出一种生成性，意味着一种以等量或扩大的方式来生产自身的能力。资本的表现类型很多，如经济资本、文化资本、社会资本等，不同的资本都有自己的运行规则，它们之间能够相互转化以实现资本的共存。对于城乡公共资源共享供给主体间合作模式的维系来看，社会资本的产生和发展无疑具有重要意义。所谓社会资本，实质上是一种蕴含于社会网络关系中实际的或潜在的资源集合体。由相互信任的关系及共享规范下的社会网络所构成，不仅适用于个体层次，更可以理解或诠释为集体性现象。在城乡公共资源共享治理场域内，由于社会资本为整个治理网络所共有，而其他资本形式多以服务网络内的治理主体所有。因此，其他资本形式只有转化为社会资本的情况下才能对公共资源共享一主多元合作模式的建构发挥作用。社会资本也可能因城乡公共资源共享供给主体互动关系的亲疏远近而有不同的层次。

对于城乡公共资源共享供给网络而言，依据城乡公共资源共享网络供给主体之间关系的强弱，可分为三种类型的社会资本：第一种是结合型社会资本，是指网络关系较为紧密者之间的联结，主要存在于城乡公共资源共享安排者与生产者之间。城乡公共资源共享安排者与生产者之间存在较为正式的委托与代理关系，共同目标的存在使双方对彼此之间的合作具有强烈的认同感，结合型社会资本能够促进他们之间的承诺与互惠。第二种是桥接型社会资本，是指网络关系较为疏远但彼此拥有共同利益关切所形成的联结，主要存在于城乡公共资源共享各生产者之间。作为城乡公共资源共享的主要生产者，市场组织、社会组织以及基层政府组织虽然在公共资源的获取上存在竞争，然而为了维护公共资源共享供给网络的有效运行，需要三者之间进行资源以及信息方面的交流。桥接型社会资本有助于外部资源的联结与资讯的通畅，进而有利于城乡公共资源共享各个生产者之间的信息交流。第三种是联结型社会资本，是指不同社会层级的个人或组织之间的联系，主要存在于垂直性的联结机制中。

透过不同层级直接的联结，能够协助城乡公共资源共享供给主体超越既有的层次限制，从正式体制中获得资源。这种社会资本的存在有助于城乡公共资源共享网络出现纵向上的扁平化状态。从以上分析中可以看出，作为城乡公共资源共享供给主体网络化关系中的无形资源，三种不同类型的社会资本一方面被当作黏合剂，将城乡公共资源共享供给主体紧密地联系在一起，促进基于共同目标所形成的集体行动；另一方面被当作润滑剂，使城乡公共资源共享供给的网络化运作更加顺畅。

进一步分析，在城乡公共资源共享供给网络中，社会资本作用的形成机制如何？从前面社会资本的定义中可以看出：要使社会资本发挥应有的效用，必须将其嵌入社会网络之中，即以社会网络镶嵌为基础进行。一般来讲，社会资本可以分为三种构面，即结构构面、关系构面、认知构面。结构构面探讨的是公共资源共享供给主体之间的联结状态及位置，主要涉及资源的交换与联结；关系构面关注的是网络治理主体之间的信任的形成及维持，主要涉及规范与制裁、义务与期望、身份识别与认同等；认知构面追求的是公共资源共享供给主体之间价值理念的共享及共同愿景的向往，主要涉及共同的目标与价值创造。

从社会资本三种构面之间的关系看，结构构面与认知构面是社会资本的基础构面，两者对于社会资本的关系构面（网络治理主体之间信任关系）具有共变性的影响。以此来看，在城乡公共资源共享治理网络中，社会资本的社会网络镶嵌主要有两种途径。一种是结构—关系镶嵌，即城乡公共资源共享供给主体经由资源与信息交换的社会联结网络形成持续的社会互动（社会资本的结构构面），进而逐渐产生情感上的认同与信任关系（社会资本的关系构面），在信任关系的联结作用下，城乡公共资源共享供给主体表现出功能性参与和社会性参与两种行为。所谓功能性参与是指城乡公共资源共享供给主体承担各自的治理责任，发挥各自的专业优势以更好地完成公共资源共享供给的任务。而社会性参与是指城乡公共资源共享供给主体在承担自己服务功能的同时，还积极参与到整个公共资源共享网络的建构和维护之中。另一种是认知—关系镶嵌，即城乡公共资源共享供给主体拥有共同的利益诉求（社会资本的认知构面），在共同目标的指引下，经由理性协商达成共识。进而降低沟通障碍与投机主义（社会资本的关系构面）。在信任关系的联结作用下，城乡公共资源共享供给主体表现出忠诚性参与和倡导性参与两种行为。忠诚性参与是指城乡公共资源共享供给主体在服务提供过程中表现出的主动性与自觉性；倡导性参与是指城乡公共资源共享供给主体在服务提供过程中表现出的开放性与合作性。由此可知，通过结构—关系镶嵌与认知—关系镶嵌的复合镶嵌机制，社会资本能够作用于城乡公共资源共享供给网络。这对于城乡公共资源共享网络化供给绩效的提高无疑具有重要意义。

第二节　社会公共资源城乡网络化共享中的主要参与者分析

一、政府部门

公共资源新型网络化共享作为面向大众的公益性文化，其供给水平关乎我国文化发展成果与人民文化权益的实现。近年来，我国将社会公共资源共享分为"基本"与"非基本"进行供给,这就需要对政府的供给责任进行重新定位。

（一）基本公共资源新型网络化城乡共享的供给责任

首先,政府作为"基本"供给的主导者和兜底者,承担着具有基础性的保障工作。政府的职能之一就是制定相关政策,因此,无论是"基本"还是"非基本"的供给,政府需要制定与完善相关的政策、法规,使供给能够有完备的制度保障,完善运行维护机制,规范其供给行为,不以个人的意志为转移。其次,政府要承担起基本社会公共资源资金供应者的角色,"基本"即最根本,由于公众需求大加之缺少利润空间,盲目引入市场机制必定会带来不利影响,因此政府必须保障基本社会公共资源的供给资金,可以选择注入民间资本,吸引社会资金的方式拓宽资金来源,弥补财政可能会出现的短缺。最后,政府还要承担起"基本"的生产安排者,负责供给的内容、方式、质量等诸多方面,这就需要政府管理相关文化部门,要求其按时、按质、按量提供相关服务。例如,在城乡综合文化活动中心建设、送地方戏、开展文化活动等,可以由政府面向社会购买,采取招标等方式,委托第三方来提供,安排相关服务的生产,之后交由政府进行统一供给。因此政府在"基本"的供给中既是政策的制定者,又是为"基本"提供财政保证的资金供应者,还是保证服务落实到位的生产安排者。

（二）非基本社会公共资源共享的供给责任

非基本社会公共资源共享的提供,旨在满足公民更高层次的社会公共文化的需求而提供的文化服务与产品。而这类服务被普遍分为两种,一种是为了控制整体社会的福利水平所必需、可以引入市场机制参与到服务的运营与供给,但由于政府定价等原因,导致市场所能够获得的利润空间较小,因此需要政府进行扶持的准社会公共资源网络化共享服务。另一种则是为满足人民群众多样化需求的,完全可以交由市场进行资源配置的经营性社会资源共享服务，在此类服务中，政府不应当直接供给，而是要通过市场这只"看不见的手"进行资源配置，政府需要做的是加强监管，鼓励和引导社会力量举办和经营。

二、共享供给方

（一）市场

随着我国社会主义市场经济体制改革的不断推进，在社会公共资源供给中引入市场竞争机制，鼓励和引导社会力量参与到我国社会公共资源供给中来，成为优化社会公共资源供给的必然趋势。充分发挥市场这只"看不见的手"对资源进行优化配置，鼓励市场主体参与到社会公共资源供给中来，不仅可以打破传统"官僚制"中政府对公共资源的垄断，还可以缓解政府的财政危机，实现政府以较低成本提供高效服务的目的。政府在公共资源的供给中，会将部分内容外包给市场进行供给，处理好政府与市场的关系，是在公共资源领域进行市场化供给的前提。良好的政企关系有利于提升公共文化服务效能，反之则不仅会造成浪费资源，甚至还会关乎公共文化服务供给的质量。因此在处理政府与市场的关系的过程中，有必要进行精细化的管理，同时还要不断进行有效沟通，良好的沟通是政府与企业合作实现高效供给的前提。有需求，就会有市场。政府需要充分挖掘理论经验，对实践的探索进行指导，结合地区具体情况发展项目，吸引更多社会资金和技术力量，增强公共资源新型网络化城乡共享的供给能力。

（二）非政府组织（NGO）

非政府组织（NGO）作为 20 世纪七八十年代引发热议的新兴组织，在公共资源共享领域发挥着越来越重要的作用，当前是除了政府与市场两大主体之外崛起的第三支社会中坚力量，能够对政府、市场进行有效补充和平衡。在我国城乡地区，非政府组织主要包括农村社区自治组织、农村合作组织、志愿协会等。当前，社会公共资源的需求随着脱贫攻坚的全面胜利而快速增长，且由于民族众多呈现差异化趋势，政府与市场在供给中还存在一定弊端，NGO 通过承接政府的部分职能，能够秉持其独特的伦理使命，运用其专业优势，提供满足人民群众需求的社会公共资源网络化城乡供给服务。

三、共享需求方

城乡居民是社会公共资源共享供给的需求方，居民的意愿应该是社区发展的方向，居民的社区参与是实现居民意愿的载体，因此为了实现社区的快速发展必不可少的条件就是居民积极地进行社区参与。而我国当前正处于社会治理创新的重要时期，为了改进社会治理、提高社区治理成效，同样需要居民积极地参与到社区事务中去。但是，在整体形势条件下，我国的社区参与现状并不乐观，尤其在一些城乡接合部地区，居民社区参与的过程中存在着一些亟待解决的问题。当前这些社区多以组织集体活动为主，社区居民在这些活动中主要扮演着参与者的角色，在参与过程中只是被动接受，相对缺乏主动的投入；在原住居民社区参与情况的方面，确实在一定程度上存在着原住居民群体内部的互动相对于群体外部来讲更加频繁的现象，一旦社区不对这种情况进行正确的引导，将会阻碍居民顺利进行社区参与。而在缺少参照群体的情况下，这种现象可能会被进一步放大，把社区参与变成少数人的事务。

目前存在的问题有：第一，社区居民缺乏社区意识，功利性强。原住居民作为人际支持网络等方面更具有优势的一类群体，在一定程度上应该具有更多主导权。但是由于原住居民已经习惯以往的社区参与状态，社区意识比较薄弱，功利心比较强。第二，居民归属感低，参与意识不强。租房居民群体的归属感确实相对较低，但是由于城乡接合部地区的人口流动性相对更高，社区想要帮助租房居民积极地进行社区参与的难度更大，而居民参与意识不强又会加重这种现象。第三，社区服务水平不高，居民对社区缺乏信任。基于调查研究，在社区服务水平不高的条件下，居民尤其是对服务期待较高的购房住户难以对社区产生足够信任，居民进行社区参与的积极性也就很难提高。第四，社区对居民的重视程度不足。根据研究发现，社区各方面对居民的重视程度不足也是居民社区参与过程中的主要问题，阻碍着居民参与社区事务的积极性。

由此可见，社会公共资源城乡网络化共享中需要城乡居民自主供给。自主供给就是居民自己承担成本，主动参加到公共服务的生产与提供当中，是一种具有与供需对接、资金投入少、培育周期短等优势的供给方式，是社会公共资源新型网络化城乡共享供给中的重要突破口之一。应注入治理理念，提高居民社区意识。社区参与程度的提高，需要社区方面与居民方面协力改变，社区方面需要加强对治理理念的理解、积极作为，同时提高居民特别是原住居民的社区意识，将对引导居民投入各项社区事务中产生非常积极的作用。提升社区服务水平，切实保护居民权益。提供优秀的社区服务，是提高居民对社区信任感的重要渠道，是促进居民进行社区参与的重要基础。

第三节　社会公共资源城乡共享的博弈模型构建及结果分析

一、三方随机演化博弈模型

社会公共资源数字化城乡共享系统由诸多主体参与构成，其中包括科技、教育、文化、医疗卫生、社会保障与服务等相关机构组织与企业以及城乡社区居民。为探究各参与主体的行为决策与相互关系，本研究将其主要分为三类：政府部门、共享供给方与需求方。

政府部门，主要是指中央及地方各级政府部门组织，负责监管系统中各参与主体的资源共享行为，为系统的正常运行提供正确的政策指引与充足的资金保障。其利益诉求是追求社会经济稳定发展，提升自身公信力与政绩效益。普遍而言，城市地区拥有的社会公共资源总体上多于乡村地区，因此在城乡共享系统中，共享供给方主要是指城市地区中掌握社会公共资源的企业与组织机构及社区居民，而共享需求方主要指乡村地区掌握公共资源的企业与组织机构及社区居民。供需双方均以自身资源效益最大化为目标，参与社会公共资源数字化共享。通过响应政府政策号召，共享自身资源，以获取资源共享收益、协同收益以及政府补贴。

基于上述分析，构建出社会公共资源数字化城乡共享系统各参与主体的相关利益因素及运行结构，如图6.2所示。

(一) 博弈基本假设

假设1：博弈参与主体为政府部门（G）、共享供给方（S）和共享需求方（D），博弈三方均属于有限理性的经济人。政府部门的策略空间为 {积极监管 G_P，消极监管 G_N}，共享供给方的策略空间为 {积极共享 S_P，消极共享 S_N}，共享需求方的策略空间为 {积极共享 D_P，消极共享 D_N}。政府部门、共享供给方和需求方选择积极策略的概率分别为 p_G、p_S、p_D（p_G, p_S, $p_D \in [0, 1]$）。

假设2：政府部门积极监管的成本为 C_G^P，政绩收益为 R（$R > C_G^P$）。政府部门消极监管的成本为 C_G^N（$C_G^N < C_G^P$），同时由于政府未能履行监管职责，会损失一定的公信力 L_N。无论政府监管与否，共享供给方和需求方任一选择积极策略，都会对政府产生正面影响，增加政府的政绩收益 $\mu_i R$（$i = S$, D），其中 μ_i 为资源共享系数，表示供给方或需求方愿意共享的资源比例。

假设3：共享供需双方拥有的资源存量为 π_i，其资源收益系数为

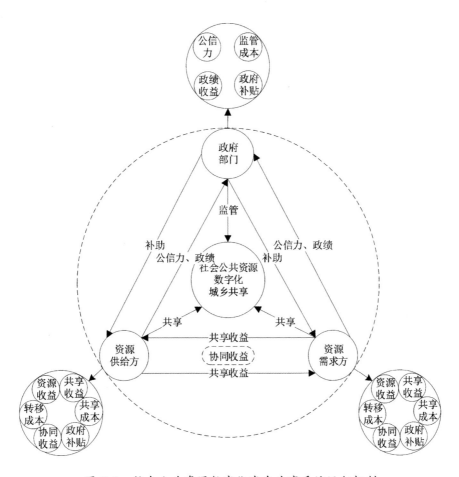

图 6.2　社会公共资源数字化城乡共享系统运行机制

k_i，积极共享的投入成本为 C_i^P，消极共享的投入成本为 C_i^N（$C_i^N <$
C_i^P）。当采取积极策略时，能够得到政府鼓励公共资源共享的政府补贴
B，同时由于存在资源溢出效应，会产生额外的共享成本。其与各自的
资源共享系数 μ_i 和转移成本系数 θ_i 密切相关，由此资源共享成本为 $\theta_i \mu_i$
π_i。当对方采取积极策略时，将会产生协同效益 ω 和共享收益 $\delta_i \mu_j \pi_j$
（$j = D$，S），其中 δ_i 为自身的吸收能力系数，表示自身能够吸收转化需
求方提供的公共资源的比例。μ_j 和 π_j 分别表示对方的资源共享系数和资
源存量。

（二）收益矩阵与复制动态方程

根据以上假设，可以构建出政府部门、共享供给方和需求方之间的博弈策略矩阵，如表 6.1 所示：

表 6.1　政府部门、共享供给方和需求方之间的博弈策略矩阵

G	S	D	
		D_P	D_N
G_P	S_P	$(1 + \mu_S + \mu_D) R - (\mu_S + \mu_D) B - C_G^P$	$(1 + \mu_S) R - \mu_S B - C_G^P$
		$k_S (\pi_S + \delta_S \mu_D \pi_D) - \theta_S \mu_S \pi_S + \mu_S B - C_S^P + \omega$	$k_S \pi_S - \theta_S \mu_S \pi_S + \mu_S B - C_S^P$
		$k_D (\pi_D + \delta_D \mu_S \pi_S) - \theta_D \mu_D \pi_D + \mu_D B - C_D^P + \omega$	$k_D (\pi_D + \delta_D \mu_S \pi_S) - C_D^P$
	S_N	$(1 + \mu_D) R - \mu_D B - C_G^P$	$R - C_G^P$
		$k_S (\pi_S + \delta_S \mu_D \pi_D) - C_S^P$	$k_S \pi_S - C_S^P$
		$k_D \pi_D - \theta_D \mu_D \pi_D + \mu_D B - C_D^P$	$k_D \pi_D - C_D^P$
G_N	S_P	$(1 + \mu_S + \mu_D) R - C_G^N - L_N$	$(1 + \mu_S) R - C_G^N - L_N$
		$k_S (\pi_S + \delta_S \mu_D \pi_D) - \theta_S \mu_S \pi_S - C_S^N + \omega$	$k_S \pi_S - \theta_S \mu_S \pi_S - C_S^N$
		$k_D (\pi_D + \delta_D \mu_S \pi_S) - \theta_D \mu_D \pi_D - C_D^N + \omega$	$k_D (\pi_D + \delta_D \mu_S \pi_S) - C_D^N$
	S_N	$(1 + \mu_D) R - C_G^N - L_N$	$R - C_G^N - L_N$
		$k_S (\pi_S + \delta_S \mu_D \pi_D) - C_S^N$	$k_S \pi_S - C_S^N$
		$k_D \pi_D - \theta_D \mu_D \pi_D - C_D^N$	$k_D \pi_D - C_D^N$

*各参数及变量值均大于零，且 k_i、μ_i、$\theta_i \in [0, 1]$，$i = S, D$。

设政府部门积极监管的期望收益为 U_G^P，消极监管的期望收益为 U_G^N，平均收益为 $\overline{U_G}$。根据收益矩阵，可得：

$$U_G^P = R + (p_S \mu_S + p_D \mu_D) (R - B) + p_S p_D L_P - C_G^P \tag{6.1}$$

$$U_G^N = R + (p_S \mu_S + p_D \mu_D) R - L_N - C_G^N \tag{6.2}$$

$$\bar{U}_G = p_G \, U_G^P + (1 - p_G) \, U_G^N \tag{6.3}$$

设共享供给方积极共享的期望收益为 U_S^P，消极共享的期望收益为 U_S^N，平均收益为 $\bar{U}_S$。根据收益矩阵，可得：

$$U_S^P = k_S \, \pi_S - \theta_S \, \mu_S \, \pi_S + p_D \, k_S \, \delta_S \, \mu_D \, \pi_D + p_G \, \mu_S B -$$
$$p_G \, C_S^P - (1 - p_G) \, C_S^N + p_D \omega \tag{6.4}$$

$$U_S^N = k_S \, \pi_S + p_D \, k_S \, \delta_S \, \mu_D \, \pi_D - p_G \, C_S^P - (1 - p_G) \, C_S^N \tag{6.5}$$

$$\bar{U}_S = p_S \, U_S^P + (1 - p_S) \, U_S^N \tag{6.6}$$

设共享需求方积极共享的期望收益为 U_D^P，消极共享的期望收益为 U_D^N，平均收益为 $\bar{U}_D$。根据收益矩阵，可得：

$$U_D^P = k_D \, \pi_D - \theta_D \, \mu_D \, \pi_D + p_S \, k_D \, \delta_D \, \mu_S \, \pi_S + p_G \, \mu_D B -$$
$$p_G \, C_D^P - (1 - p_G) \, C_D^N + p_S \omega \tag{6.7}$$

$$U_D^N = k_D \, \pi_D + p_S \, k_D \, \delta_D \, \mu_S \, \pi_S - p_G \, C_D^P - (1 - p_G) \, C_D^N \tag{6.8}$$

$$\bar{U}_D = p_D \, U_D^P + (1 - p_D) \, U_D^N \tag{6.9}$$

根据 Malthusian 方程，结合式（1）和（3），可构造政府部门的复制动态方程为：

$$H(p_G) = \frac{d p_G}{dt} = p_G(U_G^P - \bar{U}_G)$$
$$= p_G(1 - p_G) \, [L_N - (C_G^P - C_G^N) - (p_S \mu_S + p_D \mu_D) \, B] \tag{6.10}$$

同理，根据式（4）和式（6）、式（7）和式（9）可分别构造共享供给方与需求方的复制动态方程为：

$$H(p_S) = \frac{d p_S}{dt} = p_S(U_S^P - \bar{U}_S) = p_S(1 - p_S) \, (p_G \mu_S B + p_D \omega - \theta_S \mu_S \pi_S)$$

$$\tag{6.11}$$

$$H(p_D) = \frac{d p_D}{dt} = p_D(U_D^P - \bar{U}_D) = p_D(1 - p_D) \, (p_G \mu_D B + p_S \omega - \theta_D \mu_D \pi_D)$$

$$\tag{6.12}$$

由式（10~12）三个复制动态方程，可得政府部门、共享供给方和需求方的三维动态演化系统模型：

$$
\begin{cases}
H(p_G) = p_G(1-p_G)\left[L_N - (C_G^P - C_G^N) - (p_S\mu_S + p_D\mu_D)B\right] \\
H(p_S) = p_S(1-p_S)(p_G\mu_S B + p_D\omega - \theta_S\mu_S\pi_S) \\
H(p_D) = p_D(1-p_D)(p_G\mu_D B + p_S\omega - \theta_D\mu_D\pi_D)
\end{cases}
\tag{6.13}
$$

由于 p_G、p_S、$p_D \in [0,1]$，故 $1-p_G$、$1-p_S$、$1-p_D$ 均是非负数，对策略演化的结果不产生影响，因此借鉴孙华丽等做法，对三方的复制动态方程进行如下改动，改动后的政府部门、共享方、需求方的复制动态方程分别为：

$$
\begin{cases}
H(p_G) = p_G\left[L_N - (C_G^P - C_G^N) - (p_S\mu_S + p_D\mu_D)B\right] \\
H(p_S) = p_S(p_G\mu_S B + p_D\omega - \theta_S\mu_S\pi_S) \\
H(p_D) = p_D(p_G\mu_D B + p_S\omega - \theta_D\mu_D\pi_D)
\end{cases}
\tag{6.14}
$$

（三）随机演化博弈模型的设定

现实中，地方政府、共享供给方和共享需求方之间的博弈具有极大的不确定性，一方面，三方主体因为自身利益，都存在不同策略选择的可能性；另一方面，博弈主体具有极大的不确定性，尤其当前自媒体时代，共享监管尺度可能会因为社会舆论的变化而宽严不一；此外，博弈主体的政府补贴和共享收益等同样都会影响主体策略行为。因此，有必要考虑随机扰动对三方博弈产生的干扰，为此，本研究将高斯白噪声引入多方演化博弈的复制动态方程，具体如下：

$$
dp_G(t) = \left[L_N - (C_G^P - C_G^N) - (p_S\mu_S + p_D\mu_D)B\right]p_G(t)\,dt + p_G(t)\,d(t)
\tag{6.15}
$$

$$
dp_S(t) = (p_G\mu_S B + p_D\omega - \theta_S\mu_S\pi_S)p_G(t)\,dt + p_G(t)\,d(t)
\tag{6.16}
$$

$$
dp_D(t) = (p_G\mu_D B + p_S\omega - \theta_D\mu_D\pi_D)p_D(t)\,dt + p_D(t)\,d(t)
\tag{6.17}
$$

其中，(t) 是一维的标准 Brown 运动，Brown 运动是一种无规则的随机涨落现象，它能够很好地反映博弈主体如何受到随机干扰因素的影响，$d(t)$ 表示高斯白噪声，当 t > 0 时，步长 h > 0，其增量 $\triangle(t)$ = $(t+h)-(t)$ 服从正态分布 $N(0, \sqrt{h})$ 表示随机扰动的强度。式 （15）、（16）、（17）为一维的 *Ito* 随机微分方程，分别表示地方政府、共享供给方和共享需求方受到随机扰动的演化复制动态方程。

二、均衡解的存在性与稳定性分析

对于式（15）、（16）、（17），假设初始 t = 0，即三方博弈的初始时刻，此时 $dp_G(0)=0$、$dp_S(t)=0$、$dp_D(t)=0$，即有：

$$[L_N-(C_G^P-C_G^N)-(p_S\mu_S+p_D\mu_D)B]*0+p_G(t)d(t)=0 \quad (6.18)$$

$$(p_G\mu_SB+p_D\omega-\theta_S\mu_S\pi_S)*0+p_G(t)d(t)=0 \quad (6.19)$$

$$(p_G\mu_DB+p_S\omega-\theta_D\mu_D\pi_D)*0+p_D(t)d(t)=0 \quad (6.20)$$

由式（18）、（19）、（20）可以得出当 t = 0 时，$d(t)=(t)dt=0$，方程至少存在零解，即表明在没有外白噪声的干扰下，系统将一直停留在该状态，因此零解是方程的均衡解。然而在现实中，系统必然会受到内外部环境的干扰，从而对系统的稳定性产生影响。因此，必须考虑随机因素对系统稳定性产生的影响。可依据随机微分方程的稳定性判别定理对三方演化博弈方程进行稳定性判别，稳定性判别定理如下：

给定一个随机微分方程：

$$dx(t)=f(t,x(t))dt+g(t,x(t)d(t)), \quad x(t0)=x0 \quad (6.21)$$

设存在函数 $V(t,x)$ 与正常数 c_1，c_2 使得

$$c_1|x|^P\leq V(t,x)\leq c_2|x|^P, \quad t\geq 0$$

1）若存在正常数 γ，使得 $LV(t,x)\leq-V(t,x)$，$t\geq 0$，则方程（21）的零解 P 阶矩指数稳定，且成立 $E|x(t,x_0)|^P<(\frac{c_2}{c_1})|x_0|^p$

e^-，$t\geq 0$

2) 若存在正常数 γ，使得 $LV(t, x) \geq V(t, x)$，$t \geq 0$，则方程

（21）的零解 P 阶矩指数不稳定，且成立 $E \mid x(t, x_0) \mid^p \geq (\dfrac{c_2}{c_1} \mid x_0 \mid)^p$

e^-，$t \geq 0$

对于式（15）、（16）和（17），令 $x = p_G$、$y = p_S$、$z = p_D$，取 $V_t(t, x) = x$、

$V_t(t, y) = y$、$V_t(t, z) = z$，$x \in [0, 1]$、$y \in [0, 1]$、$z \in [0, 1]$、$c_1 = c_2 = 1$、$p = 1$，$= 1$，则 $LV(t, x) = f(t, x) = [L_N - (C_G^P - C_G^N) - (y\mu_S + z\mu_D) B] * x$、

$LV(t, y) = f(t, y) = (x\mu_S B + z\omega - \theta_S \mu_S \pi_S) * y$、$LV(t, z) = f(t, z) = (x\mu_D B + y\omega - \theta_D \mu_D \pi_D) * z$

若式（15）、（16）和（17）零解矩指数稳定，则需要满足

$$[L_N - (C_G^P - C_G^N) - (y\mu_S + z\mu_D) B] * x \leq - x \tag{6.22}$$

$$(x\mu_S B + z\omega - \theta_S \mu_S \pi_S) * y \leq - y \tag{6.23}$$

$$(x\mu_D B + y\omega - \theta_D \mu_D \pi_D) * z \leq - z \tag{6.24}$$

根据 x、y、$z \in [0, 1]$，对上面的式子做相应的约减，得到的条件为

A1：$\dfrac{\theta_D \mu_D \pi_D - 1}{\mu_D B} -$

$\dfrac{\dfrac{(L - C + 1)\omega}{B} + (\mu_D - \mu_S + \mu_S \theta_D \mu_D \pi_D - \mu_D \theta_S \mu_S \pi_S)}{2\mu_S \mu_D B}$

≥ 0

A2：$\dfrac{\theta_S \mu_S \pi_S - 1}{\mu_S B} -$

$\dfrac{\dfrac{(L - C + 1)\omega}{B} + (\mu_D - \mu_S + \mu_S \theta_D \mu_D \pi_D - \mu_D \theta_S \mu_S \pi_S)}{2\mu_S \mu_D B}$

≥ 0

B：$\dfrac{\dfrac{(L-C+1)}{B}+(\mu_D-\mu_S+\mu_S\theta_D\mu_D\pi_D-\mu_D\theta_S\mu_S\pi_S)/\omega}{2\mu_S}-1$

≤ 0

C：$\dfrac{\dfrac{(L-C+1)}{B}-(\mu_D-\mu_S+\mu_S\theta_D\mu_D\pi_D-\mu_D\theta_S\mu_S\pi_S)/\omega}{2\mu_S}-1$

≤ 0

若要使得式（22）、（23）、（24）满足零解矩指数稳定，则需满足的条件是

$$(A_1\cup A_2)\cap B\cap C \tag{6.25}$$

三、系统模拟分析

（一）政府、供给方和需求方随机演化过程分析

为了分析随机干扰强度、政府补贴、协同收益对政府、供给方、需求方随机演化过程的影响，并进一步探讨其他结论。本部分利用 Matlab2016b 来分析相关参数对演化过程的影响，鉴于现实数据的复杂性和不可得性，借鉴文献［26，28］参数取值的方法，在满足式（15）、（16）、（17）的零解矩指数稳定限制条件下来设定参数。相关变量取值如下：L = 6、CS = 6、θ_S = 0.5、π_S = 10、μ_S = 0.5、B = 4、CD = 1、θ_D = 0.6、π_D = 5、μ_D = 0.6、ω = 1；初始演化状态 x（0） = 0.5、y（0） = 0.5、z（0） = 0.5。其中横坐标表示采样次数，纵坐标表示采取选择防控策略的概率。令初值 x（0） = 0.5，y（0） = 0.5，模拟步长 h = 0.07，其他参数完全相同的情况下，σ = 0 和σ = 1 时的政府、供给方、需求方的演化趋势如图 6.3 所示。

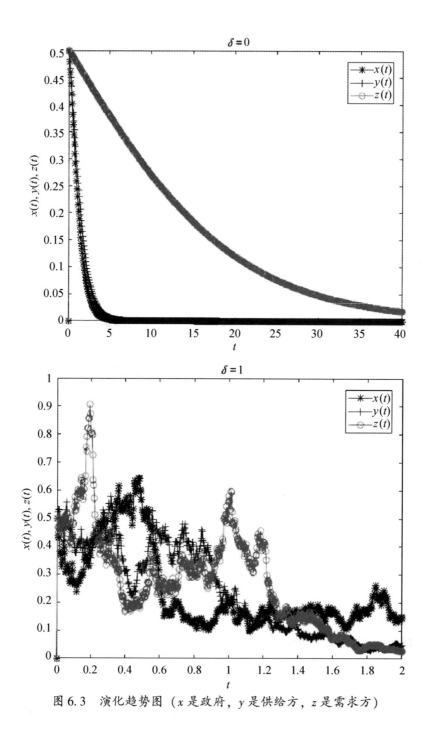

图 6.3　演化趋势图（x 是政府, y 是供给方, z 是需求方）

由图 6.3 可知，经过不断演化，政府供给方、需求方逐渐趋向于 0，即政府和供给方、需求方的最优策略为（消极监管，消极共享，消极共享），且政府趋向 0 的速度更快。对比可知，在考虑内外部干扰因素时，政府、供给方、需求方演化至稳定策略的速度较快，这是因为博弈主体所处环境的不确定性容易造成地方政府和公众演化过程波动，从而加速了双方演化至稳定状态的速度，并且政府由于需要对共享策略进行调控，趋向于 0 的速度相比于供给方和需求方会更缓慢。

（二）随机干扰强度对演化过程的影响

为揭示地方政府和社会公众在不同随机干扰强度下的策略演化规律，通过对随机干扰强度分别取 $\sigma = 0.2$、$\sigma = 0.5$、$\sigma = 0.8$，基于 Milstein 高阶方法进行数值模拟。政府、供给方、需求方的演化过程如图 6.4a、图 6.4b、图 6.4c 所示，图中横坐标表示采样次数、纵坐标表示博弈主体选择防控策略的概率。

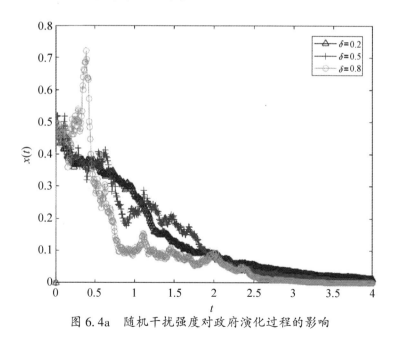

图 6.4a 随机干扰强度对政府演化过程的影响

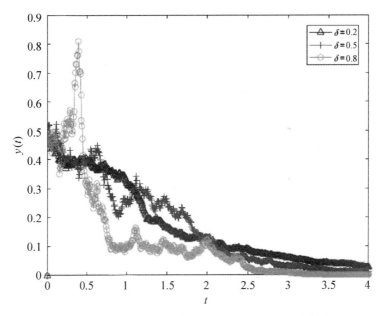

图 6.4b　随机干扰强度对供给方演化过程的影响

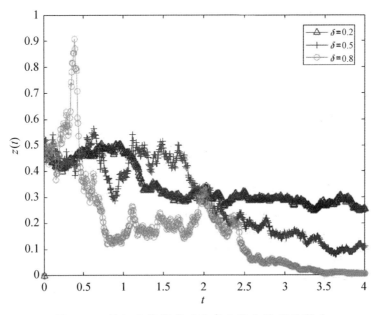

图 6.4c　随机干扰强度对需求方演化过程的影响

根据图 6.4a、图 6.4b、图 6.4c 可知，与资源供给方和需求方相比，政府演化到 0 的速度更慢，且由于受随机干扰强度的影响，政府、供给方、需求方演化过程中呈现出一定幅度的波动，说明内外部的不确定性会对博弈主体的演化产生影响。在不同随机干扰强度影响下，政府、供给方、需求方的选择概率逐渐趋向于 0 并达到演化稳定状态。这表明随着干扰强度增加，政府、供给方、需求方向（消极监管，消极共享，消极共享）策略的演化速度逐渐加快。

（三）政府补贴对演化过程的影响

本部分在其他参数不变的情况下，改变 B（B＝2，4，6）的取值模拟政府、供给方和需求方的策略演化过程如图 6.5a、图 6.5b、图 6.5c 所示。

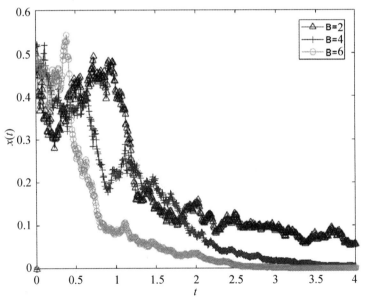

图 6.5a　政府补贴对政府演化策略的影响

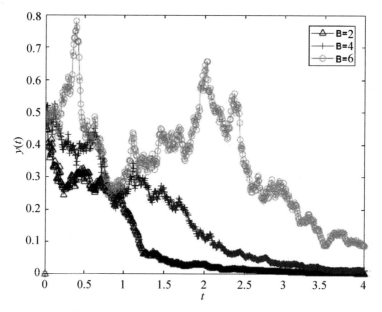

图 6.5b　政府补贴对供给方演化策略的影响

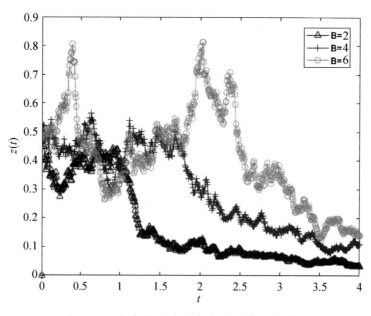

图 6.5c　政府补贴对需求方演化策略的影响

对比图 6.5a、图 6.5b、图 6.5c 可知，当政府补贴取值逐渐增大时，其对政府、供给方、需求方的影响不同，即地方政府趋向于 0 的速度较快，因为随着政府补贴的加重，政府财政压力也会变大，会降低政府的监管意愿。但随着补贴取值增大，供给方和需求方的共享策略随着时间的变化，其共享策略趋向于 0 的速度变缓，这是因为随着政府补贴的增加，资源共享方和需求方的收益增加，会促进资源共享方和需求方的共享意愿。

（四）协同收益对演化过程的影响

本部分在其他参数不变的情况下，改变 $\omega(\omega=1,2,3)$ 取值时，共享供给方和需求方的策略演化过程如图 6.6 所示。

图 6.6 中，当 ω 的取值逐渐增大时，供给方和需求方的选择共享的策略也会增加，并且趋向于 0 的速度会随之减慢，原因就在于当协同收益增大时，供给方和需求方的总收益就增大，因而两个主体在高协同收益面前选择积极共享的概率就越大。

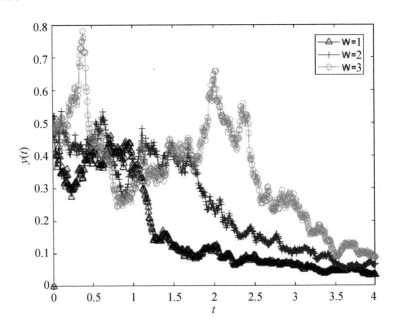

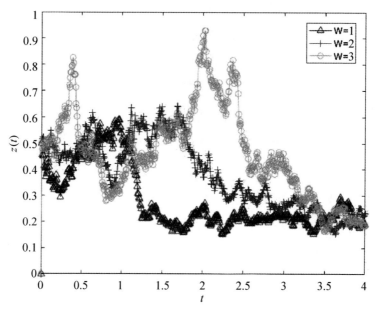

图 6.6 协同收益对供给方和需求方演化过程的影响

（y 是供给方，z 是需求方）

四、结论与启示

本节通过构建由社会公共资源数字化城乡共享系统中，政府部门、共享供给方和需求方组成的三方随机演化博弈模型，并进行实验模拟，分析探讨了博弈三方实现稳定均衡的影响因素。研究发现：

1. 在城乡共享系统演化过程中，往往是政府部门监管策略先行，促使共享需求方转变策略，开始积极共享。进而在政府补贴和资源共享协同收益的影响下，供给方加入积极共享的行列。在无政府监管状态下，共享供需双方很难自发进行资源共享。即使政府选择积极监管，共享供给方相较于需求方的积极策略选择仍然具有一定的滞后性。可见，整个社会公共资源数字化城乡共享系统的演化，是以政府部门积极参与为前提，需求方带动供给方积极参与而进行的。

2. 在城乡共享系统中，政府部门与公共资源供需双方三者之间的动态演化博弈能否达到均衡状态受到政府监管额外成本与政府补贴和资源共享协同收益等因素的影响。在一定条件下，更高的政府补贴，能够促使供需双方采取积极共享策略。而过高的政府补贴将会造成沉重的政府经济负担，阻碍政府部门积极参与城乡共享系统演化。此外，降低供需双方间的资源转移成本、加大政府补贴力度以及提升双方资源共享协同收益对其积极共享的行为策略选择具有极大的促进作用。

本节运用随机演化博弈理论，从微观层面分析社会公共资源数字化城乡共享系统中各主体策略选择的影响因素，突破了以往静态分析和定性研究的局限，丰富和拓展了有关社会公共资源数字化共享的理论探究。此外，本节的研究结论从三方面为推动社会资源数字化共享发展、城乡资源均衡配置提供了实践指导。其一是发挥政府主导作用，建立合理监管体制。政府部门优化自身结构，完善部门监管职能，制定合理的监管体制机制，降低积极监管的额外成本。其二是加大政府补贴力度，提升资源共享水平。政府在可承受范围内适度加大补贴力度，激励供需双方积极参与资源共享。同时供需双方深化自身资源共享程度，扩大资源共享领域和比例，可提升彼此积极策略的选择概率。其三是构建供需协同机制，提高协同收益降低资源转移成本。共享资源供需双方制定资源共享协议，规范共享资源标准，增强资源共享协同收益，同时降低资源转移成本，减少公共资源共享溢出效应的影响。

第四节　社会公共资源城乡网络化共享的供给机制

一、深化信息惠民服务统筹

信息惠民工作已经成为新形势下改进政府服务、提升政府治理水平与能力的关键举措，也成为各个试点地区创新社会管理和公共资源城乡共享新机制的首选，为解决制约当前城乡发展和公共资源城乡共享诸多难题积累了不少宝贵的经验。所有经验中最重要的一点就是各试点地区都充分认识到，信息惠民建设是政府治理与公共资源城乡共享模式的重大转变，离不开创新，离不开信息共享，离不开业务协同，离不开以网络化手段促进行政体制改革。各试点地区都更加注重围绕解决民生领域管理服务存在的突出矛盾和制约因素，以解决当前体制机制和传统环境下民生服务的突出难题为核心，在实现信息惠民建设中力促体制机制和政策制度创新。其中一个最基本的共同点就是要用好互联网这个大平台，用广大群众喜闻乐见的互联网思维，注重通过互联网以推动跨层级、跨部门信息共享和业务协同为抓手，推进公共资源城乡共享资源的整合，强化多部门联合监管和协同服务，促进公共资源城乡共享的多方协同合作、资源共享、制度对接，为解决制约信息惠民服务的关键问题积累可贵的成功经验。不少试点在工程实施中，以"互联网+政务服务"为基础，整合资源，集中构建统一的城乡信息惠民公共资源城乡共享平台，实现部门间的业务协同和信息共享，逐步实现公共资源城乡共享事项和社会信息服务的全人群覆盖、全天候受理和"一站式"办理，注重条块结合，着力推进建设同社会保障、健康医疗、养老与社区服务等信息惠民专业领域行动计划的有机融合。同时，在信息惠民试点建设中各地积极探索通过"互联网+信息益民"服务模式，鼓励市场参与，创新服务模式，拓宽服务渠道，构建方便快捷、公平普惠、优质高效的公共资源城乡共享信息体系，全面提升各级政府公共资源城乡共享水平和社会管理能力，在一些试点地区已经取得了非常显著的社会经济效益，所产生的示范效果已经开始对地区、行业和领域的便民、利民和惠民服务产生可喜的辐射带动作用。可以说，信息惠民试点地区的建设，已经成为各地面对经济新常态下，改善民生的新抓手和衡量政府创新改革的标尺之一；也已成为各地落实"互联网+"行动计划，实现社会和谐与平安稳定的重要支撑。因此，通过政府牵头引导，社会广泛参与，各界合力推进"互联网+政务服务"，持续推进信息惠民必定深得民心。

近年来，国家陆续发布了关于云计算、大数据、物联网、"互联网+"和信息惠民等一系列推进网络化工作的文件，特别制定了"互联网+"行动计划，把互联网的创新成果同经济社会各领域深度融合，推动技术进步、效率提升和组织变革，并确定了提升公共资源城乡共享水平"互联网+益民服务"的具体任务。在关于信息惠民的文件中，强调实施信息惠民工程是以网络化带动和促进民生领域跨越发展的战略选择，是提供广覆盖、多层次、差异化、高品质公共资源城乡共享的有效途径，有助于优化社会资源配置、创新公共资源城乡共享供给模式、提升均等化普惠化水平。以解决当前体制机制和传统环境下民生服务的突出难题为核心，有效整合孤立、分散的公共资源城乡共享资源，强化多部门联合监管和协同服务，创新服务模式，拓宽服务渠道，构建方便快捷、公平普惠、优质高效的公共资源城乡共享信息体系，全面提升各级政府公共资源城乡共享水平和社会管理能力。国家发改委、财政部等部门联合出台的《推进"互联网+政务服务"开展信息惠民试点的实施方案》更进一步明确要深入贯彻中共中央、国务院关于加快政府职能转变、简政放权、优化服务的工作部署，加快推进"互联网+政务服务"，深入实施信息惠民工程，运用大数据等现代信息技术，强化部门协同联动，打破信息孤岛，促进办事部门政务服务相互衔接，变"群众跑腿"为"信息跑路"，变"群众来回跑"为"部门协同办"，变"被动服务"为"主动服务"，不断提升政务服务水平和群众满意度。就近年来国家发布的一系列文件而言，此次发布的《推进"互联网+政务服务"开展信息惠民试点的实施方案》尽管在确定的任务、目标等方面略有不同，但从战略高度来看，总体任务和目标等是一脉相承的，而且层次更高、方向更明确、问题更聚焦、任务更具体、路径更清晰，是国家总体战略的延续。可以预见，经过几年的努力，中国各级政府的社会公共资源城乡共享能力、服务水平和服务质量将得到很大的提高，人民的满意度将会大幅度提升。在战术上更加明确要以"互联网+"的思维转变传统观念，坚持问题导向，创新服务；在实施上要实现信息共享并优化流程；在组织上要条块结合、上下联动；在落实上要试点先行、加快推广。为了落实《推进"互联网+政务服务"开展信息惠民试点的实施方案》强化部门协同联动，打破信息孤岛，促进办事部门政务服务相互衔接，不断提升政务服务水平和群众满意度的精神，切实推进"互联网+政务服务"，核心任务是要按照"互联网+"的思维方式，通过简政放权加快政府职能转变，通过公共资源城乡共享业务的简化或优化，整合政府部门的服务形成合力，充分利用信息技术，着力创新政府服务模式，实现政府公共资源城乡共享程序化、标准化、规范化，提升政务服务水平和群众满意度。《国务院关于加强数字政府建设的指导意见》强调，要推进基本公共服务数字化应用，积极打造多元参与、功能完备的数字化生活网络，提升普惠性、基础性、兜底性服务能力，主动顺应经济社会数字化转型趋势，充分释放数字化发展红利，全面开创数字政府建设新局面。

二、强化城乡科技创新供给

新技术变革对于社会公共资源城乡网络化共享的供给来说，既是挑战，更是机遇。其挑战主要来自技术变革引起的供给变革中出现的现实障碍，这是新旧事物在不断更替前进中必然会遭遇的阻力，而新技术变革将给城乡基本社会公共资源供给模式带来的发展与机遇更不容置疑。借助和适应未来新技术变革，强化城乡科技创新供给应该做到如下几点。

（一）坚持需求精准化识别

以我国数字化、网络化、智慧化等新型基础设施向城乡拓展建设为契机，加强基本社会公共资源需求的精准化识别，用数据治理、数据驱动、数据跑路的方式和手段精准获取城乡居民最为关切、最为期盼、最为紧迫的基本公共资源需求。设计构建一整套便于群众反馈真实需求的平台、通道或机制，深入调研不同区域、不同民族、不同经济状况的群众需求，把群众的需求引导到基本社会公共资源政策制定、实施和评价的闭环中来，精准、及时、快速掌握群众需求中的新情况、新动向和新发展。

（二）坚持供给主体多元化改革

构建政府主导、市场和社会主体多方参与的基本社会公共资源供给格局，进一步完善多元供给机制设计，健全和完善政府与社会资本合作模式（PPP），适当引入市场竞争机制，提高供给效率，降低供给成本。鼓励采取合同外包或者特许经营的方式进行社会公共资源采购，满足多元化的基本社会公共资源需求。逐步完善城乡基本社会公共资源财政与资金来源的多元转型，将单一的政府财政来源逐渐扩展为政府资金与社会资金共同承担的多源渠道，鼓励工商企业积极承担其在城乡公共资源共享中的社会责任。

（三）坚持供给资源最优化配置

着眼于基本社会公共资源体系全局，重点推进"补短板、强弱项、提质量"，发展与我国经济社会相适应的基本社会公共资源格局，将各类资源有效配置，用到实处。着力推进城乡教育现代化建设，促进城乡医疗健康水平提升，完善城乡就业服务和保障机制，切实发挥基本住房保障体系的功能，加快城乡公共文化和体育服务设施建设，确保基本民生保障体系稳步发展。通过缩小城乡基本社会公共资源差距，实现老有所养、幼有所教、贫有所依、难有所助。

（四）坚持供给流程数字化转型

以政府为构建核心，打造数字化基本社会公共资源共享新模式，竭力搭建物联、数联、智联三位一体的信息支撑系统。其中，物联是基础，重点是"全域覆盖、全维感知"，目标是构建一个物到物、人到人、资源到资源的连接体系；数联是关键，重点是"数据统筹、统筹有数"，目标是构建一体化社会公共资源体系；智联是灵魂，重点是"智能调度、智慧运行"，目标是打造网络、数据、应用流程、物质资源和社会公共资源深度融合的支撑节点。

（五）坚持供给规划科学化设计

推进基本社会公共资源的城乡均等化是一项复杂的系统工程，需要在社会各部门之间进行系统规划与合理设计。在供给理念上要注意将效率、公平、可持续有机结合；在供给层次上要注意基本性服务和发展性服务的渐次推进；在供给主体上要注意发挥政府、社会和市场主体各自的优势；在供给方式上要充分利用新技术、新模式、新产品以改进和完善传统供给方式。

三、推进城乡信息融合发展

农村要发展、要增收、要富裕已经离不开网络信息资源。但城乡信息市场不对称，要力求解决能让农民的小农生产与大市场联系在一起，提高农民收入的问题。

（一）积极推进城乡信息服务

"电脑下乡"政策切实让农民看到了网络化的实惠，但是，作为一项高科技产品，没有配套的服务和措施，很难让农民真正掌握电脑技能，并从根本上推动农村网络化的发展。农村网络化是一个漫长的过程，要从推动农民致富实践的指导和帮助等方面来努力。利用网络化手段所带来的益处推动产、供、销一体化。农户通过网络查找农产品购销信息，并通过网络化手段与外界有效联络，拓展农产品销路，实现增收。

（二）延伸高校图书馆服务

现在各高校都在郊区及区县投资办学以扩大教育范围，图书馆作为网络化发展最前沿的阵地，有条件和义务来支持农村网络化建设。第一，大学新区和各二级院校可就地利用自己的资源，帮助农村办短期培训班；第二，农村在"三网"融合的推动下，手机上网比较方便，图书馆可以利用 WAP 通信模式，连接无线移动通信网与互联网，在 WAP 内容服务器上存储服务信息，以供农村网民手机用户通过 WAP 来访问和利用图书馆资源。

（三）发展农村电子商务

农村增产增收，靠的是信息对称。阿里巴巴、华农网等网站的出现颠覆了全球零售业，尤其是农、林、牧、渔行业的传统交易模式，农业电子商务已经成为开拓市场和参与全球竞争的必要手段。农民通过网络，十分便捷、快速地完成信贷、担保、交易、支付、结汇等环节，使农民可以更贴近市场，并迅速了解到消费者的偏好、购买习惯、消费需求，从而促进农业贸易的繁荣发展。

1. 农民商务意识的培养

现在的问题不是技术、资金、服务，而是思想观念的转变和管理理念的更新。在我国，与农业相关的企业和主管部门领导普遍缺乏信息技术和电子商务等方面的知识，制约了农业电子商务的发展。只有使农民以及相关政府主管部门的管理者的观念转变了，才能推动农业电子商务的进一步发展。

2. 信息流的发展

信息时代，谁最先获得信息、谁最先运用信息，谁就能获得市场、获得利润。而信息需求表现为全面系统性、综合集成性、规范性、持续性、地区与时间的差异性、时效性。城乡网络化要求农业信息服务针对性强、时间准、服务方便、成本低、使用后经济效益高；在城乡网上支付猛增的情况下，应建立网上安全保障系统。

3. 培养城乡网民的安全意识

政府应加大安全管理力度，利用各种渠道对农民进行网络安全教育，提高安全意识是近期最实际的办法。配备城乡网站专业的安全管理人员，同时还要有技术人员去落实。加强防病毒意识，查、杀病毒是确保网络系统安全的必要手段。

四、推进乡村治理能力现代化

（一）持续执行"双轮驱动"政策

当前要继续做到提升农民生产经营能力与社会保障兜底"双轮驱动"。通过舆论宣传引导和科技文化下乡等形式，提升贫困农民素质能力，实现职业技能培训全覆盖。加强脱贫致富典型的宣传推介，树立"自主脱贫光荣"的鲜明导向。要深入推进实施教育、医疗和住房保障政策，提高保障标准，加强农村低保制度和扶贫开发政策有效衔接，加大对社会救助兜底保障对象的帮扶力度。要将完全或部分丧失劳动能力的贫困人口全部纳入低保范围，农村医保、大病统筹实现全覆盖，使大量常见病、多发病能在县域内实现就医，做到"大病不出县、小病不出村"，缓解群众"看病难、看病贵"问题。同时，要采取多种措施，切实有效缓解群众"上学难""养老难"等问题，让乡村治理工作成色更足、质量更高。

（二）健全防范"返贫风险"机制

要坚持"脱贫"和防"返贫"两手抓，短期见效和长期保持相结合，建立健全返贫监测预警和动态帮扶机制，紧盯"边缘户""监测户"等重点群体，做到及时发现、及时帮扶，有效防止脱贫人口返贫、"边缘户"致贫。要不断利用大数据和网络化技术，构建返贫风险预测预警机制，全面建设脱贫人口动态信息管理系统、脱贫人口常态化跟踪监测机制和返贫风险分级分类治理机制等。要进一步扩大医疗救助人群范围和重大疾病保障病种范围，提高医疗服务水平，积极拓宽多元化的医疗救助渠道。要构建自然灾害预警机制，拓宽公众参与渠道，充分发挥广大人民群众的监督作用，快捷掌握乡村环境监测信息，保护与修复自然环境，加强防灾减灾基础设施建设来抗灾，完善农业保险救助体系，并加快普及灾害相关知识，强化防灾意识，提升防灾能力。

（三）着力提高"能力建设"水平

在乡村治理过程中，要注重提升治理主体的协同性、治理过程决策的科学性和治理问题应对的有效性，并着力提高乡村的经济发展能力、党组织执政能力、文化凝聚能力、乡村整合能力和生态维护能力。由于经济脱贫是脱贫成功的主要表现，经济返贫则是脱贫失效的突出反映，因此提高经济发展能力是当前根治相对贫困的第一要素，也是乡村治理应具备的第一能力。党组织是乡村治理的旗帜，是拉动乡村经济、稳定乡村秩序的"领头雁"，是乡村能否振兴乡村的关键。乡村要振兴，关键在于乡亲们的内生动力，而要吸引和留住乡村人才，则亟须提升乡村文化凝聚能力，鼓励热爱乡村事业的有志青年为乡村治理出谋划策、贡献力量。在乡村治理过程中，应继续围绕产业链及其发展趋势，大力提升乡村规划布局和整合能力，努力建设和形成一批新兴的、有特色的乡镇群。另外，在乡村治理过程中，还亟须提升生态维护能力，构建山水林田湖草生命共同体，从而保障乡村的可持续发展。

五、统筹推动城乡网络化融合发展

解决统筹推动城乡网络化融合发展问题，理应将农村和城市看作一个大系统，依据系统科学原理，统筹城乡发展包含两方面内容：城乡的协调互动和城乡的一体化互动，网络化对于正确处理城乡关系，具有十分重要的战略意义。从城乡的协调互动角度看，网络化是促进以城带乡战略、以乡促城战略实施的需要。一是网络化是增强城市辐射力的有效手段。高速便捷的信息网络能突破地域限制，使城市的各种技术服务等资源快速、有效地从城市转向其他城镇和广大农村地区。二是网络化为以乡促城提供推动力量。通过网络化，对传统农业和乡镇企业进行改造后，使之摆脱传统、落后的生产方式，实现资源优化配置和产业升级，产业结构趋于合理，农业将实现集约化经营，从而分流出劳动力、资金和土地，特别是乡镇工业的复兴和农村服务业的发展，有助于离土不离乡，消化农村剩余劳动力，实现城市化，创造新兴产业和新的就业机会。从城乡的一体化互动融合角度看，网络化是推动城乡生产要素流动一体化和行政服务环境一体化改进的需要，带动政府管理、科教、医疗卫生等社会各领域的现代化。

政府对网络化的推动，体现在三方面：一是政府创造基础环境，完善金融、法制和技术标准方面的公共产品，特别是要加大技术标准和信用体系的建设力度，加快网络安全、网上信用、网上支付等方面的立法速度，尽快营造一个适应网络化发展需要的良好环境；二是中央、省级政府优先扶持投资，特别是加大对中西部农村县、乡的转移支付，推动信息基础设施建设；三是省、市、县、乡四级政府分层负担信息资源的开发利用、专业化人才教育，特别是农村网络化的普及教育的费用，建立统一的城乡市场信息体系。同时，规范城乡信息市场、整合部门信息资源，建立免费上网中心、信息咨询服务中心，为城乡居民获得方便、快捷的市场信息提供保障。建设完善的市场机制，大力加强统筹城乡网络化建设力度，使城乡网络化建设得以可持续发展。

本章总结

公共资源新型网络化城乡共享是我国新时期城乡融合发展的主要内容，加快城乡公共资源新型网络化具有创新发展与共享发展的双重价值意涵。我国公共资源新型网络化城乡共享的供给存在较大差异，并已经成为城乡融合发展的巨大挑战。

本章节首先分析社会公共资源新型网络化城乡共享的供给，主要探讨社会公共资源新型网络化城乡共享的供给背景以及特点，然后对供给主体做了场域分析。接着对其中的供给参与者进行了概括，包含政府、共享供给方（市场、非政府组织）、共享需求方（城乡居民）三个部分。再构建了包含政府部门、共享供给方和需求方之间的行为博弈模型，描述三者在社会公共资源网络化城乡共享过程中的交互机制，利用复制动态方程阐释博弈三方的均衡稳定策略，基于系统动力学理论，动态模拟博弈模型的演化过程，分析影响博弈三方策略选择的因素。最后提出深化信息惠民服务统筹、强化城乡科技创新供给、推进城乡信息融合发展、乡村治理能力现代化以及统筹推动城乡网络化融合发展的社会公共资源城乡网络化共享的供给机制。

第七章 社会公共资源网络化城乡共享的实施路径

第一节 社会公共资源网络化城乡共享路径图

纵观城乡社会发展历程，从改革开放之初的小城镇战略到城乡统筹牵引的新农村建设，再到城乡融合为关键的乡村振兴战略。党的十八届五中全会上，习近平总书记把共享发展作为五大新发展理念之一，强调"坚持共享发展，必须坚持发展为了人民、发展依靠人民、发展成果由人民共享，做出更有效的制度安排，使全体人民在共建共享发展中有更多获得感，增强发展动力，增进人民团结，朝着共同富裕方向稳步前进"。深刻把握现代化建设规律和城乡关系变化特征，顺应亿万农民对美好生活的向往。按照产业兴旺、生态宜居、乡风文明、治理有效、生活富裕的总要求，对实施乡村振兴战略做出阶段性谋划，分别明确至2020年全面建成小康社会和2022年召开党的二十大时的目标任务，细化实化工作重点和政策措施，部署重大工程、重大计划、重大行动，确保乡村振兴战略落实落地，是指导各地区各部门分类有序推进乡村振兴的重要依据。本章通过对社会公共资源城乡共享的实施路径进行分析，结合乡村振兴战略发展规划，对今后我国社会公共资源城乡共享的演化发展路径进行阶段划分，并从相关角度提出促进社会公共资源城乡共享的政策措施。

　　城乡融合，绝不是将城市、乡村加在一起的一道数学题，而是要牢固树立城乡一盘棋意识，不断破解城乡二元矛盾，统筹推动城乡均衡发展的"有机体"。随着城乡要素合理配置、城乡基本公共服务普惠共享、城乡基础设施一体化发展，城乡融合发展成效比以往任何一个时期都要明显。城乡融合是一项复杂艰巨的任务，也是一项长期的任务，既需要政策体制方面的支持，又需要农业农村内部的能量裂变；还需要耐力，也需要韧性。在业已形成的政策体系框架下，更需要进一步寻找更高层级的融合突破口。社会公共资源是有助于提高城乡居民的生活水平、福利水平、个人发展等具有消费性的非排他性和竞争性的公共产品或服务。社会公共资源由全体社会成员共同享有，每个公民都应公平地享有社会公共资源的权利。我国社会公共资源城乡配置不论在数量上还是在质量和规模上，都存在极大的差距，存在社会公共资源配置严重失衡；既影响到农村居民的生活质量，也不利于农村可持续发展经济，同时还阻碍了城市和乡村协调发展经济目标的实现。以乡村振兴战略为指引的城乡融合发展的当下，城乡发展的重点在于协调发展理念的全面、系统的贯彻与落实，彻底抛弃城乡二元思想，将城乡置于同等地位，以充分展现农村发展的主动性、激发城乡发展的内在潜力；在新时代发展下为农村发展指明了方向，是确立全新城乡关系的新论断。基于此，国家统筹调配社会公共资源的城乡共享，不断完善城乡的发展空间，制定详细、全面的发展目标、发展任务，对发展水平做出考核指标，落实相关切实责任，让城乡居民不断感受到共建共享的成果。社会公共资源城乡共享的耦合协调发展路径更应该以此为契机，科学全面、系统综合规划相关要素在城乡间的交换，打造城乡线上线下互联互通的多种交流渠道，把城镇和乡村贯通起来同步发展。在我国推进农村发展以实现城乡一体化的进程中，很大程度上受到城乡公共资源配置失衡的阻碍。基于社会公平视角，必须提高农村公共资源共享水平，建立城乡公共资源共享机制，缓解城乡矛盾。本质上，城乡公共资源共享是一个制度安排的问题，因此有必要提出促进我国城乡公共资源共享的路径与对策。从基层共享体系现代化和共享能力现代化的角度出发，如何将《数字乡村发展战略纲要》等这些乡村技术共享的指导思想在各类复杂的乡村付诸实践，这涉及社会公共资源城乡共享的理念问题；如何依托现代技术和手段方式来提高城乡技术共享的水平，这涉及社会公共资源城乡共享的技术问题；如何运用创新型的体制机制来适应城乡技术共享的转型需要，这涉及社会公共资源城乡共享的制度问题。基于此，社会公共资源城乡共享的演化发展路径应确立贴合国家乡村振兴发展相关的阶段划分，在不同阶段确定不同的发展任务，以制定相应的政策（见图7.1）。

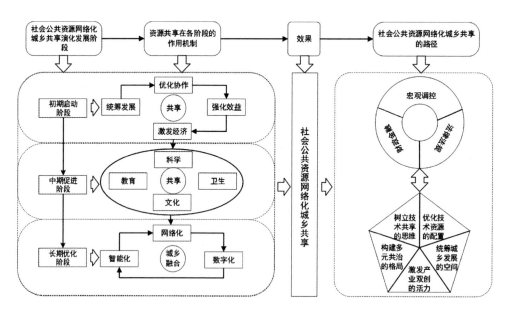

图7.1 社会公共资源网络化城乡共享路径图

　　重视社会公共资源城乡的协同作用、发挥共享的积极功能可以改进社会公共资源城乡共享的实施环节、提升共享的效果。避免城市要素过剩、乡村要素闲置；抓住信息化、数字化发展契机，推动互联网、大数据、云计算、人工智能、区块链等新型创新技术与城乡产业深度融合，赋能城市传统产业转型升级，推动智能农业发展，培育城乡新产业新业态新模式；随着大数据时代的来临，我国乡村社会治理也迎来了变革的重要契机，部分乡村依靠现代信息技术在激发出经济发展潜力的同时，也促进了政治、文化、生态等领域的深层变革与创新发展。从体制机制入手，在调整工农关系、统筹城乡发展、推进新型城镇化等方面，推出了一整套改革举措，取得了显著成效。城乡要素流动不顺畅、公共资源配置不合理等问题逐步得到解决，影响城乡融合发展的体制机制障碍进一步消除，为重塑新型城乡关系，走城乡融合发展之路，促进乡村振兴和加速农业农村现代化夯实了根基。就社会公共资源城乡共享的意义而言，共享过程一般会经历"初期启动""中期促进""长期优化"等持续循环的阶段，社会公共资源城乡共享的路径会采取宏观调控、财政金融、法律法规等对策，而社会公共资源城乡共享的实践一般从树立技术共享的思维、优化技术资源的配置、构建多元共治的格局、激发产业双创的活力、统筹城乡发展的空间等方面着手。社会公共资源城乡共享贯穿了全过程及全领域。

第二节　社会公共资源网络化城乡共享演化发展路径

一、初期启动阶段

　　我国城乡融合发展取得了历史性的成就。然而，由于城乡融合发展体制机制还不够健全，目前城乡融合发展过程中还存在一些明显的制度短板，如城乡要素流动仍然存在障碍、城乡公共资源配置仍不合理等。此阶段，社会公共资源城乡共享的演化发展将依据十九大所确立的目标展开，从供给—需求两方面进行深化改革，把公共服务制度作为产品向全民提供，坚持共享发展理念，提升城乡居民的获得感、幸福感，实现学有所教、劳有所得、老有所养、病有所医、困有所帮、住有所居、文体有获和残有所助的城乡发展格局（见图7.2）。

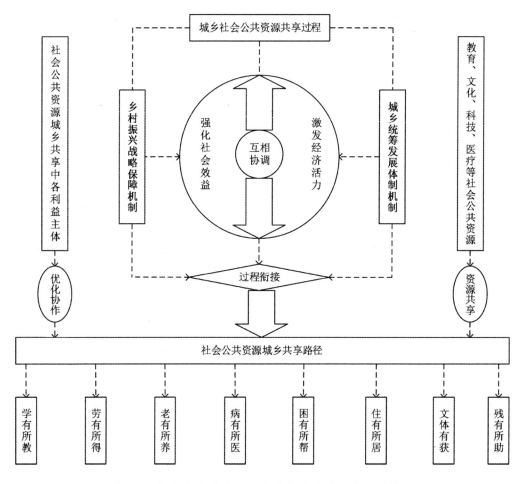

图 7.2　社会公共资源网络化城乡共享的初期启动阶段

　　在社会公共资源城乡共享的初期启动阶段，各省市应结合当前发展实际，参考国家城乡发展战略规划，统筹规划各方面在城乡间逐步共享，确立3~5年的发展战略。城乡之间不平衡最突出的表现就在于基本公共服务发展水平的不平衡。要从教育、医疗、文化等方面率先实现普惠共享。此阶段要达到以下目标：教育方面，教育公平是社会公平的重要基础，要大力促进教育公平，优先发展农村的教育事业，促进各类教育资源向乡村倾斜。建立以城带乡、整体推进、城乡一体、均衡发展的义务教育发展机制。教育部加快对中小学数字化基础设施的完善，加快农村学校网络化的宽度与深度建设，推动优质的数字资源在城乡地区共建共享，实现教育资源的享用均等化、便捷化水平大幅提升。医疗方面，统筹加强乡村医疗卫生人才和医疗卫生服务设施的建设，并通过鼓励县医院和乡村的卫生所建立医疗共同体，鼓励城市大医院对口帮扶或者发展远程医疗来缓解农村居民看病难、看病贵的问题。应结合新时期医保的发展需求，逐步建成自上而下的全国医保信息化体系"一盘棋"格局，确保各省市医保的统一化、标准化、智能化水平。规划构建省、市、县三级骨干医疗网络，横向建立地区医保部门与同级人社、卫健、公安、税务等单位信息互通网络平台，对乡、村（社区）卫生服务中心建立远程医疗交流平台。文化方面，优质的公共文化是提高城乡居民生活质量和精神文明的重要保障。要统筹城乡公共文化的设施布局、服务提供、队伍建设，推动文化资源重点向农村倾斜，提高服务的覆盖面和适用性，让城乡居民都能够享有更丰富、更适合各自特点的文化。不断推动基层公共文化机构数字化建设，结合新时代互联网络设施设备构建多元化的文化共享体系。要努力做到城乡要素自由流动的制度性通道基本打通，除个别超大城市外的城市落户限制要放开放宽，城乡统一的建设用地市场要基本建成，农村产权保护交易制度框架要基本形成，经济发达地区、都市圈和城市郊区在体制机制改革上要率先取得突破。乡村建设行动取得明显成效，乡村面貌发生显著变化，乡村发展活力充分激发，乡村文明程度得到新提升，农村发展安全保障更加有力。智慧城市建设初具规模带动数字乡村协同发展，城乡人才、物资等要素双向自由流动，城乡共生共荣、互联互通。

二、中期促进阶段

经过初期的启动各省市应基本找到适合本地区的发展战略规划，在此基础上应制订 5～10 年的促进发展政策，我国智慧城市、数字乡村的建设应初具规模，城乡居民生活基本达到均等化，城乡基本公共资源布局合理，共享更加便利化，社会公共资源城乡共享将更进一步发展，城乡各美其美、共建共美，生态文明建设成果总体达到中等发达国家水平。2020 年，数字乡村建设取得初步进展。全国行政村 4G 覆盖率超过98%，农村互联网普及率明显提升。农村数字经济快速发展，建成一批特色乡村文化数字资源库，"互联网+政务服务"加快向乡村延伸。网络扶贫行动向纵深发展，信息化在美丽宜居乡村建设中的作用更加显著。到 2025 年，数字乡村建设取得重要进展。乡村 4G 深化普及、5G创新应用，城乡"数字鸿沟"明显缩小。初步建成一批兼具创业孵化、技术创新、技能培训等功能于一体的新农民新技术创业创新中心，培育形成一批叫得响、质量优、特色显的农村电商产品品牌，基本形成乡村智慧物流配送体系。乡村网络文化繁荣发展，乡村数字治理体系日趋完善。到 2035 年，数字乡村建设取得长足进展。城乡"数字鸿沟"大幅缩小，农民数字化素养显著提升。社会公共资源城乡共享的演化发展应达到新的高度，城乡发展与生态文明建设水平更加智慧化，各系统必将优化整合、协同发展，社会公共资源共享与配置的内容和形式协调同步，城乡融合形成可复制化的操作范式，建立起共同的价值观和组织结构，使共享内容日益丰富，共享程度显著提升。完善自然资源遥感监测"一张图"和综合监管平台，对永久基本农田实行动态监测。建设农业农村遥感卫星等天基设施，大力推进北斗卫星导航系统、高分辨率对地观测系统在农业生产中的应用。推进农业农村大数据中心和重要农产品全产业链大数据建设，推动农业农村基础数据整合共享。农业农村现代化基本实现，城乡基本公共服务均等化基本实现，乡村治理体系和治理能力现代化基本实现，生态宜居的美丽乡村基本实现。到21世纪中叶，城乡在教、科、文、卫资源方面的共享全面处于同等水平（见图7.3），携手共进，各方面互通有无，城乡都将成为宜居、乐居的幸福家园。

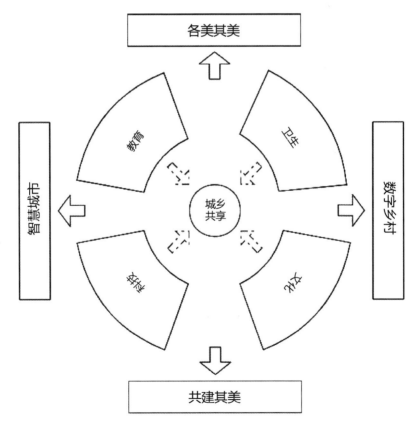

图 7.3 社会公共资源城乡共享的中期促进阶段

三、长期优化阶段

经过 10~15 年的促进城乡发展阶段，城乡间公共资源共享应达到高度便捷化、数字化、智慧化；推进全面覆盖乡村的社会保障、社会救助系统建设，加快实现城乡居民基本医疗保险异地就医直接结算，社会保险关系网上转移接续。大力发展"互联网+医疗健康"，支持乡镇和村级医疗机构提高信息化水平，引导医疗机构向农村医疗卫生机构提供远程医疗、远程教学、远程培训等服务。建设完善中医馆健康信息平台，提升中医药服务能力。完善面向孤寡和留守老人、留守儿童、困境儿童、残障人士等特殊人群的信息服务体系。到 2035 年城乡融合发展的体制机制更加完善。要努力做到城乡发展差距和居民生活水平差距显著缩小，城乡有序流动的人口迁徙制度要基本建立，城乡统一建设用地市场要全面形成，城乡普惠金融服务体系要全面建成，基本公共服务均等化要基本实现，农业农村现代化要基本实现。到 21 世纪中叶 2050 年左右，城乡融合发展的体制机制成熟定型，这时要努力做到城乡全面融合、乡村全面振兴、全体人民共同富裕基本实现。此阶段我国也将实现全面复兴，城乡人民生活水平趋于一致，全面达到中高等发达国家水平，城镇和乡村无论在物资方面还是精神方面都进行革新，乡村更加美丽、城乡居民福利水平更加优厚，在各方面引领世界发展的潮流。城乡在教育、科技、文化和医疗卫生各个方面高度共享，农村居民不用出村便可享受与城市同等水平的医疗服务、优质教育等资源。更多地区实现高中教育义务普及，更多的高等教育在乡村建设分校，推动教育优质资源的城乡共享共用，全民科技知识普及基本全覆盖，文化水平空前繁荣，融合更多现代化元素，创新发展传统文化（见图 7.4），乡村全面振兴、农业强、农村美、农民富的目标全面实现，城乡教育、科技、文化和医疗资源线上线下互联互通、共建共享的局面全面实现。

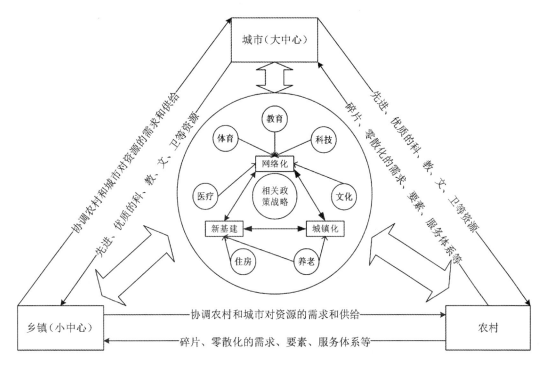

图 7.4　社会公共资源城乡共享的长期优化阶段

第三节　社会公共资源网络化城乡共享政策执行路径

一、社会公共资源网络化城乡共享对策路径

（一）宏观调控

城乡公共资源均衡配置的关键在于构建有限政府、提高农村公共资源的供给水平。最先开始的应该是政府观念的改变，将全能型观念转变为有限型，强化改革政府职能，构建有限型政府。针对政府的职能、权力、行动等方面进行适当水平的限制，宪法和法律应该清晰量化限定政府职能。此外还要设立相应纠正偏差的机制，使得政府在行

247

政过程中如果发生偏差能及时得到有效纠正。其次，要充分运用政府在社会福利和公共资源范畴的主导作用。各级政府应切实执行依法行政，加强城乡公共资源共享，实现有关领域的立法工作，并在相应的法律规范中体现城乡均等化的价值观。此外，要保证各级政府在农村公共资源供给中权责清晰、分工明确，凡是属于全国性的农村公共资源应由中央政府提供；地方政府提供地区性的农村公共资源，以地方政府为主、中央政府为辅来提供跨地区性的农村公共资源。推进以人为核心的新型城镇化。整个城乡融合发展的体制机制改革都是有利于农民增收的，从更宏观的角度来说，要增加农民的收入关键靠分子和分母联动。所谓缩小分母，就是减少农民，要持续转移农业就业人口，特别是通过城镇化减少农民；所谓增大分子，就是提升农业的价值链，通过农业农村新业态的培育。解放和发展社会生产力，要求打破城乡产业边界，推动城乡产业互相补充、协调发展；在保障好农民自主权和收益权的前提下，通过城乡平权化和资源配置市场化改革，推动土地、资本、技术、管理、数字、劳动力等要素在城乡之间平等交换、双向流动，包括一二三产业的融合、农业产业化经营等，拓宽或者延伸农业产业链、提升价值链。从两方面入手，才能真正实现农民收入的持久稳定增长。建设以县域为大中心、以乡镇为小中心的城乡融合发展格局，实现城乡各方资源一小时互通的制度机制措施。从国家宏观发展的大背景结合财政政策和货币政策为社会公共资源城乡共享的发展规划路线，对区域不协调的地区，因地制宜地实施优势各方互补，构建"区域联合"发展机制，强化城乡互动的基础设施建设，以大城市的发展带动乡镇发展为指引，推动镇、村联动发展。各级政府建立相关责任制度，通盘考虑城、乡、村融合发展，做到"有人负责、有责必追"，落实各责任主体的相关任务。

（二）财政金融

完善发展乡村普惠金融服务机制。第一，转换以产业和城市为核心的发展形式，增加对农村的支持和保障，利用产业反哺农业、城市支持农村的方式来减少公共资源在城乡之间存在的差距。加大公共财政对农业、农村及农民的支持力度和财政补贴，提升农村居民的福利水平，转变财政支出结构。财政支出要特别重视保障农村和农民迫切需要的基础教育、社会保障等社会性公共资源以及农村水利基础设施、农业科技服务等具有农村特殊性、农业现代化的公共项目。第二，转变国民收入分配模式和公共财政支出布局，延伸公共财政覆盖农业及农村的范畴，将更多的财政资金倾斜于农业和农村，持续提高和改善农村公共资源的水平和质量。第三，要通过法律形式保障各级政府对农村公共资源的投入，明确规定质量水平、资金保障等实现农村公共资源投入机制的规范化及刚性化。为了更好地发挥政府扶持资金作用，强化龙头企业、合作组织联农带农激励机制，探索将新型农业经营主体带动农户数量和成效作为安排财政支持资金的重要参考依据。以土地、林权为基础的各种形式合作，凡是享受财政投入或政策支持的承包经营者均应成为股东方。鼓励将符合条件的财政资金特别是扶贫资金量化到农村集体经济组织和农户后，以自愿入股方式投入新型农业经营主体，对农户土地经营权入股部分采取特殊保护，探索实行农民负盈不负亏的分配机制。在农村建立健全相关的银行普惠金融机构，规范对农民的补贴标准制度，落实三农补贴发放时效与金额，对农村居民适时开展金融常识的宣传讲堂，鼓励企事业单位有针对性地对城乡公共资源的投入，切实改善农村落后的教育、医疗水平。对农村金融市场的投入、投出制度进行严格审查，逐步健全规范、标准、竞争性的农村金融市场，对一些特殊企事业适当放宽准入门槛，推动各金融机构主体的竞争，让农村居民获得最大的效益。相对偏远、贫穷的地区，政府应积极参与探寻城乡发展的最优路径，形成政府主导、企业带动、社会参与、多方投入的融资机构助力城乡协调发展，为社会公共资源在城乡间的共享提供持续、可靠的财政支持；对于城乡发展水平较高的地区需进一步探索、创新发展农村金融服务机制，适当对偏远的乡村建立合作互助机制，建立健全更加完善的农村金融服务体系，基本的教育、医疗等资源应形成城乡共享达到动态平衡状态，各方协同发展建成在"三农"领域投入不断增加的长效机制。同时，对城乡教、科、文、卫等资源方面确立金融考核监管机制，确保向农村居民共享的资源全面、丰富。

（三）法律法规

法律法规体系是制度安排的重要保障，也是保障农民基本权益的重要依据。健全法律制度，完善技术共享体系。法律制度的完善是特色保护类乡村、城郊融合类乡村、集聚提升类乡村以及搬迁撤并类乡村提升技术共享绩效的前提和保证。这是缘于城乡技术共享，如果只是简单地将现代信息技术嵌入原有的城乡共享模式，而忽视对法规制度的完善和调整，那么城乡技术共享只会沦为流于形式的产物，无法发挥固有的价值优势。因此，城乡技术共享需要以制度建设为基准，在决策、执行和监督方面都严格遵循法规制度，才能使城乡共享现代化体系更加科学化、民主化、规范化。国家出台了《乡村振兴战略规划（2018—2022年）》《数字乡村发展战略纲要》等有关乡村技术共享的法律制度。因此，当前需要在国家有关乡村技术共享法律制度引导下，尽快根据特色保护类乡村、城郊融合类乡村、集聚提升类乡村以及搬迁撤并类乡村的不同特性与技术共享重点任务，出台适合本地区发展的政策制度，以此完善城乡技术共享体系，促进社会公共资源城乡共享的绩效水平。公共资源的配置过程中，由于监督机制不完善，很多地方官员为体现政绩，大搞形象工程，造成了权力的异化。政府务必要巩固和强化公共资源供给的监督机制，包括内外部监督。第一，应建立以公共资源为中心的政绩评价机制，发挥政府和市场之间的互补性，减少城乡差距和利益冲突，促进城乡经济社会的协调发展和公平正义。建立科学的官员考核选拔机制，将考核和选拔政府官员的权利交给人民。第二，构建为人民服务的政府绩效评价系统，正确合理地设置政府绩效评价的实质和指标，把完成城乡经济一体化发展、公共资源供给情况、巩固社会和谐等情况作为评价的主要关注点，并建立回应性的绩效评估机制，避免绩效评估的形式化、模糊化。第三，设立专门的内部监督机构，可以及时纠正配置过程中出现的问题。还要定期公开资源配置信息和决策，对于出现的问题和失误需要及时纠正。第四，健全完善公共资源效果跟踪反馈制度、行政问责制，完善决策的监督制度和机制，明确监督主体、监督内容、监督对象、监督程序和监督方式，规范操作程序，提升社会现状的公开水平，巩固和强化对公共资源计划行为过程的全面监督。各级各部要根据国家出台的相关城乡发展文件结合本地区的发展实际，规划设计城乡发展规划蓝图，完善城乡教育、医疗等基本的公共服务共享的配套法律法规制度体系，建立相应的责任制，在部分地区优先设计"终身负责制"。以民法典为基本建立健全相关城乡发展的法律法规不仅可以促进社会公共资源在城乡间更加合理、有序地流动，还能对社会公共资源城乡共享中的不当措施进行约束，更能增加城乡居民的法律意识，以确保社会公共资源供给与需求各方主体的现实利益。各地区应针对农村居民对现实生活发展的需求，落实保障"三农"的持续发展，推动公共资源的规范流动以给予最需要的农村地区居民，促进农村繁荣发展。最终要建立健全以维护城乡居民的合法权益，保障农民对农村公共资源需求的表达机制，完善城乡公共资源共享各方主体的监督制度体系。

二、社会公共资源网络化城乡共享实践路径

（一）树立技术共享的思维

一是坚持以人为本，变革共享理念。首先就是要解决农业转移人口市民化的问题。要促进有条件、有能力在城市稳定就业生活的农业转移

人口落户。放开放宽除个别超大城市的户籍限制，不能片面理解为这是抢人大战，也不能片面地理解为这是放松房地产调控。解决农民工的落户问题首先是坚持存量优先、带动增量的原则。存量优先是指已经在城市长期就业、工作、居住的这部分农业转移人口，特别是举家迁徙的，还有新生代农民工，以及农村学生升学和参军进入城镇的。这些重点人群才是落户的重点，而不是说片面地去抢人才。城市需要人才，但是更需要不同层次的人口，绝不能搞选择性落户，这是政策需要把握好的东西。超大城市、特大城市要更多地通过优化积分落户政策来调控人口，既要留下愿意来城市发展、能为城市做出贡献的人口，又要立足城市功能定位，防止无序蔓延。在乡村振兴时代，无论是特色保护类乡村、城郊融合类乡村，还是集聚提升类乡村、搬迁撤并类乡村，其技术共享的内涵都是现代技术与城乡社会共享的有机融合。实践中尽管我们注重对先进技术的应用与拓展，但是其本质是通过利用现代信息技术手段实现城乡共享理念的变革。基于此种认知，政府需要以包容创新的态度积极推进现代技术下乡的步伐，鼓励现代技术在社会公共资源网络化城乡共享中功能价值的发挥，真正释放技术作为乡村振兴的关键变量作用。政府需要秉承人本观念，通过树立技术共享思维，使得现代技术真正成为造福于农村群众的利器，满足村民多元化的社会需求。通过不断放权于农村社会，使乡村多元主体真正参与到利用现代技术共享农村社会的场域中，从而促进城乡共享绩效提升。

二是加快乡村信息基础设施建设，优化农业科技信息服务。促进新一代信息技术与农业装备制造业结合，研制推广农业智能装备。鼓励农机装备行业发展工业互联网，提升农业装备智能化水平。推动信息化与农业装备、农机作业服务和农机管理融合应用。建设一批新农民新技术创业创新中心，推动产学研用合作。建立农业科技成果转化网络服务体系，支持建设农业技术在线交易市场。完善农业科技信息服务平台，鼓励技术专家在线为农民解决农业生产难题。大幅提升乡村网络设施水平。加强基础设施共建共享，加快农村宽带通信网、移动互联网、数字电视网和下一代互联网发展。持续实施电信普遍服务补偿试点工作，支持农村地区宽带网络发展。推进农村地区广播电视基础设施建设和升级改造。在乡村基础设施建设中同步做好网络安全工作，依法打击破坏电信基础设施、生产销售使用"伪基站"设备和电信网络诈骗等违法犯罪行为。

（二）优化技术资源的配置

一是规避技术鸿沟，注重均衡发展。在大数据时代，现代信息技术成为推动乡村治理结构调整、治理方式转变、提升乡村治理绩效以及促进社会公共资源网络化城乡共享的关键。引导集聚提升类村庄全面深化网络信息技术应用，培育乡村新业态。引导城郊融合类村庄发展数字经济，不断满足城乡居民消费需求。引导特色保护类村庄发掘独特资源，建设互联网特色乡村。引导搬迁撤并类村庄完善网络设施和信息服务，避免形成新的"数字鸿沟"。信息技术在特色保护类乡村、城郊融合类乡村、集聚提升类乡村以及搬迁撤并类乡村的普及有所差异，但对政府而言，应避免出现技术资源配置的不均衡问题。为了消除上述四类不同乡村之间的技术鸿沟，政府需要在充分整合民意的基础上，确保特色保护类乡村、城郊融合类乡村、集聚提升类乡村以及搬迁撤并类乡村不同利益相关者能够实现平等的利益表达诉求，从而真正保障各乡村的整体利益，促进各地区均衡发展。首先，从地区结构层面来看，要注重东西部不同类型乡村数字鸿沟的存在。尽管由于区域经济发展水平的不均衡，这种技术鸿沟在短期内很难消除，但是政府应加大对西部薄弱地区的乡村公共基础设施建设，尤其是现代信息技术支持，以弥补技术鸿沟引发的共享失败问题。其次，从信息数据结构来看，信息孤岛数据垄断会引发同一地区上述四类不同村庄的数字信息利用和技术效率提升问题，因此，需要通过建设数据采集、管理框架和一体化规范体系，规避技术共享鸿沟的出现，促进不同类型城乡技术共享的均衡发展。推进农业数字化转型。加快推广云计算、大数据、物联网、人工智能在农业生产经营管理中的运用，促进新一代信息技术与种植业、种业、畜牧业、渔业、农产品加工业全面深度融合应用，打造科技农业、智慧农业、品牌农业。建设智慧农（牧）场，推广精准化农（牧）业作业。实施"互联网+"农产品出村进城工程，加强农产品加工、包装、冷链、仓储等设施建设。深化乡村邮政和快递网点普及，加快建成一批智慧物流配送中心。深化电子商务进农村综合示范，培育农村电商产品品牌。建设绿色供应链，推广绿色物流。推动人工智能、大数据赋能农村实体店，促进线上线下渠道融合发展。贯彻"绿水青山就是金山银山"的发展理念，推动农村资源优势、生态优势转化为经济优势、发展优势，为城市发展提供良好的生态环境与安全食品，推进城市与乡村、人与自然的和谐共融。

二是创新人才培育模式，推动技术平台构建。制定人才加入乡村制度细则，允许符合条件的入乡就业创业人员在原籍地或就业创业地落户并依法享有相关权益，探索以投资入股、合作等多种方式吸收人才入乡。鼓励原籍普通高校和职业院校毕业生、外出农民工及经商人员回乡创业兴业。探索通过岗编适度分离等多种方式，推进城市教科文卫体等工作人员定期服务乡村。建立科研人员入乡兼职兼薪和离岗创业制度，深入推行科技特派员制度，引导规划、建筑、园林等设计人员入乡。城乡技术共享可以被理解为基于技术进步的特征，从而推进社会公共资源网络化城乡共享从低级发展状态向高级发展状态的转型过程，在此过程中创新人才培育模式，推动技术平台构建发挥着重要的作用。首先，现代化人才培育是特色保护类乡村、城郊融合类乡村、集聚提升类乡村以及搬迁撤并类乡村实现技术共享的灵魂。在上述四种类型乡村技术共享的人才队伍建设上，需要秉承培育技术应用型人才的理念，致力于形成多层次、多类型的人才队伍建设体系。特别是要对上述四类乡村地区的社会组织和农民群体进行信息技术方面的培训，帮助他们提升参与乡村共享的能力。与此同时，通过借助政府部门、科技企业、社会团体等的技术优势和知识经验，在维护乡村整体利益目标下，达成战略合作计划，共同致力于研发乡村技术共享所需的各种网络化平台。包括加强农村信息基础网络建设，重视乡村技术共享所需的软硬件基础设施配套；构建乡村公共数据库和各专业数据库，实现对乡村社会共享的数据化管理，从而推动乡村技术共享的创新发展。

（三）构建多元共治的格局

一是完善城乡布局，推进乡村发展。以城市群为主体构建大中小城市和小城镇协调发展的城镇格局，增强城镇地区对乡村的带动能力。加快发展中小城市，完善县城综合服务功能，推动农业转移人口就地就近城镇化。因地制宜发展特色鲜明、产城融合、充满魅力的特色小镇和小城镇，加强以乡镇政府驻地为中心的农民生活圈建设，以镇带村、以村促镇，推动镇村联动发展。建设生态宜居的美丽乡村，发挥多重功能，提供优质产品，传承乡村文化，留住乡愁记忆，满足人民日益增长的美好生活需要。城市近郊区以及县城城关镇所在地的村庄，具备成为城市后花园的优势，也具有向城市转型的条件。综合考虑工业化、城镇化和村庄自身发展需要，加快城乡产业融合发展、基础设施互联互通、公共服务共建共享，在形态上保留乡村风貌，在治理上体现城市水平，逐步强化服务城市发展、承接城市功能外溢、满足城市消费需求能力，为城乡融合发展提供实践经验。

二是多方协同共享，推动居民参与。在公共资源配置的决策、实施过程中，充分征询与尊重农村居民的意见，是缩小城乡公共资源的差距的路径之一，从而保证公共资源配置制度的合法性。大数据时代的城乡技术共享的实现需要的是一个倡导、动员和推动跨政府组织边界和跨政府、社会与市场边界开展合作的政府。然而，受传统社会的城乡管控模式影响，当前我国城乡社会共享中依旧采取的是一种非协商性的精英共享模式。这种以政府为主导的城乡共享模式，显然无法与城乡技术共享融合共生发展。政府在公共资源配置制度制定中起主导作用，但如果没有社会成员广泛参与，就很难制定出符合全体社会成员利益需要的公共资源配置制度，同时还会影响实施效果。因此，现阶段，我们需要在特色保护类乡村、城郊融合类乡村、集聚提升类乡村以及搬迁撤并类乡村中更多地鼓励乡村社会中多元主体力量的参与，注重发挥好不同主体在城乡技术共享和公共服务供给中的协同合作。第一，应明确规定农村居民在公共资源配置过程中的权利和义务关系，使农村居民能够有效地参与到公共资源配置过程中来。第二，通过政府和社会引导，让农村居民主动去提高自己的基础知识和专业技能水平，提升农村居民的文化水平和综合素质。第三，加强和提升农村居民的监督观念，培养其主动和自觉监督的意识。同时，政府要尊重和重视农村居民的意见和建议，建立良好的沟通渠道和信息反馈机制，使公共资源配置制度运营在阳光普照之下。在这些共享主体中，尤其要强调村民参与的积极性与主动性，通过培养村民对乡村社会的归属感和认同感，激发其参与城乡技术共享的热情。同时，通过培训和锻炼农村群众利用现代技术的能力，使其更好地参与城乡社会公共事务共享过程，真正发挥城乡技术共享的价值。

（四）激发产业双创的活力

一是培育壮大创新创业群体，完善创新创业服务体系。推进产学研合作，加强科研机构、高校、企业、返乡下乡人员等主体协同，推动农村创新创业群体更加多元。培育以企业为主导的农业产业技术创新战略联盟，加速资金、技术和服务扩散，带动和支持返乡创业人员依托相关产业链创业发展。整合政府、企业、社会等多方资源，推动政策、技术、资本等各类要素向农村创新创业集聚。鼓励农民就地创业、返乡创业，加大各方资源支持本地农民兴业创业力度。深入推行科技特派员制度，引导科技、信息、资金、管理等现代生产要素向乡村集聚。发展多种形式的创新创业支撑服务平台，健全服务功能，开展政策、资金、法律、知识产权、财务、商标等专业化服务。建立农村创新创业园区（基地），鼓励农业企业建立创新创业实训基地。鼓励有条件的县级政府设立"绿色通道"，为返乡下乡人员创新创业提供便利服务。建设一批众创空间、"星创天地"，降低创业门槛。依托基层就业和社会保障服务平台，做好返乡人员创业服务、社保关系转移接续等工作。顺应城乡居民消费拓展升级趋势，结合各地资源禀赋，深入发掘农业农村的生态涵养、休闲观光、文化体验、健康养老等多种功能和多重价值。遵循市场规律，推动乡村资源全域化整合、多元化增值，增强地方特色产品时代感和竞争力，形成新的消费热点，增加乡村生态产品和服务供给。实施农产品加工业提升行动，支持开展农产品生产加工、综合利用关键技术研究与示范，推动初加工、精深加工、综合利用加工和主食加工协调发展，实现农产品多层次、多环节转化增值。

二是建立创新创业激励机制，打造创新城乡结合收益模式。加快将现有支持"双创"相关财政政策措施向返乡下乡人员创新创业拓展，把返乡下乡人员开展农业适度规模经营所需贷款按规定纳入全国农业信贷担保体系支持范围。适当放宽返乡创业园用电用水用地标准，吸引更多返乡人员入园创业。各地年度新增建设用地计划指标，要确定一定比例用于支持农村新产业新业态发展。落实好减税降费政策，支持农村创新创业。加快推广"订单收购+分红""土地流转+优先雇用+社会保障""农民入股+保底收益+按股分红"等多种利益联结方式，让农户分享加工、销售环节收益。鼓励行业协会或龙头企业与合作社、家庭农场、普通农户等组织共同营销，开展农产品销售推介和品牌运作，让农户更多分享产业链增值收益。鼓励农业产业化龙头企业通过设立风险资金、为农户提供信贷担保、领办或参办农民合作组织等多种形式，与农民建立稳定的订单和契约关系。完善涉农股份合作制企业利润分配机制，明确资本参与利润分配比例上限。依托现代农业产业园、农业科技园区、农产品加工园、农村产业融合发展示范园等，打造农村产业融合发展的平台载体，促进农业内部融合、延伸农业产业链、拓展农业多种功能、发展农业新型业态等多模式融合发展。加快培育农商产业联盟、农业产业化联合体等新型产业链主体，打造一批产加销一体的全产业链企业集群。推进农业循环经济试点示范和田园综合体试点建设。加快培育一批"农字号"特色小镇，在有条件的地区建设培育特色商贸小镇，推动农村产业发展与新型城镇化相结合。

（五）统筹城乡发展的空间

一是强化空间用途管制，推进城乡统一规划。强化国土空间规划对各专项规划的指导约束作用，统筹自然资源开发利用、保护和修复。按照不同主体功能定位和陆海统筹原则，开展资源环境承载能力和国土空间开发适宜性评价，科学划定生态、农业、城镇等空间和生态保护红线、永久基本农田、城镇开发边界及海洋生物资源保护线、围填海控制线等主要控制线。推动主体功能区战略格局在市县层面精准落地，健全不同主体功能区差异化协同发展长效机制，实现山水林田湖草整体保护、系统修复、综合治理。通盘考虑城镇和乡村发展，统筹谋划产业发展、基础设施、公共服务、资源能源、生态环境保护等主要布局。形成田园乡村与现代城镇各具特色、交相辉映的城乡发展形态。强化县域空间规划和各类专项规划引导约束作用，科学安排县域乡村布局、资源利用、设施配置和村庄整治，推动村庄规划管理全覆盖。综合考虑村庄演变规律、集聚特点和现状分布，结合农民生产生活半径，合理确定县域村庄布局和规模，避免随意撤并村庄搞大社区、违背农民意愿大拆大建。加强乡村风貌整体管控，注重农房单体个性设计，建设立足乡土社会、富有地域特色、承载田园乡愁、体现现代文明的升级版乡村，避免千村一面，防止乡村景观城市化。

二是优化乡村发展布局，保护生产生活生态空间。乡村生产空间是以提供农产品为主体功能的国土空间，兼具生态功能。围绕保障国家粮食安全和重要农产品供给，充分发挥各地比较优势，重点建设以"七区二十三带"为主体的农产品主产区。落实农业功能区制度，科学合理划定粮食生产功能区、重要农产品生产保护区和特色农产品优势区，合理划定养殖业适养、限养、禁养区域，严格保护农业生产空间。适应农村现代产业发展需要，科学划分乡村经济发展片区，统筹推进农业产业园、科技园、创业园等各类园区建设。乡村生活空间是以农村居民点为主体、为农民提供生产生活服务的国土空间。坚持节约集约用地，遵循乡村传统肌理和格局，划定空间管控边界，明确用地规模和管控要求，确定基础设施用地位置、规模和建设标准，合理配置公共服务设施，引导生活空间尺度适宜、布局协调、功能齐全。充分维护原生态村居风貌，保留乡村景观特色，保护自然和人文环境，注重融入时代感、现代性，强化空间利用的人性化、多样化，着力构建便捷的生活圈、完善的服务圈、繁荣的商业圈，让乡村居民过上更舒适的生活。乡村生态空间是具有自然属性、以提供生态产品或生态服务为主体功能的国土空间。加快构建以"两屏三带"为骨架的国家生态安全屏障，全面加强国家重点生态功能区保护，建立以国家公园为主体的自然保护地体系。树立山水林田湖草是一个生命共同体的理念，加强对自然生态空间的整体保护，修复和改善乡村生态环境，提升生态功能和服务价值。全面实施产业准入负面清单制度，推动各地因地制宜制定禁止和限制发展产业目录，明确产业发展方向和开发强度，强化准入管理和底线约束。

本章总结

社会公共资源的均衡是实现城乡一体化的重要保证，然而我国城乡公共资源在数量和质量上存在极大差距。从社会公平的角度来看，能够真正实现城市和乡村社会公共资源的共享，可以说是达成城乡一体化发展的最佳途径。城乡代表着我国经济社会发展的底色，也是基层治理的基本场域，具备统筹资源开发、基础设施、公共服务、经济布局、生态保护等各方面的能力，是各种要素流动的重要节点。打通城乡要素流动渠道，完善城乡基础设施和公共服务，有利于为新阶段推进城乡共享开创新局。

本章节首先分析了社会公共资源网络化城乡共享的路径图，接着分析了社会公共资源网络化城乡共享的演化发展路径，将其划分为初期启动、中期促进、长期优化三个阶段，对 2022 年到 2050 年的社会公共资源网络化城乡共享提出设想。然后对社会公共资源网络化城乡共享对策路径进行了概括，包含宏观调控、财政金融、法律法规三个部分。最后提出树立技术共享思维、优化技术资源的配置、构建多元共治的格局、激发产业双创的活力以及统筹城乡发展空间的社会公共资源网络化城乡共享的实践路径，为当前国家相关发展规划提出社会公共资源网络化城乡共享的实施路径的参考建议。

第八章　研究结论与政策建议

第一节　研究结论

　　建立健全城乡融合发展体制机制和政策体系、推动城乡公共资源共享，是新时代重塑新型城乡关系，走城乡融合发展之路，促进乡村振兴和农业农村现代化的重大战略课题。新时代对乡村振兴与共同富裕提出了更高的要求，新型网络化城乡共享机制在促进城乡要素流动、推动以工促农与以城带乡局面形成、推进城乡建设现代化等方面，已经成为极为重要的中国特色现代化城乡融合发展动力源泉。与此同时，社会公共资源城乡共享机制的理论探索与实践研究已从单向模式、流通渠道，深入中国模式、协调机制、互促体系等层面，目前围绕新时代背景和新型城乡关系下的相关研究，还不够系统全面。在上述现实条件下，本研究从网络化与新型城乡关系出发，聚焦于社会公共资源共享体制与政策体系中实践层面的六个基本问题：

　　其一，国外社会公共资源城乡共享的模式和特点有哪些？有哪些经验或教训值得我们学习借鉴或反思？

　　其二，我国社会公共资源城乡共享的历程与成效如何？评判成效的依据是什么？目前还存在什么现实问题？

其三，在社会公共资源网络化城乡共享的过程中，会受到哪些因素的影响？哪些因素对共享效率指数的影响更显著？如何进一步调控共享效率指数？

其四，如何考察社会公共资源城乡共享与城镇化、网络化之间的协调关系？如何运用相关模型，测度其与城镇化和网络化的耦合协调度？

其五，如何从社会公共资源城乡共享角度构建有效推动社会资源数字化共享发展、指导城乡资源均衡配置的博弈模型？以此为基础，如何设计以社会公共资源城乡网络化共享为中心的供给机制？

其六，要突破城乡共享桎梏，实现社会公共资源网络化共享，应该实施怎样科学且有效的发展路径？

以上述问题为研究的出发点和路径，本书在乡村振兴背景下，广泛采用文献研究法、案例分析法、回归分析法、时间梳理法、指标评价法、场域分析法、三方演化博弈等，以"理论基础→国外共享模式经验镜鉴→我国现有现实状况→影响因素研究→耦合协调机制研究→供给动力机制分析→推进路径设计→共享措施与政策建议"为研究的逻辑思路，深入探讨研究了在乡村振兴背景下社会公共资源新型网络化城乡共享机制实现，开展了研究现状深入了解、理论基础分析、经验借鉴、现实状况梳理、系统动力学模型构建、供给机制演化仿真、推进路径与实施方式等工作，最后本研究得到的主要研究结论如下。

1. 国外典型的社会公共资源均等化的实践经验，为我国的社会公共资源城乡共享提供一定的指导价值和启示。通过对美国、英国、日本和韩国的社会公共资源共享机制的剖析，归纳国外的共同特征，发现这些做法对我国社会公共资源城乡共享的发展具有借鉴作用。首先，应科学划分中央政府与地方政府间的事权和财权。通过各级政府间基本社会公共资源责任的界定，有效保障各类基本社会公共资源项目的供给和推进；将关系国家整体利益和需要统一筹划的项目交由中央和省级政府承担，各地方政府则主要承担管辖范围内居民实际需求侧的供给，明确分工从而调动各级政府的主动性。其次，健全公共财政体系。政府需调整公共财政的支出结构，加大城乡基本社会公共资源共享的投入；增加对社会公共资源网络化共享建设的财政投入；加大对中西部相对落后地区的财政扶持。再次，加强对公共财政转移支付制度的改革。将中央政府的公共财政收入向地方政府纵向转移，分担地方政府的支出压力；建立各级地方政府的横向转移支付，减轻中央政府的财政压力；搭建合理有效的转移支付方式，使财政转移规范化和模式化，减少人为因素的干扰。最后，加速构建更完善的法律法规体系。制定我国社会公共资源城乡共享相关的法律法规立法，加快服务型政府建设，保障公共资源的网络化共享环境和数据安全；建立惠及全民的社会公共资源共享体系，实施激励性的政策，调动人人共同参与社会公共资源城乡网络化共享的积极性。

2. 社会公共资源城乡共享的演进历程，构建共享效率的评价指标体系进行资源共享的现实问题探讨。首先，以政府政策文本为基础，从价值观、发展观和供给观三个方面对我国基本公共服务发展进行梳理，并将其资源城乡共享的演进历程划分为四个阶段，分别为平均主义导向下城乡分离阶段、差异化导向的城乡竞争发展阶段、均等化导向的城乡统筹发展阶段和新时代城乡一体化共享发展阶段，进而明确和阐释了乡村振兴战略本质——推动城乡融合发展，构建新型城乡互惠共生关系；其次，借助于社会公共资源网络化城乡共享效率指数的自建评价指标体系，计算分析 2015—2020 年我国社会公共资源网络化城乡共享效率，剖析全国各省份各区域共享水平现状，分析整合提出整体社会公共资源网络化乡共享效率处于较低水平，区域指数差距较为明显，呈现"东—中—西"阶梯状递减特征，其省域间存在更为显著差异，为后续探讨现实问题提供现实依据；最后，依托于对共享水平现状的分析，立足资源配置的城乡失衡、资源共享的条件制约和影响因素三个角度，解析我国社会公共资源城乡共享的现实问题，进而厘清社会公共资源城乡共享的历史现实状况，促进城乡之间的协调、均衡发展局面形成，为充分发挥社会公共资源能力提供基础条件。

3. 文献梳理、Tobit 模型实证检验和动力学模型仿真模拟，探究社会公共资源网络化城乡共享的影响因素。首先，从共享效率指数角度考虑，梳理归纳得出经济环境、政府财政、社会发展、科技进步、网络化环境五个方面，探究其对社会公共资源网络化城乡共享效率指数的具体影响。其次，基于 Tobit 模型，设计具体指标量化分析我国 31 个省市的社会公共资源网络化城乡共享效率指数的影响因素。分析后发现经济发展水平、对外贸易、财政收入分权、城镇化水平和研发人员投入对共享效率的提升有显著促进作用，政府支持力、财政支出分权、研发经费投入反而会抑制效率指数提升，产业结构、政府影响力、人口规模、网络基础设施水平、移动互联网建设和网络普及率的影响作用不明显。最后，建立系统动力学模型，通过控制变量来探讨微观层面上不同影响因素相互作用的路径下，社会公共资源网络化城乡共享效率指数的变化趋势。社会公共资源网络化城乡共享系统主要由共享主体、共享环境和共享资源三部分构成，共享主体主要由政府、社会组织、城乡居民三部分组成，共享环境是影响社会公共资源网络化城乡共享发展的所有外界因素的总和，共享资源主要包括教育、科技、文化、医疗健康、社区服务等资源。建立系统中各个变量的结构方程式，通过模拟仿真得出变化趋势，结果显示，未来我国社会公共资源网络化城乡共享效率保持较好的发展趋势，长期影响程度从大到小依次为网络普及率、城镇化水平、研发人员投入、对外贸易、政府支持力、研发经费投入、经济发展水平、政府财政收入。

4. 耦合协调理论，耦合协调度模型，耦合协调机理，测度社会公共资源城乡共享与城镇化、网络化的耦合协调机制。首先，确定城镇化、网络化与社会公共资源城乡共享的协调机理。一是理清社会公共资源城乡共享、网络化与城镇化的含义，三者既相互制约又互相协调，是一个混合度高、立体性强、层次多样、充满不确定因素的开放系统；二是研究三者之间的耦合协调机理，城镇化推动社会公共资源的合理配置与共建共享，网络化建设为社会公共资源共享提供技术平台支撑，社会公共资源城乡共享提升城镇化与网络化的水平。接着建立社会公共资源城乡共享的耦合协调分析框架，重点研究促进社会公共资源城乡共享的推进目标、阶段与实现方式。其次，分析耦合协调理论，构建耦合协调模型，进行耦合水平分析。一是建立指标体系，通过熵权 TOPSIS 模型确定指标的权重，计算综合评价指数；二是确定耦合模型的计算方法，分析公共资源城乡共享、网络化、城镇化的发展特征，测度社会公共资源城乡共享分别与城镇化、网络化的耦合协调水平。通过分析发现，全国社会公共资源城乡共享水平总体不高，且各省间差距大，呈现波动性发展姿态；网络化水平在报告期内也呈现出波动性增长，各省间差异突出；城镇化水平不断提高，省间差距不断缩小。总体上三者之间有较高的关联性，四大区域耦合协调度差异显著，表现为东部发展最好，东北随后，中西部最差。最后，提出应优化城乡发展布局、完善数字社会建设、深化城乡融合发展的对策建议。

5. 从社会公共资源新型网络化城乡共享的供给与利益相关者视角，利用所建博弈模型进行仿真分析，构建相关供给动力机制。首先，从资源共享的供给背景、特征以及需求函数出发，完成供给分析，在社区公共服务主体的多元参与和协作化的要求下，积极推动和创新社会治理，借鉴"三社联动""三工互动""十大服务体系"与"365 社区工作服务体系"等公共服务供给的实践经验，促进政社合作，完成社会力量的补充发展与政社关系的整合式重构。其次，列举供给动力机制中的利益相关者，以政府、市场、非政府组织与城乡居民作为分析对象，构建社会公共资源城乡共享的博弈模型进行仿真。通过探讨博弈模型中三方实现稳定均衡的演化路径和影响因素发现：城乡共享系统中政府应发挥主导作用，以政府积极参与为前提，需求方带动供给方积极参与；其均衡动态演化博弈能否达到均衡状态受到诸多因素影响，主要包括政府监管额外成本、政府补贴、供需双方间资源转移成本与资源共享协同收益。最后，依托于社会公共资源新型网络化城乡共享的供给分析，提出供给动力机制的几大重要组成部分。从深化信息惠民服务统筹、强化城乡科技创新供给、推进城乡信息融合发展、乡村治理能力现代化以及统筹推动城乡网络化融合发展五方面详细地阐释说明信息化与科技化在资源城乡共享中所承担的关键角色与重要地位，应重点关注与推进。

6. 城乡社会发展历程分析，构建我国社会公共资源城乡的共享实践路径。首先，将城乡社会发展划分为三个阶段：初期启动阶段，统筹规划各方面在城乡间逐步共享，乡村建设行动取得明显成效，城乡共生共荣互联互通；中期促进阶段，推动各省市探索适合本地区的共享发展战略规划，社会公共资源城乡共享的发展达到新高度，城乡发展与生态文明建设水平更加智慧化，城乡居民生活实现均等化；长期优化阶段，推进全面覆盖乡村的社会保障与资源渠道，力争城乡公共资源共享达到高度网络化、智慧化，全面实现乡村振兴目标，公共资源达成线上线下互联互通、共建共享的理想局面。其次，从政府政策角度，通过宏观调控机制、财政金融机制和法律法规制度机制搭建社会公共资源共享对策体系，助力社会公共资源均衡与城乡一体化实现。最后，以树立技术共享思维、优化技术资源配置、构建多元共治格局、激发产业双创活力以及统筹城乡发展空间的方式为抓手，探寻社会公共资源城乡共享的实践路径，为当前国家相关发展规划提出社会公共资源城乡共享实践相关的参考建议。

我们认为，伴随着乡村振兴战略的展开，当代中国面临的城乡之间不平衡的问题必须由城乡融合发展来破解，重视城乡融合发展是解决当下城乡关系，促进乡村振兴的强大保障。只要我们坚持以新型城乡融合发展为契机，重塑自由平等的新型城乡关系，构建社会公共资源新型网络化城乡共享机制，使得乡村和城市一样能共享发展成果，就能建立城乡双赢的新发展局面。并持之以恒地沿着中国特色城乡融合发展之路，依据历史和时代的变化和实践发展，不断探索，担当历史使命，推动我们的城乡社会不断进步，以人类命运共同体思想为指导携手推进人类城乡关系良性、和谐、有序、融合发展，为深化践行社会共同富裕发展目标、加快建设社会主义现代化国家奠定坚实基础。

第二节　政策建议

一、取其精华，善于学习公共资源城乡共享有益举措

（一）合理安排社会公共资源供给中事权与财权的划分

建立社会公共资源均等化的成本分担和利益共享机制。按照财力与事权对等的原则，合理划分各级政府的事权，明确各级政府在社会公共资源建设中的支出责任，建立基本社会公共资源经费分担机制。对于体现社会公平正义、国家主权、维护统一市场、受益范围覆盖全国、推动区域协调发展的，并且信息比较容易获取和甄别的基本公共服务由中央负责。将直接面向基层、信息量大、信息复杂、涉及面广、与当地居民紧密相关的基本公共服务由地方负责，以便提高行政效率，降低行政成本，更多、更好地发挥地方政府组织能力强、贴近基层、获取信息便利的优势，更好地提供基本公共服务。规范中央与

地方共同事权的执行边界，根据基本公共服务的受益范围、影响程度，按照事权基本要素和执行环节，逐层细化分解，形成清晰明确的各级政府职责清单。

首先，根据中央与地方事权情况明确划分支出责任，属于中央政府的事权，应当由中央财政安排经费，属于地方政府的财政事权，原则上由地方政府安排经费，对于收支缺口，中央政府通过一般性转移支付进行弥补。其次，规范中央与地方共同事权，考虑基本公共服务受益范围等因素，将中央与地方政府分担比例进行规范，分解并细化各级政府承担的支出责任，努力做到支出责任与事权相适应。最后，根据客观条件、不可抗力等情况变化对事权与支出责任划分进行动态调节。

（二）调整对社会公共资源城乡共享的支出结构

从国外的财政支出结构可以看到，经济越是发达，其经济事务等支出在公共财政中所占比重越小，社会保障和就业等支出所占份额越大。这对我国的财政支出结构十分有参考价值。要通过优化支出结构，发挥好财政引导作用。目前，我国很多地区部分经济建设性支出已经超过最优支出范围，政府债务规模庞大，在一定程度上影响了财政可持续发展。为了更好地提供公共产品，应增加民生类支出，减少经济建设类支出，同时调整经济建设支出的内部结构，重点强化社会基础设施建设。在供给侧结构性改革的大背景下，公共财政要发挥出政府无形之手的作用，通过财政投入引导产业发展，加强城市载体建设，拓展民生类基本支出范围，重点关注民生关联度高的基础设施建设支出，减少纯粹性基本建设支出，以便民利民作为项目建设的出发点和落脚点，从直接供给到渗透铺垫，多维度促进人民生活水平提高。

我国幅员辽阔，各地区之间经济发展非常不平衡，东西部地区对基本公共服务投入水平差异较大，除了中央层面的统筹协调外，各地区之间也应加强协作。区域内各辖区政府可共同筹建区域协同发展的"资金池"，辖区财政部门负责筹措启动资金，专项用于协调区域内的公共事务，促进区域整体发展。考虑各辖区政府财力可能，确定担负比例和资金额度，相应额度纳入辖区财政年度预算；运用财政贴息、税式支出等形式，吸引社会资本投资。对于基础社会公共资源建设较弱的地区，财政保证能力较差，应通过调整完善支出结构，合理布局基本公共服务资源，财政资金加大对共享资源投入力度，形成上下游产业链，通过渐进式分批实施基本公共服务均等化。

（三）完善社会公共资源均等化财政转移支付机制

建立科学的转移支付机制是发挥转移支付效率的重要内容。目前我国的转移支付资金分配方法尚缺乏客观性和科学性，一定程度上不利于平衡地区财力。因此，我国有必要借鉴西方发达国家的经验，综合考虑各种因素，核算指标充分量化，计算过程充分透明，构建符合我国国情的科学严谨而又灵活的均衡性转移支付资金分配方式，加大社会公共资源均等化转移支付的数量和比例。进一步优化转移支付体系，完善科学的自上而下的转移支付制度，优化转移支付结构，加大以平衡地方基本公共服务能力的一般性转移支付比重，提升地区自主财政能力，由地方结合地方实际需要自行安排支出；重点向贫困地区、薄弱环节、重点领域、重点人群倾斜。

在不断完善纵向转移支付机制的基础上，探索建立社会公共资源均等化横向财政转移支付机制。如对口支援制度，就是通过政治决策，实现从发达地区向落后地区的横向转移支付。要实现区域间均衡发展，应考虑区域间政府为了实现某个领域或某一事项的协同合作，建立阶段性横向转移支付制度，较发达地区多投入、欠发达地区少投入或不投入，落后地区承接横向转移支付资金，共同履行公共服务职能。另外，建立特定政策目标转移支付，主要用于外溢性强或事关民生的领域，上级政府可以通过转移支付对下级政府财政支出进行调节和控制，以实现宏观调控政策目标。当一些地区因地震、洪灾、疫情等不可控因素引起财政上收不抵支，上级政府也需要给予特定的转移支付，用以扶持地方发展。

（四）建立健全社会公共资源共享的政策和法律环境

当前，我国的法律并没有对各级政府在基本公共服务供给中的具体责任予以明确的界定，只是根据国务院颁布的行政文件执行，且政府的事权责任规范过于宽泛、随意。在缺乏法律约束的情况下，在现有官员政绩考核机制下，地方官员更愿意将更多的财政资源集中于建设型支出，从而进一步加剧了各地区间的公共服务供给差距。基于我国行政区划的实际情况以及基本公共服务受益范围的有限性，均衡各地区的公共服务供给水平，要明确不同层级的政府在基本公共服务供给中的责任，将各级政府的责任予以清晰的界定，并予以法律化和规范化，通过立法的形式明确各级政府在公共服务供给中的具体职责，有助于巩固公共服务分权化改革的成果，防止上级政府对下级政府利益的侵犯。

同时，中央政府要完善对地方政府落实基本公共服务供给的法律机制，也要考虑构建以法律为保障的基本公共服务项目目标与实际完成度的细化与量化的政府绩效考核指标。加强与完善基本公共服务绩效考核的法治化是持续性发展的要求也是必要的手段，拥有健全的绩效考核法律机制对地方政府公共部门在财政权责支配使用上能起到客观的监督效应，从而提升基本公共服务区域的均等性与有效性。另外，也要通过制定法律机制来约束上级地方政府对下级支出责任扭曲的且无限制层层下移的行为，通过规范各级政府的财权责任，缓解财力薄弱的地区，特别是当地县级及县级以下地方政府基本公共服务供给的财政支出压力。

因此，应制定相应的法律制度来规范与监督该地区地方政府公共部门的公共行为，以提升其有效性。

二、坚持不懈，持续优化公共资源城乡共享内外环境

（一）发挥政府主体的宏观调控作用

乡村振兴战略的实施本质上就是要推动城乡融合发展，构建新型城乡互惠共生关系，政府作为建立健全城乡融合发展体制机制和政策体系的主体推动者，则应发挥应有的宏观调控作用。各级政府应该通过制度设计和政策制定适当引导发展资源向乡村倾斜，改变过去人、财、地等生产要素单向流动的被动局面，并激发乡村发展的内生动力，增强完善其自主造血能力，从而为推进乡村振兴工作和城乡融合发展创造良好的资源环境，助力实现城乡双向流动，重塑新型城乡关系，走一条城乡融合发展之路。

疏通土地与资本资源流通渠道。政府应首先通过资源匹配缓解要素短缺难题，并推动深化市场化改革，拓宽土地、资本资源流通渠道，提高其相关要素在城乡之间的配置效率。其次加快完善社会主体市场经济体制，引导资本、知识、信息等优质要素流入农村，力争在政府调控下消除各类资本和生产要素下乡的制度障碍。并以农村土地制度改革为突破口，完善土地产权制度，建立同权同价、流转顺畅、收益共享的农村集体经营性建设用地入市制度。同时适度放活宅基地、农民房屋与土地经营使用权，鼓励资本、技术等要素有序下乡，鼓励多形式推进农村土地有序流转。然后通过积极发展适度规模经营、挖掘存量土地等方式，为助推农村产业发展创造更大空间。同时政府可以建立公开、公正、规范运行的城乡土地交易平台和公共信息平台，在土地流转监管机制的协助下，促进城乡土地要素合理有序流动、公平公正交换，使广大农民的合法权益得到合理的价值体现。

建立城乡劳动要素对流双向机制。劳动力流动不仅有利于缩小城乡间的工资差别，同时也能带来资金、知识、技术等要素的聚集，推动农

业与二、三产业融合发展。但农村人口长期单向流入城市的情况，不仅造成农村发展空心化、老龄化，也严重影响和制约了农村建设和农业发展，乡村振兴最终需要依靠高质量人才支撑农村产业兴旺，依靠高素质人口支撑农村经济社会发展。所以各级政府、村级组织和社会组织要积极正视乡村建设发展主体短缺的现状，通过建立城乡人口合理流动的体制机制，使农村人口愿意"留下来"建设家乡，也能够吸引城市人口愿意"走进来"建设农村。同时通过扩大涉农干部驻村规模、继续实施大学生村官制度、鼓励农民工返乡就业创业以及培育乡村继承人等方式，积极补充乡村振兴的劳动力和人才。并推动人才管理职能部门简政放权，保障和落实基层用人主体自主权，为城乡劳动力流通提供更为坚实的组织支撑与政策保障。

(二) 形成城乡融合的有机共享整体

解决城乡发展不均衡问题作为乡村振兴战略的核心与目的，不仅只是简单地让城市带动农村，而是需要将农村和城市看成一个完整的有机整体，通过城乡要素、产业、居民、社会和生态等的全面融合，构建新型工农城乡关系。不仅要通过引入城市人才、资金、技术实现城乡市场一体化，同时，还要在城乡管理和公共服务上实现均等化，实现工农城乡共建共享，最终弥合城乡差距，消除二元结构。

要建立健全城乡统筹规划体系和规划管理制度。推进城乡规划编制、市场体制、基础设施、公共管理和服务有机衔接，形成共建共促乡村振兴合力。统筹配置与城乡空间布局结构相适应的城乡基本公共服务设施配套体系，建立政府主导、市场运作的多元投资机制，引导城镇公共服务功能向农村延伸，推进城乡公共服务资源均衡配置，并完善城乡公共就业服务体系，构建省、市、县、乡镇、村五级就业服务体系，实现城乡劳动力就业一体化。

要建立城乡衔接的社会保障体系。从基础的最低生活保障制度和社会保险制度一体化、构建城乡医保并轨机制出发，不断扩展社会保障覆盖面与保障项目，包括完善农村义务教育经费保障机制，建立城乡统一、重在农村的卫生投入经费保障机制，落实乡村公共文化服务保障标准，逐步推进城乡教育、卫生、文化、养老等公共生活服务设施一体化管理，把城市先进的管理理念、管理要素引入农村，提升农村科学管理水平，为缩小城乡差距的乡村振兴发展道路强化兜底保障。

（三）打造因地制宜的资源组合产业

产业是城乡融合发展的基础，因此推进城乡融合与资源共享，强化产业支撑是重点，如果乡村能够通过有效地从城市汇集资金、知识、人力等要素，引发乡村创业热潮，乡村创业催生新业态，并延伸新产业，同时通过产业集聚、技术渗透、机制优化、体制创新等方式，促进乡村产业兴旺，必将有力推进乡村经济社会全面发展。

科学构建城乡共享资源测算指标体系，全面掌握城乡的资源现状。为推进乡村振兴工作，各级政府和村级组织应认真审视村庄的基础发展资源和条件，选择一条适宜本地区实际的产业发展道路，开展详细真实的城乡资源普查工作，各级政府、市场主体和社会组织才能发挥积极引导和提供资源援助的作用，有效帮助乡村地区培育优势产业，进而保证乡村振兴目标的顺利实现。

科学诊断城乡差异性发展诉求，有效明确城乡资源融合方向。推动产业发展时精准界定发展资源价值与城乡融合发展的资源流动方向，能够帮助挖掘农业农村特色优势资源，选择适宜的资源流动方向和渠道。同时选择恰当的资源价值开发方式，也直接决定着资源开发的程度和有效性，并且影响着资源价值能否实现最大化；借助高互补共享型的资源流动机制，把资源放到最正确的位置上，利用资源的最优组合实现资源价值最大化，实现一种高度的资源互补。

（四）创造城乡融合的平等资源环境

要实现城乡要素的平等对流，由城市带动农村发展变为城乡共同发展，则需要创造城乡融合发展的平等环境，在体制机制上根本打破"城强乡弱"的局面，力争在政府与市场共同作用下，城市的资金、技术、人才等通过不同通道流向农村，让农村摆脱以往要素短缺的困境后，使其越发展，要素回报率越高，吸纳优质要素的能力就越强，从此步入良性发展状态，摆脱城市对农村纯粹的"输血式"反哺，而是在农村环境改善的情况下，产生了要素流入农村的动力，农村以其所拥有的资源承接来自城市的各种要素，继而完成要素间的对接、整合，实现资源的优化配置，形成更为平等的要素对流机制。

必须充分尊重乡村和城市的平等发展地位，并在资源配置中予以公正对待。为推进乡村振兴工作和城乡融合发展创造良好的资源环境，就是希望加速城市支持农村、工业反哺农业的步伐，不断优化乡村建设发展环境条件，注重发展资源的双向流动，不断减少资源单向流动局面。而促动发展资源向乡村地区的回流，则需要得到各方的大力支持。尤其是政府应该根据乡村地区的发展诉求对资源流动进行适当调控，进而优化城乡资源配置。

在平等配置与条件基础上构筑融合平台，构建城乡产业协同发展平台作为载体。利用载体农村劳动力可以就地就近就业和城镇化，乡村的集体土地、特色资源等生产要素可以得到有效利用，市的人才入乡、工商资本入乡、科技入乡和金融入乡，也都落在这个空间载体之上。可将特色小镇作为城乡要素融合的重要载体，打造集聚特色产业的创新创业生态圈，并把农业园区作为重要平台，优化提升各类农业园区。同时完善小城镇联结城乡的功能，承接一定的产业和公共服务。探索美丽乡村的特色化差异化发展方式，盘活用好乡村的资源资产。

三、乘势而上，重点改善影响共享效率的关键因素

（一）提高政府对社会公共资源共享建设的供给

在预测共享效率指数的变化趋势研究中，政府支持力和政府财政收入是影响共享效率指数的关键因素。政府作为国家的代理人，其价值追求和奋斗目标存在着社会目标和经济目标的双重意义。同时，政府职能也有双重性，从社会目标来看，政府通过行使公共管理权力维护社会秩序；经济目标则是政府参与市场活动并引导市场的资源配置，从而推动经济增长。政府通过公共资源配置，引导社会公共资源流动，优化资源的配置结构，进而提高资源使用效率。因此，政府应充分发挥其调节管控作用，引导社会公共资源的城乡共享流动，提升社会公共资源的丰富度；建设完善的现代财政体系，强化各级政府的财政支出能力和公共资源供给能力，为公共资源共享发展提供强有力的资金保障。

政府在资金投入的分布上还具有地方性、非匀质性的特征。各地方政府会根据当地的发展特点和实际情况，选择一部分行业或区域作为政府投入的重点，进而形成各个地方特有的经济发展特色和优势。各地方政府应建立均衡的经济发展方略，对经济欠发达地区的公共资源供给加大倾斜力度，多方筹集资金，形成以集体投资和个人投资为主，国家、乡镇、社区、企业于一体的多元化投资体系。同时结合地区资源共享发展实际，优化各地区公共资源的供给顺序，尽力实现地区公共资源的均衡配置和公平共享，提升公共资源的服务效能和共享水平。

（二）深化经济发展缩小城乡社会公共资源差异

经济因素决定了基本公共服务的供给能力和规模，不同地区由于其经济发展水平和文化背景不同，公共服务建设标准不一。对于经济发展水平较落后的地区，可以采取梯度区域政策，给予一定的优惠补贴，同时针对落后地区的经济现状和区域特色，制订有针对性的经济政策，提

供经济发展的持续动力。经济发展相对发达的城市地区，应发挥辐射作用，推进城乡之间的联动效应，带动农村地区的经济发展，缩小区域的经济发展差距，实现资源共享，共同发展。此外，更好的经济发展水平还有利于为社会提供更优质的公共资源，将财政支出更多地投入基础教育、基础医疗和社会保障中，提高基本公共服务水平。

对外贸易也是经济发展的一个重要组成。深化对外贸易，能有效学习发达国家社会公共资源服务的配置与质量，为我国社会公共资源丰富程度和质量水平提供参考，但也带来更大的考验。在"双循环"发展战略大背景下，应充分利用数字经济推动我国对外贸易持续转型，从而推动我国对外贸易高质量发展，为社会公共资源的发展提供契机。

（三）推进弥合城乡社会公共资源差距的城镇化建设

2021 年中央一号文件指出，要加快新型城镇化进程，推动城市与小城镇的和谐发展，统筹城乡一体化发展。斯蒂格利茨认为，21 世纪最重大的两个事件：一个是美国的科技进步；另一个就是中国的城镇化。这充分体现了中国城镇化所具有的历史意义和深刻影响。但是，当前我国城镇化发展依然存在着城乡差距大，社会公共资源倾斜的问题。作为我国城乡融合发展的关键纽带，加快推进县域城镇化对于缓解城乡公共资源差距发挥着巨大的作用，要实现城乡融合，消除城乡二元结构，只有加快城镇化步伐，提升城镇化质量，使城乡间社会公共资源均等化，居民都能享受同等的公共服务，进而提高城乡资源共享的积极性，有效促进社会公共资源网络化共享。

由于我国长期以来的城乡二元结构，农村地区的基础教育、公共卫生、养老保障、社会救助等公共服务供给的总量与质量都要比城市低得多。推进城镇化建设中，重点发展金融、保险、制造业、生活服务业等新兴服务业，创造更多就业岗位，以持续提升服务业的水平和地位，提升县城的服务能力、承载能力和辐射能力，实现城乡公共服务最佳配置，从而刺激居民追求更多元化的资源和服务，展开对共享的追求和实践。新型城镇化为社会公共资源共享提供制度支持，有助于提升地区公共服务发展水平。另外，新型城镇化发展还能带动区域内的产业发展和消费，为经济发展增添活力，政府收入增加进而有利于提高社会公共资源的供给效率。

（四）强化社会公共资源网络化共享的研发体系

研发水平、数字技术偏差是影响网络化城乡共享的重要因素，突破传统理论框架束缚，关注线上线下的融合、数据接口的共享与互通是提高共享效率指数的关键。互联网、人工智能等数字技术平台的搭建、接入和应用是实现社会公共资源网络化共享的基础。由于城乡间资源缺乏有效整合，发展水平不一，城乡社会公共资源存在明显数字鸿沟，而通过大数据采集、开放共享、整合分析以及筛选形成精准的公共服务需求信息，可以不断消除公共服务供给与理想之间的鸿沟，提高公共服务的精准性。因此，提高研发水平投入、加大研发力度，从而有效加深数字技术在社会公共资源网络化城乡共享中的应用与实践，提升社会公共资源服务水平。

在注重研发投入的同时，科研人才培养也是重要环节。加快培养创新型人才，加强基层专业技术人才队伍建设，打造人才创新创业共享平台，构建企业、高校和社会多方参与的高技能人才培养格局，培养和造就一批高技术领军人才。一方面，科研人才能助力社会公共资源网络化城乡共享的建设，促进社会公共资源的共享发展；另一方面，科研人才培养也成为社会公共资源的一部分，通过打造共享平台实现知识共享，有利于更好地壮大人才队伍。

（五）建设社会公共资源城乡共享的网络环境

基础设施薄弱是阻碍促进城乡社会公共资源有效融合共享的重要原因。因此，在提升社会公共资源共享效率指数中，要继续将公共基础设施建设的重心放在农村，合理加大投入力度。以农村建设为契机，因地制宜，统筹规划城乡信息、广播电视、水等基础设施建设，加快城乡基础设施的融合布局与互联互通。加强农村宽带网络、4G 移动通信网络的覆盖广度，农村电网改造升级和信息进村入户建设等，逐步推广 5G 网络建设，不断提升乡村基础设施的数字化和信息化水平。建设县域乡村治理大数据中心，健全乡村公共服务数据共享机制，推动乡村公共治理重心由"自上而下"的政务服务管理向多主体协同的公共服务治理转移。

加速整合社会公共资源，构建统一、协调的数字化、网络化共享平台，丰富居民共享方式和渠道。构建基本公共服务信息共享平台，实现基础公共服务资源的合理配置。以互联网、移动终端为载体，以农村教育、医疗、就业、社会保障、文化等基本公共服务为中心，形成城乡基本公共服务的信息共享平台。建立健全各部门数据资源共建、共享、共用的长效机制，促进城乡基本公共服务均等化和可及性。

四、齐头并进，统筹推进网络化城乡共享的协调发展

（一）优化社会公共资源城乡共享一体化配置体系

当前，我国社会公共资源的配置主要由政府主导，作为权力实施主体，政府为优化配置社会公共资源采取何种手段和方式，成为建设服务型政府的重要内容。由于目前社会公共资源城乡差距依然显著，政府需坚持以创建服务型政府为目标，将广大人民群众的利益作为工作核心，对基本公共服务供给方式进行优化调整，加快形成专业高效的社会公共资源共享体系。第一，建立专业高效的公共服务执行系统，着眼于打造一批专业化公共服务执行机构，使其能依法依规履行专业化的公共服务职能。第二，强化政府公共服务理念，政府以公共服务为中心，一方面，是实现高质量发展、建设高标准市场体系的内在需求；另一方面，

能有效协调方方面面的利益关系，以应对新发展阶段经济社会结构性转型需求。第三，以公共服务为重点推进政府治理改革。创新公共资源配置方式，使公共服务能够满足多元化的公共需求。

但单一的政府供给无法在短期内消除城乡间社会公共资源的差异。因此，政府需要有效引导政府社会资本，转变政府职能，引入民间资本。政府社会资本在社会公共资源共享中的投入，会向市场和社会提供一种重要的信号，在一定程度上形成政府的背书效应，从而引导社会资本向该领域的流动和集聚。政府对政府社会资本投资方向和投资重点规划的不同，将对市场结构和市场主体的竞争能力产生重要影响，这也体现为政府公共资源的市场化配置。政府社会资本的市场化配置将有助于维护社会公平和社会公共利益，促进宏观资本配置效率的提升。同时，政府可以扩大公共服务的社会参与，以有限的财政资金调动包括市场主体、社会组织等在内的多元主体参与公共服务供给，并形成公共服务的第三方评估机制。

（二）加大乡村地区网络化改造与提升的力度

我国社会公共资源不均衡，共享程度低主要是乡村数字基础设施薄弱，缺乏共享能力造成的。为了加快构建社会公共资源网络化城乡共享体系，首先必须着力于农村地区的网络化提升。持续完善农村地区网络基础设施建设，着力打通网络基础设施建设"最后一公里"，不断提升4G网络、光纤宽带的覆盖范围和深度，大力推进农村地区5G网络建设，实现网络信号全覆盖。广泛推动数字技术对农村地区产业赋能和升级改造，加快补上"三农"领域突出短板，实施农村电网升级改造，创新农村公共基础设施管护体制，全面提升管护质量和水平。充分利用科技创新、数字信息特点，发挥科技转移力量，着重在农业科技化、乡村数字化方面进行探索实践，构建现代农业产业体系，建设数字乡村，推动农业农村全面、协调、可持续发展。

数字化的乡村网络基础设施、乡村信息服务基础设施和传统基础设施数字化、智能化改造而形成的融合基础设施，为智慧农业生产、农村电商、数字化生活等数字乡村关键应用场景提供基础，有利于实现精准农业、智慧农业，提升农村公共服务和治理水平。未来，需要完善农田水利设施，加强高标准农田建设，完善农村交通运输体系，加快城乡冷链物流设施建设，以基础设施现代化促进农业农村现代化。全力建设全国统一的农村信息服务站体系，实现一村一服务点，培训一批合格的农村信息员，通过"互联网+服务点"线上与线下协同的方式，让农村综合服务站成为政府管理服务"三农"的前哨阵地。通过农村信息服务站体系，实现对三农的农技辅导服务、农村医疗服务、精准扶贫服务、缴费便民服务、平安乡村服务、村务公开服务、村级物流服务等，全面提升农村地区网络化水平，打通社会公共资源共享的渠道。

（三）推进社会公共资源城乡共享的均等化

我国社会公共资源城乡共享水平呈现出自东向西逐渐递减的趋势，为进一步实现网络化共享，应在区域社会公共资源上实行差异性供给，因地制宜地提供公共服务，不能"一刀切"。东中地区聚焦共享的质量与深度，西部地区解决共享范围与领域失衡的问题。东中部地区应加快创新应用，致力于缩小城乡差距，最大限度实现城乡共享。加强农村和城镇间的基本公共服务的转移和协作，在不断提高的城镇化过程中，合理有序地完成农民工等拥向城市的人群的教育转移、医疗保险转移等问题，使基本公共服务成果惠及更多人，还要加大对农村地区的财政投入力度，对农村地区的基础建设、教育、医疗等扩大投入，减小城乡的差异，使基本公共服务水平在城乡能够达到平衡，促进城乡共同发展。

重点加大西部地区的互联网基础设施建设，政府应深化改革，加强制度保障，加大公共服务供应。第一，强化资金保障，加大对基本公共服务的财政投入，着力增加农村基本公共服务投资，改善城乡财政投入失衡局面，建立健全向农村适度倾斜的基本公共服务财政投入制度。第二，创新体制机制，加快公共财政体制改革，使公共财政投资更多地用于社会管理和公共服务；完善干部政绩考核体系，加大公共服务为取向的政绩考核体系。第三，加强人才建设，建立健全西部地区内不同城市和城乡之间社会领域专业人才合理流动和配置机制，鼓励和引导各类专业人才通过轮岗、支援、交流、锻炼、挂职等多种方式，促进人才配置地区间和城乡间的均等化。第四，明确项目建设，既要谋划基本公共服务和社会发展重点领域的基础设施建设等硬件项目，也要建设一批事关基本公共服务和社会发展效率效益的软件项目，适度整合和打捆相关领域的重点项目，发挥项目的示范带动作用。

（四）实现社会公共资源共享体系的多元化和高效化

我国社会公共资源共享面临着一些重点和短板领域，应针对教育、医疗、社会保障等领域提出细化对策措施，以更好地解决基本公共服务均等化的瓶颈和问题。教育方面，建立片区联动机制。积极鼓励优质学校与薄弱学校资源合作，组建教育集团、教学联盟，实现优质校与薄弱校之间的设施共享、课程共享、人员共享。大力开展地区间、城乡间、学校间教育合作与交流。创新教师交流、教育互访、资源互通、学校合作共建等交流方式，推动优秀教师、优秀课程等教育教学资源的共享。充分利用教育信息化扩大优质教育资源覆盖面，使优质数字教育资源在教学活动中普遍使用，促进信息技术与教学活动深度融合。医疗卫生方面，加强县、乡镇、村三级农村医疗卫生服务机构的职能分工和协作，加快信息化建设，加强医疗卫生信息资源的可共享性，实现医疗卫生信息的流畅传递和有效共享。改革公立医疗机构的管理机制。推进医疗机构内部运行机制改革和人事分配制度改革。利用经济杠杆引导病人下沉，建立健全合理的分级诊疗机制，逐步提高基层医疗机构的服务能力，形成"小病不出乡，大病不出县"的良好格局。

社会保障方面，加快乡村公共服务治理数字化建设。建立乡村基本公共服务信息档案，促进信息联动与数据共享。全面梳理乡村基本公共服务事项，建立包含教育、医疗、社保、就业、文化等在内的乡村基本公共服务信息档案，采集、整理、录入基本公共服务相关信息与数据；与公安、民政、医疗、教育等部门沟通协作，加强信息联动与数据共享，显著简化优化基层公共服务流程。推动5G、卫星遥感、媒体融合等技术在乡村基本公共服务中的应用示范。推进信息技术的乡村基本公共服务治理应用，深化5G、物联网、卫星遥感、北斗导航、人工智能、媒体融合等技术的应用示范与推广，形成资源配置高效、信息普惠共享、城乡融合发展的基础设施与基本公共服务体系。

五、与时俱进，加速培育网络化城乡共享的供给动力

（一）深化数字乡村建设与管理

直面以泛在网络、融合通信、万物互联、人工智能等为代表的现代信息技术加速经济社会各领域深度融合发展的趋势，依托数字网络的便捷性、高效性以及实时性，跨越地理限制，提高公共资源建设与配置的效率和程度，有效整合孤立、分散的公共资源城乡共享资源，并通过网络化的资源共享深化公共资源的沟通与交流，提高地区公共资源的共享程度，助力城乡融合发展。

深化数字乡村建设，使之成为城乡融合创新发展的重要驱动力。通过数字乡村建设助力乡村振兴，有效地打破"信息孤岛"，消除城乡之间的"信息鸿沟"。以信息流带动资金流、技术流、人才流、物资流等向农村集聚，提升农村各类生产要素积累的集中度，促进数字资源整合、管理资源集聚、服务资源链接、社会资源拓展，使之成为提升乡村治理能力、促进乡村经济发展的有效途径和重要手段，充分展现对农村

地区居民生产生活的基本关心和人性关怀。在关心中增强农村地区居民的网络化、数字化与智能化意识，在关怀中激活和美乡村建设与城乡融合发展的内在动力。

推进数字资源共享平台应用。将平台发展为互联互通、信息逐层汇聚的城乡融合发展枢纽，首先需要细化城乡政务、医疗等公共信息资源目录编制的目录代码规范和具体要求，并研制相关数字资源目录编制工具，形成完善的公共数字资源共享标准体系。同时组织建设跨部门、跨地区的统一共享交换平台，结合国家数据平台纵向与省、市互联，形成全国共享平台体系。进而依托标准体系与平台体系高效准确地组织开展系统运行工作，助力国家数据共享交换平台功能的完善与扩充，积极承载更多应用。

（二）激励三方主体采用积极策略

城乡公共资源共享系统作为多主体共享系统，作为主要主体的政府部门、共享供给方与需求方，要在互相合作、互相交流中各取所需，共同为发展目标而努力，针对不同共享主体的行为动机、协同机制与共享水平，分门别类地指定诱导性措施，激励和推进社会公共资源城乡共享模型中三方主体的协同合作，促使各方转变正向策略，加入积极共享行列，达到政府积极监管、供方积极贡献和需方积极共享的均衡状态。

降低政府积极监管成本。建立完善监管体制难以单凭政府部门一方力量，织起一张全覆盖、零死角的监管网。政府监管力量的投入越大，就会导致最终监管成本越高，可引进"吹哨人"制度，即内部人爆料制度，利用知情人尽早发现问题，吹响哨声，推动资源共享问题整改，动员全社会力量，从而大幅降低监管成本。同时利用数字技术赋能监管工具创新，各地政府可依托"互联网+监管"系统和事中事后综合监管平台探索智慧监管模式，为开展"双随机、一公开"监管、信用监管、联合监管、审慎监管等新型监管途径提供良好支撑，从而降低积极监管的额外成本。

构建供需双方协同机制。供需双方之间可以通过相互赋能，将获取资源的固定高成本变成资源交换的变动低成本，利用其充裕资源，交换共享所缺乏的资源或能力。构建资源共享的协同机制必然能够进一步降低双方资源交换转移成本，推动形成需求牵引供给、供给创造需求的更高水平动态平衡，进而为双方深化自身资源共享程度，扩大资源共享领域和比例提供良好渠道与环境，提高其采取积极策略的选择概率。

（三）强化科技创新供给

城乡融合发展改变了农业农村发展内涵，引发乡村对科技要素的新需求；改变了旧的城乡关系与分工，赋予乡村科技创新职能；突破了单向技术传播路径，推动科技供给体系变革要把科技资源作为促进城乡融合发展的关键支撑，着力提高发展的平衡性、协调性、包容性，切实发挥科技创新促进城乡区域协调发展的重要作用，积极探索欠发达地区创新发展新路径，实施科技兴县（市）战略。

积极推进数字化公共资源网络供给格局。在乡村地区通过更加柔性的共享方式，保证乡村人群也能享受更加优质的社会公共资源与服务，亦能提高城市资源下乡的针对性与精准性。建设公共资源共享网络平台，促进城乡医疗、教育与公共卫生等公共资源对接，连接全国各级各类平台和资源，构建基于网络空间的数字资源公共服务模式，以数字化参与提升农村公共服务的共创深度，形成各级政府提供公共服务的立体化格局。

坚定供给体系数字化转型目标。突破农村公共服务职能裂解性和碎片化管理藩篱，摒除空间阻隔、层级鸿沟与服务割裂的体制痼疾，通过信息整合和资源共享，提升"在线治理"服务效能，从供需两侧出发，以服务共创取代传统格式化管理，改变以往政府单主体供给模式，打造多维度合作网络，鼓励农民数字化参与，解决供给内容碎片化问题，让农民作为终端用户，可利用社交媒体、问政平台等渠道参与公共服务，进而从需求侧和政策端发力，推动供需适配，解决农村公共服务供给中的各种错位、缺位、滞后等问题。

六、孜孜以求，不断踏寻网络化城乡共享的推进道路

（一）全面构建公共服务资源共享路径的支撑体系

社会公共服务资源城乡共享水平目前难以满足达到城乡融合发展的要求与标准，要想实现城乡融合发展目标需要完整基础体系作为支撑，促进乡村建设承接城市要素能力，避免产生"城市的要素落不下、乡村的要素用不好"这一困局。金融与法律作为公共服务资源共享的两大重要因素，能在城乡融合发展中发挥重要杠杆作用、有力引导作用和坚实支撑作用。

乡村普惠金融服务提供发展动力。为乡村发展提供高质量的金融服务是推动乡村振兴战略深入实施的需要，推动金融资源向普惠金融倾斜，全力做好粮食生产和重要农产品供给金融服务，优先保障粮食安全和乡村产业金融投入，推出针对农户生产经营、创业、助学等的普惠贷款十分必要。持续完善金融基础设施建设，围绕助农惠农，利用符合现实条件基础与应用场景要求的科技手段，结合传统农户以及新型农业经营主体的发展实际，促进移动支付和电子商务在农村地区的普及。深入开展农村信用体系建设，发展农户信用贷款。提高普惠金融的运作效率，结合"三农"领域对资金的实际需求，推出更加符合农业季节性、区域性特点，更有针对性的金融服务，优化金融服务程序，为城乡达到城乡共享水平，完成融合发展提升效率。借此提高农民与涉农企业的金融意识与金融消费能力，从而打通金融服务的"最后一公里"，为推动

乡村振兴、实现共同富裕蓄力。

乡村法律法规体系保证共享效率。乡村振兴路途必有法治同行，法治作为乡村治理体系的三要素，是自治与德治的保障，更是依法治国背景下对乡村治理体系的必然要求。强有力的法治保障，能够确保政策举措的连续性和稳定性，其中最为直观有力的则是通过法律法规，构建以公共资源为中心的政绩评价机制与为人民服务的政府绩效评价系统，坚持发展共同富裕的价值导向和城乡融合优先的行为导向，把公共服务资源的流通与共享水平纳入政绩考评体系并具体化为若干指标，当前，要将乡村振兴，尤其是城乡资源共享有关工作作为绩效考核的重要依据，并与评先、评优、职务晋升挂钩，积极营造敢于负责、敢于担当、敢于突破、敢于创新的良好氛围，鼓励地方、基层、群众解放思想、大胆探索、积极作为，发挥好基层创新对全局性改革的示范、突破、带动作用，推动顶层设计和基层探索良性互动、有机结合。

(二) 合理分配公共服务资源共享路径的技术要素

利用现代信息技术优化要素流动与空间配置的路径，突破城乡之间的明显界限，结合村庄的社区化进一步促进城乡融合。这种在新技术变革推动下的空间功能的重组，形成的是一种基于快速交通和高速网络的融合关系，地理空间的限制被逐渐弱化，进而推动消除城乡要素流动壁垒，由此应将技术要素放在与其余要素同样重要的位置加快发展，使之成为引导各类创新要素流动的关键力量。

树立技术共享思维，变革共享理念。提倡以人为本，以存量优先、带动增量的原则解决农业转移人口落户问题；同时建立城市人口向乡村流动的制度性通道，加强城乡人才市场合作，搭建人才联合培养、互换培养平台，建立人才信息发布、人才信息成果共享制度等，为城乡人力资源合理流动和优化配置提供制度基础和政策保障。同时重视作为乡村主要角色的农民群体，全面建立职业农民培育引进机制，积极培养新型农业经营主体，优化乡村人口结构，并提高农村科技人员队伍素质和水平。实现技术人才的城乡自由双向流通，利用拓宽流通渠道的方式营造具有目标性与主观能动性的技能技术学习氛围，进而促进城乡技术要素交流，积极推进现代技术下乡的步伐，鼓励现代技术在社会公共资源城乡共享中功能价值的发挥，真正释放技术作为乡村振兴的关键变量作用，从而实现现代技术与城乡社会共享的有机融合。

优化技术资源配置，改善要素组合。除国家调控以外，市场作为在资源配置中的关键性因素，城乡发展重点应该逐步由主要靠政府、利用行政手段推动，向建立市场体系、充分激发市场活力、发挥市场在城乡资源共享中的决定性作用方面转变。通过建设技术要素市场，形成市场导向机制，重点创建一批城乡融合典型项目，通过市场化方式设立城乡融合发展技术基金，引导社会资本重点完成榜样项目培育，形成示范带动效应，进而提高乡村地区人群的技术要素认知与技术资源获取积极性，推进乡村劳动力要素与技术要素组合，提高劳动力的创造性，依托技术评价制度与职称评审渠道，进一步打破户籍、地域、身份等制约，利于乡村提升高素质人力资源占比。

(三) 找准以双创为抓手的社会资源共享有效路径

在新产业革命中壮大世界经济发展新动能，就要力促融通创新和发展。创新是引领发展的第一动力，大众创业万众创新正持续向更大范围、更高层次和更深程度推进，这便需要打造升级版"双创"作为城乡融合发展的抓手，从双创的主体与载体出发，为城乡资源共享提供平台与方向，实现机会公平和社会纵向流动，进而增强就业创造力、科技创新力和产业发展活力，激发融合发展的新动能。

培育壮大创新创业群体。双创的升级是"双创"主体的升级，随着城乡融合发展的需求，迫切需要进一步释放创新动能，要求我们不断扩大"双创"主体规模、扩展主体范围，打造大中小企业融通、产学研用协同的新型格局，各类"双创"主体从单打独斗走向众创、共创协同，资源整合从产业链整合走向跨行业、跨界融合互补，培育以企业为主导的农业产业技术创新战略联盟，其中城镇企业可为乡镇企业搭建平台、开放资源、优化供应链，以数据和资源赋能乡镇企业，提高乡镇企业专业化水平和能力，引导乡镇企业走特色专业化发展道路；乡镇企业基于城镇企业的平台资源快速创新迭代，并将创新成果、技术、产品通过供应链回流城镇企业，为城镇企业发展注入活力。通过"双创"主体规模的扩张、范围的扩大和发展模式的创新，全面释放创新活力，进一步激发全社会的创新创业热情，降低创业的门槛，提高创新成果转化率。

确立县域发展重要地位。双创的升级是"双创"载体的升级，县城位于"城尾乡头"，是连接城市、服务乡村的天然载体。我国一半左右人口居住在县域，5亿农村人口中的大部分居住在县域内的乡村地区，区别于快速城市化阶段以城区作为经济发展重点，在城乡融合阶段，建设的核心区域则是在城市跟乡村相融合的区域，公共政策也应从单向的城市化扩张思维转向城乡融合思维。县域作为双创升级后的重要载体，是农业社会和城市社会的重要节点，也是现代治理最重要的单元。这就决定了中国在城乡融合阶段，融合的载体、融合的抓手和融合的基点都应是在县域。同时需要科学把握功能定位，分类引导县城发展方向，将数量众多的县城分为大城市周边县城、专业功能县城、农产品主产区县城、重点生态功能区县城，进而针对性地加快发展大城市周边县城，积极培育专业功能县城，合理发展农产品主产区县城，有序发展重点生态功能区县城。

（四）坚持多元共治的社会资源共享路径

治理有效是乡村振兴的核心，乡村振兴共建共治共享的价值追求契合了"完善和发展中国特色社会主义制度，推进国家治理体系和治理能力现代化"的全面深化改革总目标。致力于乡村治理能力和治理水平现代化，是在城乡融合发展和资源共享方面不可或缺的部分，让农村发展既充满活力又和谐有序，城乡居民积极参与社会资源共享，能够为乡村振兴保驾护航。同时稳定、和谐的乡村社会为产业有序发展、百姓安居乐业等提供了良好空间。

调动居民自觉参与乡村公共事务。城乡协同发展过程中，乡村社会生态、发展动力与活力发生了显著变化，乡村社会逐步从封闭静止走向流动开放，产业结构和社会结构从单一简单走向多元复杂，乡村居民需求由简单低级向复合、多元、高级转变。其中乡村群体的价值观念、家庭结构、生活方式、行动逻辑发生了巨大改变，人才外流、自然村落的解体及村庄边界的整合严重影响着村民的集体意识和公共利益判断。作为重要主体的乡村居民，增强农民的主体意识对于实现乡村治理现代化尤为重要，一要提高农民的自治意识和素养。充分发挥各类媒体的宣传与教育功能，多种渠道、多样方式向农民普及知识，让他们清楚地认识到农村治理与乡村振兴的好坏与自身生活质量密切相关。同时，推广各地的好经验、好做法，努力营造整个农村社区关心和支持公共服务治理的良好氛围。二要使农民正确认识自身的主体地位。农民"生于斯、长于斯"，对当地农村的社会情况与发展需求十分了解，参与公共治理时可以发挥"土著"优势，而发挥优势的前提是，要让他们对自身主体地位和责任有一个清晰认识，并在农村生态振兴中拥有更多获得感和幸福感，进而正确引导农民自觉践行城乡融合发展理念。

完善村民自治机制与自治组织。村民委员会是村民自我管理的典型自治组织，具有基层性、群众性和自治性的特征，深化乡村自治实践就是应大力健全村民自治机制，完善村民自治组织，明确村民自治组织与乡镇政府的权力和责任边界，把村民能够自主决定的事项下放或回归给村民，做到真正的"权力下移、事务下移"，并充分利用信息技术等工具扩大村民自治途径，既可以调动村民自治的主动性，又可以使村民自治紧随时代的步伐，从而扩大社会公共资源体系共享参与度，激发共享机制内驱力，为共同富裕扫除障碍，推动乡村建设走向纵深。

参考文献

［1］ Lin Zhengbin, Zhang Yourong. The Politics and Economy of Urban-Rural Integration［J］.2009, 24（1）: 233-265.

［2］ Huiyun X, Changhan L. New Thinking on Rural and Farmers in the Process of Urban-rural Integration［C］//SHS Web of Conferences.EDP Sciences, 2014, 6: 02010.

［3］ 叶菲菲. 乡村振兴背景下城乡融合发展的困境与出路［J］. 农业经济, 2020, 402（10）: 94-95.

［4］ 谢天成. 乡村振兴与新型城镇化融合发展机理及对策［J］. 当代经济管理, 2021, 43（3）: 43-48.

［5］ 冯丹萌, 孙鸣凤. 国际视角下协调推进新型城镇化与乡村振兴的思考［J］. 城市发展研究, 2020, 27（8）: 29-36.

［6］ 徐维祥, 李露, 周建平, 等. 乡村振兴与新型城镇化耦合协调的动态演进及其驱动机制［J］. 自然资源学报, 2020, 35（9）: 2044-2062.

［7］ ZHANG D, GAO W, LV Y.The Triple Logic and Choice Strategy of Rural Revitalization in the 70 Years since the Founding of the People's Republic of China, Based on the Perspective of Historical Evolution［J/OL］.Agriculture-Basel，2020，10（4）：125.

[8] 张克俊，杜婵. 从城乡统筹、城乡一体化到城乡融合发展：继承与升华 [J]. 农村经济，2019（11）：19-26.

[9] 后强，张永祥，卢加强. 基于"渗流模型"的城乡融合发展机理与路径选择 [J]. 农村经济，2020（9）：10-18.

[10] 宁志中，张琦. 乡村优先发展背景下城乡要素流动与优化配置 [J]. 地理研究，2020，39（10）：2201-2213.

[11] 吴丽丽. 中国城乡公共资源均衡配置的制度安排研究 [D]. 吉林大学，2014.

[12] 范逢春. 建国以来基本公共服务均等化政策的回顾与反思：基于文本分析的视角 [J]. 上海行政学院学报，2016，17（1）：46-57.

[13] 任喜萍. 城市发展中公共资源配置失衡三重归因与消解路径 [J]. 北京交通大学学报（社会科学版），2018，17（3）：25-31.

[14] CHAO Z.Planning and Design of Public Supply Services for Urban Integration[J].Open House International，2018，43（1）：124-128.

[15] 申洪根. 基于人口集聚的公共资源优化配置研究 [D]. 中共浙江省委党校，2018.

[16] Fregolent L，Tonin S.Local public spending and urban sprawl：Analysis of this relationship in the Veneto region of Italy[J].Journal of Urban Planning and Development，2016，142（3）：05016001.

[17] Consciência Silvestre H，Cunha Marques R，Dollery B，et al. Shared services in Brazilian local government：Urban development in small counties[J].Public Administration，2019，97（3）：686-702.

[18] Avenali A，Boitani A，Catalano G，et al. Standard costs of regional public rail passenger transport：evidence from Italy[J].Applied Economics，2020，52（15）：1704-1717.

［19］夏芳晨. 城市公共资源运营机制研究［D］. 东北财经大学，2011.

［20］刘升勤. 新型城镇化发展的资源统筹与配置机制研究［D］. 中国海洋大学，2014.

［21］温铁军，兰永海，杨帅. 组织创新与租值社会化："新常态"下杭州公共资源治理的案例分析［J］. 国家行政学院学报，2016（2）：51-57.

［22］许缦. 共享经济视角下公共资源的政府治理问题研究［J］. 经济论坛，2017（10）：145-149.

［23］贾君枝，陈瑞. 共享经济下科技资源共享模式优化［J］. 情报理论与实践，2018，41（3）：6-10.

［24］Enata T, Sato T, Takahashi Y, et al.Public resource supply-demand matching on distributed cooperative scheduling［C］//2018 7th International Congress on Advanced Applied Informatics（IIAI-AAI）.Ieee, 2018：676-681.

［25］田旭. "三圈理论"视阈下公共服务共建共享的解析框架建构与应用［J］. 辽宁行政学院学报，2020（4）：48-53.

［26］Vasant P, Marmolejo J A, Litvinchev I, et al.Nature-inspired meta-heuristics approaches for charging plug-in hybrid electric vehicle［J］. Wireless Networks, 2020, 26：4753-4766.

［27］XU Xiaolong, ZENG Dan, XUE Shengjun. Construction of Cloud-based Information Sharing Platform［J］.Journal of Wuhan University of Technology（Information & Management Engineering），2014，36（4）：477-480.

［28］JING H, LIN M.Path Countermeasures of Overall Urban and Rural Education Development in the Concept of Sharing-development

［M］//ZHANG H.2016 Ebmei International Conference on Education，Information and Management（ebmei-Eim 2016）：60.Singapore：Singapore Management & Sports Science Inst Pte Ltd，2016：16-21.

［29］Cui G，Wang Z，Dong L，et al.Influence of contribution-based resource allocation mechanism on individual resource sharing cooperation in social networks［J］.International Journal of Modern Physics C，2019，30（12）：2050007.

［30］唐春鹏.城市轨道交通网络化运营条件下车辆基地的资源共享要点［J］.城市轨道交通研究，2016，19（1）：15-17+43.

［31］何继新，李莹.公共服务供给"共建共享"的创新转向：一个网络化治理论纲［J］.长白学刊，2017（1）：55-62.

［32］Salehan M，Kim D J，Koo C.A study of the effect of social trust，trust in social networking services，and sharing attitude，on two dimensions of personal information sharing behavior［J］.The Journal of Supercomputing，2018，74：3596-3619.

［33］Simeone A，Zeng Y，Caggiano A.Intelligent decision-making support system for manufacturing solution recommendation in a cloud framework［J］.The International Journal of Advanced Manufacturing Technology，2021，112：1035-1050.

［34］Fregolent L，Tonin S.Local public spending and urban sprawl：Analysis of this relationship in the Veneto region of Italy［J］.Journal of Urban Planning and Development，2016，142（3）：05016001.

［35］Enata T，Sato T，Takahashi Y，et al.Public resource supply-demand matching on distributed cooperative scheduling［C］//2018 7th International Congress on Advanced Applied Informatics（IIAI-AAI）.Ieee，2018：676-681.

［36］Simeone A, Caggiano A, Boun L, et al.Intelligent cloud manufacturing platform for efficient resource sharing in smart manufacturing networks ［J］.Procedia Cirp, 2019, 79：233-238.

［37］Zhang Y.Study on the Construction of Evaluation System for Urban and Rural Logistics Integration Development Level ［C］//2017 4th International Conference on Education, Management and Computing Technology（ICEMCT 2017）.Atlantis Press, 2017：1166-1170.

［38］Avenali A, Catalano G, D´Alfonso T, et al.The allocation of national public resources in the Italian local public bus transport sector［J］.Research in Transportation Economics, 2020, 81：100822.

［39］Rodriguez-Aguilar R, Rivera-Peña G.Optimization of public resources through an ensemble-learning model to measure quality perception in the social protection system in health of Mexico［J］.Wireless Networks, 2020, 26：4777-4787.

［40］郑芳. 中国城乡基本公共资源一体化水平综合评价研究 ［J］. 世界农业, 2016（10）：229-234.

［41］李盛竹, 赵志营. 中国社会公共资源的网络化城乡共享水平测度研究 ［J］. 调研世界, 2020（6）：32-37.

［42］Diakoulaki D, Mavrotas G, Papayannakis L.Determining objective weights in multiple criteria problems：The critic method［J］.Computers & Operations Research, 1995, 22(7)：763-770.

［43］彭雷霆, 康璐玮, 欧阳样. 我国公共文化服务均等化水平影响因素研究：基于 VAR 模型的实证分析 ［J］. 图书馆学研究, 2021（13）：27-36.

［44］刘笑杰, 夏四友, 李丁, 等. 湖南省基本公共服务质量的时空分异与影响因素 ［J］. 长江流域资源与环境, 2020, 29（7）：

1535-1544.

[45] Rhys Andrews, Steve Martin.Regional Variations in Public Service Outcomes: The Impact of Policy Divergence in England, Scotland and Wales [J].Regional Studies, 2010, 44(8).

[46] 张子珍, 杜甜, 于佳伟. 科技资源配置效率影响因素测度及其优化分析 [J]. 经济问题, 2020 (8): 20-27.

[47] 杨莉, 张雪磊. 长三角地区环境基本公共服务绩效评价及影响因素研究 [J]. 现代经济探讨, 2019 (11): 21-29+49.

[48] Pick J B, Sarkar A, Johnson J.United States digital divide: State level analysis of spatial clustering and multivariate determinants of ICT utilization[J].Socio-Economic Planning Sciences, 2015, 49: 16-32.

[49] 李少惠, 韩慧. 我国省域公共数字文化服务供给效率空间分异及驱动因素研究 [J]. 图书情报工作, 2021, 65 (7): 67-77.

[50] 黄炎, 严宏. 西南地区农村公共品供给结构效率演化趋势测算及影响因素分析 [J]. 农村经济, 2021 (2): 105-114.

[51] 姚维保, 李志聪, 林琳. 乡村振兴视角下公共文化服务财政支出效率测度及影响因素: 来自省级面板数据的实证分析 [J]. 图书与情报, 2021 (3): 135-144.

[52] Migué J L, Belanger G, Niskanen W A, et al.Toward a General Theory of Managerial Discretion[J].Public choice, 1974: 27-51.

[53] 龚锋, 卢洪友. 财政分权与地方公共服务配置效率: 基于义务教育和医疗卫生服务的实证研究 [J]. 经济评论, 2013 (1): 42-51.

[54] 薛青河, 冯云廷, 周笑非. 城市化对政府公共服务效率以及消费的影响分析 [J]. 数学的实践与认识, 2015, 45 (6): 13-23.

[55] 冯朝睿, 徐宏宇. TOE 框架下电子政务服务效率及其影响因素研究: 基于 DEA-Tobit 两步法模型 [J]. 云南财经大学学报, 2021,

37（7）：97-110.

［56］刘佳慧，王杜春. 黑龙江省高校教育资源共享的意愿与影响因素分析：基于对四所"211"院校教师和学生的调查［J］. 继续教育研究，2017（6）：10-13.

［57］陈文胜. 中国迎来了城乡融合发展的新时代［J］. 红旗文稿，2018（8）：19-20.

［58］高筱红. 社会公共资源数字化城乡共享的差等性及其公平化研究［D］. 集美大学，2017.

［59］孔凡文，张小飞，刘娇. 我国城乡基本公共服务均等化水平评价分析［J］. 调研世界，2015（7）：9-12.

［60］程岚，文雨辰. 不同城镇化视角下基本公共服务均等化的测度和影响因素研究［J］. 经济与管理评论，2018，34（6）：106-115.

［61］CHAO Z.Planning and Design of Public Supply Services for Urban Integration［J］.Open House International，2018，43(1)：124-128.

［62］Enata T, Sato T, Takahashi Y, et al.Public Resource Supply-Demand Matching on Distributed Cooperative Scheduling［C］. International Congress on Advanced Applied Informatics，2018：676-681.

［63］申洪根. 基于人口集聚的公共资源优化配置研究［D］. 中共浙江省委党校，2018.

［64］Wang L, Liu G.Research on Information Sharing Mechanism of Network Organization Based on Evolutionary Game［M］. IOP Conference Series：Earth and Environmental Science，2018，113：012183.

［65］Zhang N, Wang X.Research on Resource Sharing of Science and Technology Public Service Platform Based on Multi-Agent Game Theory［M］. Proceedings of the 13th International Conference on Innovation and Management，2016：1189-1194.

［66］ Kaniovski Y M, Young H P.Learning dynamics in games with sto-chastic perturbations［J］.Games and economic behavior, 1995, 11（2）: 330-363.

［67］ Smith J M, Price G R.The logic of animal conflict［J］.Nature, 1973, 246(5427): 15-18.

［68］ Harper A B.Evolutionary Stability for Interactions among Kin under Quantitative Inheritance［J］.Genetics, 1989, 121(4): 877-889.

［69］ Mi　　kisz J.Stochasticity and time delays in gene expression and evolutionary game theory［J］.Probabilistic engineering mechanics, 2011, 26 （1）: 33-38.

［70］ Seredynski M, Bouvry P.Analysing the development of cooperation in MANETs using evolutionary game theory ［J］. The Journal of Supercomputing, 2013, 63: 854-870.

［71］ Jin M, Lei X, Du J.Evolutionary game theory in multi-objective optimization problem［J］.International Journal of Computational Intelligence Systems, 2010, 3(1): 74-87.

［72］ Liu D, Xiao X, Li H, et al.Historical evolution and benefit-cost explanation of periodical fluctuation in coal mine safety supervision: An evolu-tionary game analysis framework ［J］. European Journal of Operational Research, 2015, 243(3): 974-984.

［73］ Zhang J, Zhang C.Evolutionary games played by multi-agent sys-tem with different memory capacity［J］.The European Physical Journal B, 2015, 88(6): 136.

［74］ Zi Fu Fan, Jun Xian Xu, Xiao Yu Wan.Research of Mobile Pay-ments Business Model in China Based on the Evolutionary Game Theory［J］. Information Technology Journal, 2013, 12(20): 5466-5471.

［75］李军强，任浩，甄杰.基于随机演化博弈的企业研发操纵多重监管路径研究［J］.中国管理科学，2021，29（10）：191-201.

［76］姜凤珍，胡斌.劳资冲突行为演化的随机突变分析及稳定性［J］.系统管理学报，2019，28（5）：991-997.